대한민국을
위하여

대한민국을 위하여
- 벤처대부 故이민화의 마지막 기고문 모음집

초판 1쇄 발행 2019년 10월 29일

저 자	이민화
편 집	장아침, 윤예지, 오지영
펴 낸 곳	(사)창조경제연구회(KCERN)
주 소	(06301)서울특별시 강남구 논현로 28길 25, 205호
전 화	02)577-8301
이 메 일	kcern@kcern.org
홈페이지	www.kcern.org
ISBN	979-11-86480-77-9

이 도서의 국립중앙도서관 출판예정도서목록(CIP)은 서지정보유통지원시스템 홈페이지(http://seoji.nl. go.kr)와 국가자료종합목록 구축시스템(http://kolis-net.nl.go.kr)에서 이용하실 수 있습니다. (CIP제어번호 : CIP2019036937)

벤처대부 故이민화의 마지막 기고문 모음집

대한민국을 위하여

이민화 지음

Since 2009
KCERN
Korea Creative Economy Research Network

| 추천사 |

벤처인들의 '영원한 멘토'
이민화 회장님을 기억하며

안건준
벤처기업협회 회장
크루셜텍(주) 대표이사

　벤처라는 용어조차 생소했던 1980년대 초반, 도전정신과 열정으로 무장한 모험적인 기업들이 등장하기 시작했습니다. 그 당시 이민화 회장님도 메디슨을 창업하여 초음파 영상진단 의료기기 분야에서 국제적 명성을 쌓았으며, 1995년에는 벤처기업 최초로 메디슨을 코스피 시장에 상장시키기도 했습니다.

　하지만 21세기를 코앞에 뒀던 1990년대 중반 벤처기업들은 자금과 인력, 시장 등 총체적 문제를 겪고 있었습니다. 이때 이민화 회장님과 1세대 벤처기업인들이 모여 벤처기업협회를 결성하였고 코스닥 설립과 벤처기업특별법 제정을 주도했습니다. 이렇게 대한민국 벤처생태계의 토대가 마련되었고 오늘날 7만 개가 넘는 벤처기업을 탄생시킨

원동력이 되었습니다. 이후에도 이민화 회장님은 영면하시기 직전까지 혁신 벤처생태계를 구축하는 데 열정을 쏟았으며 그 열정은 이 책에 실린 수많은 기고글에 고스란히 담겨있습니다.

이민화 회장님이 최근 몇 년 동안 가장 공을 들였던 주제는 '4차 산업혁명'이었습니다. 4차 산업혁명은 1, 2차 산업혁명이 만든 현실 세계와 3차 산업혁명이 만든 가상세계의 융합인데, 이를 위해서 우선 데이터 쇄국주의에서 벗어나 개인정보의 안전한 활용과 클라우드 개방이 필수라며 데이터 족쇄 풀기 서명운동을 주도하기도 했습니다.

생전에 이민화 회장님은 국민의 생명이나 안전 등을 위해 꼭 필요한 규제를 제외하고 한국의 4차 산업혁명을 가로막고 있는 모든 규제를 없애야 한다고 강조했습니다. 한국에는 내세울 만한 미래 산업이 없고, 그나마 싹 틔웠던 것들도 규제에 억눌려 있다며 늘 안타까워했습니다. 대한민국 미래 먹거리의 주역은 기업이기에 규제를 개혁해 기업의 혁신을 뒷받침해야 한다고 기회가 될 때마다 이야기하곤 했습니다.

아울러 이민화 회장님은 한 평생 기업가정신을 전도하는 데 앞장섰습니다. 20여 년 전 한국의 청년들은 기업가정신으로 무장하고 창업에 뛰어들었고, 세계 최고의 벤처 대국을 이루어냈습니다. 하지만 벤처 붐이 버블로 붕괴되면서 지금 청년들은 창업을 기피하고 안정적인 직업을 추구하고 있습니다. 이에 이민화 회장님은 혁신의 리더십인 기업가정신 교육을 강화해야 한다고 강조했습니다. 혁신의 주역은 기업가이고 그 바탕에 기업가정신이 있으며, 혁신은 결과가 아니라 지속적인 도전의 과정임을 우리 또한 잊지 말아야 할 것입니다.

이제 벤처인들의 '영원한 멘토' 이민화 회장님은 떠났습니다. 회장님께서 생전 남기신 유지를 이어받아 혁신 벤처생태계를 조성하는 것은 이제 후배들의 몫입니다. 이민화 회장님이 남긴 수많은 글들이 우리 벤처업계에 남겨진 과제들을 해결하는 데 훌륭한 나침반이 되어줄 것이라 믿습니다.

| 추천사 |

대한민국이 다시 한번 도약하는
계기가 되기를 희망하며

고영하
엔젤투자협회 회장
고벤처포럼 회장

지금 우리 사회는 큰 위기를 맞이하고 있습니다. 일본과 갈등은 우리 사회에 큰 충격으로 작용하고 있으며, 일본뿐만 아니라 강대국들 사이에서 한국은 대단히 어려운 여건에 처해있습니다. 3년 전 사드 문제는 한국 경제에 큰 상처로 남아 있습니다. 미국의 트럼프 대통령은 관세를 올릴 기회만 노리고 있으며, 국방비 문제도 항상 떠오르는 이슈입니다. 한국이 미국, 중국, 일본 등의 세계열강 틈에서 받는 압박은 시간이 지날수록 더욱 힘들어질 것입니다. 일본과의 갈등은 시작일 뿐이며, 중국이 힘을 갖게 될수록 한국은 미국과 중국 사이에서 좌고우면하는 처지가 될 것입니다.

이러한 상황에서 우리가 자존하면서 번영한다는 것은 대단히 어려운 길이나, 언제까지나 강대국들의 눈치를 보면서 살 수는 없음은 분명한 사실입니다. 그렇다면 '그 누구에게도 당당한 나라'를 어떻게 만들 것인가. 이에 대한 해답은 지난 G-20 정상회담에서 트럼프에게 당당한 메르켈의 모습에서 찾을 수 있습니다. 전 세계 2,700여 개의 히든 챔피언 중 절반인 1,300여 개가 독일에 있기에 독일은 미국에 당당할 수 있었습니다. 이는 30여 개의 히든 챔피언을 가진 한국이 220여 개의 히든 챔피언을 보유한 일본과의 경쟁에서 힘들어하는 이유이기도 합니다. 기업의 경쟁력이 곧 국가의 경쟁력이 되는 것입니다.

그러나 기업의 경쟁력이 국가 전반의 경쟁력으로 확산되기 위해서는 가치창출과 분배가 선순환 되어야 합니다. 성장과 분배가 순환하는 선순환 사회 시스템을 구축하고 4차 산업혁명을 가로막는 규제를 개혁해야 합니다. 이민화 이사장이 매월 포럼을 통해 국가에 끊임없이 제시해왔던 내용입니다. 그러나 국가가, 우리 사회가 어떻게 해야 할 것인가의 대안을 제시하던 고인의 타계로 대한민국이 가야 할 길은 더욱 어려워졌습니다. 이민화 이사장이 소명과 열정으로 사회 혁신을 위해 외쳐온 해결책들은 더 이상 구할 수 없게 되었고, 대한민국은 큰 손실을 안게 되었습니다.

하지만 손 놓고 있을 수 없습니다. 이제 우리는 이민화 이사장의 정신을 받들어 대한민국이 위기를 극복할 수 있는 새로운 대안을 찾아야 합니다. 다만 우리가 그 대안을 찾음에 있어 중요한 시국에 지금까지 이민화 이사장이 던져온 화두와 해결책들이 대한민국이 난관을 헤

쳐가는 데에 있어서 희망이 될 것이라 확신합니다. 또한, 이를 기반으로 이민화 이사장의 정신을 이어가는 사람들이 많이 나타나면 대한민국이 다시 한번 도약하는 계기가 될 수 있을 것이며, 그러한 계기가 되길 바랍니다.

| 목차 |

추천사 —————————————————————————— 6
- 벤처인들의 '영원한 멘토' 이민화 회장님을 기억하며   6
- 대한민국이 다시 한번 도약하는 계기가 되기를 희망하며   9

4차 산업혁명의 대동맥, 클라우드와 데이터화 ——————— 19
- 4차 산업혁명 막은 '데이터 쇄국주의' 혁파기   20
- 4차 산업혁명의 데이터 족쇄풀기   23
- 데이터 경제, 이제 실천이다   26
- 개인데이터 익명화 개방 서둘러야   29
- 데이터 개방, 이제 시작이다   33
- 공공 데이터 개방   37
- 데이터 쇄국주의 탈피의 조건   41
- 제조업 르네상스, '데이터 고속도로' 뚫어야   46
- '데이터 고속도로' 약속 지키라   49

4차 산업혁명은 '지능화'다: 스마트 트랜스폼 ——————— 53
- 디지털 트랜스폼을 넘어   54
- 예측과 맞춤으로 4차 산업혁명   58

- 자동화에서 지능화로　　　　　　　　　　　　　　　　61
- '디지털 트윈'으로 문제를 푼다　　　　　　　　　　　65
- 4차 산업혁명은 지능화다　　　　　　　　　　　　　69
- 스스로 학습하는 스마트월드　　　　　　　　　　　73

인간 삶의 플랫폼, 스마트 시티4.0 ─── 77

- 스마트 시티 모델　　　　　　　　　　　　　　　　78
- 욕망에서 도시의 가치를　　　　　　　　　　　　　82
- 블록체인과 스마트 시티　　　　　　　　　　　　　86
- 스마트 시티와 행정 조직의 혁신　　　　　　　　　90
- 스마트 시티와 공간 정보　　　　　　　　　　　　93
- 스마트 시티 시작은 정보 공유부터　　　　　　　　97
- 기술-욕망의 융합체 '스마트 시티'　　　　　　　　101
- 다가오는 스마트 시티4.0 시대　　　　　　　　　　105

국가 거버넌스와 지역 혁신생태계 ─── 111

- 4차 산업혁명 성패는 지식 공유에 달려　　　　　112
- 문제는 거버넌스다　　　　　　　　　　　　　　118
- 조직 거버넌스와 혁신방향　　　　　　　　　　　122
- 거버넌스 혁명 이끌 블록체인　　　　　　　　　　125
- 느슨한 연방 거버넌스　　　　　　　　　　　　　128
- 지역 혁신, 기업과 지자체에 맡기라　　　　　　　132
- 대전 혁신생태계가 주는 교훈　　　　　　　　　　136

- 창조경제혁신센터는 소중하다   140
- 대학들이 과연 혁신을 선도할 수 있는가   144
- 대학 혁신 문제는 연결성이다   147
- 벤처 생태계 민간주도 전환을   150
- '회수시장' 키워야 혁신생태계 산다   154
- 기술거래 시장이 없으면 '에디슨'도 없다   158

스케일업과 유니콘 전략 — 163

- 과도한 스타트업 지원을 우려한다   164
- 시장 중심의 스케일업 전략   167
- 한국형 유니콘 육성 전략   171
- 한국 유니콘의 공통분모와 교훈   177
- '유니콘 강국' 3가지 조건   180
- 한류 - 신기술 융합서비스 키워야   184
- 대한민국의 미래 먹거리   188

유니콘 비즈니스 모델과 기업의 미래 — 191

- 유니콘 비밀코드는 'O2O 대융합'   192
- 플랫폼·인공지능에 올라타라   196
- 생산·소비 융합이 4차 산업혁명   200
- 인간은 왜 게임을 좋아할까?   204
- 유니콘 경영의 화두, 고객 가치가 기업 존재의 이유   207
- 유니콘은 플랫폼에 달려있다   210

- 연결·추천을 넘어 구독으로   214
- 4차 산업혁명 시대 기업의 재탄생   217
- 공장에서 도시로 간 기업가정신   223
- 산업 플랫폼을 구축하라   227
- 過경쟁 혁신을 죽인다   233
- 공유형 혁신전략으로 승부하라   237
- 협력이 경쟁력이다   241

혁신성장의 3대 조건과 3대 요소 — 245

- 효율에서 혁신으로   246
- 혁신의 3대 조건: 기업가정신, 시장경제 그리고 포용   250
- 혁신의 본질은 실패다   253
- 마윈 8번, 트럼프 4번 좌절…'실패'를 許하라   257
- 혁신의 3대 요소: 창조성, 플랫폼 그리고 선순환   265
- 혁신은 창조적 파괴다   268
- 혁신의 갈등 해소 전략   272

성장과 분배가 선순환하는 지속가능한 사회 — 275

- 혁신성장과 소득분배의 역설   276
- 혁신은 실패·성공·지속성 '3대 갈등' 속에서 꽃핀다   280
- 선순환의 파괴자들, 극단세력   283
- 지속적 혁신과 노블레스 오블리주   286
- '지속가능함'을 이야기 할 때   289

- 지속가능성, 양보와 공생에 달렸다 293
- 포용적 성장으로 가는 길 297

규제혁신은 규제 생태계의 힘의 균형으로부터 ── 301

- 규제혁파의 마중물 302
- 기술 쇄국주의를 경계한다 306
- 규제 거버넌스 정상화 310
- 규제 생태계 힘의 균형 만들어야 314
- 진정한 소비자 운동을 위하여 317
- 스마트 규제가 혁신을 키운다 320
- 정책실패 감사가 국가혁신 막아 324
- 유치원문제 해법 '사전규제' 아닌 '사후징벌' 돼야 328
- 규제영향평가 AI에 맡기자 331
- 국가 파탄 구원투수, 원격의료 335
- 주 52시간으론 '제2 벤처붐'은 불가능하다 338
- 안일한 현실인식에 갇혀버린 규제 개혁 341
- 거짓을 가중 징벌하라 344
- 신뢰사회로 가는 길 348

선순환하는 대한민국, 홍익인간4.0(Humanation4.0) ── 351

- 4차 산업혁명 시대 행복의 조건 352
- 노동 가치회복이 진정한 워라밸 358
- 기업가정신 국가 362

- 응답하라! 기업가정신! 366
- 혁신 이끄는 사내기업가 370
- 성장·분배의 선순환 철학 375
- 이기심이 승화하는 사회 379
- 글로벌4.0과 대한민국 383
- 국가가 실패하는 두 갈래 길 386
- 비틀거리는 한국의 4차 산업혁명 389

세계 속의 대한민국 — 393

- 고농도 미세먼지가 문제다 394
- 가성비 있는 미세먼지 대책 397
- 미세먼지, 기후변화의 전조증상 401
- 아베의 의도를 보라 404
- 글로벌 가치사슬의 분해 407

4차 산업혁명 비전(대응원칙과 추진방향) — 410

맺음말 | 제2대 이사장을 역임하며 — 424

- 우국충정의 통찰과 지혜 424

4차 산업혁명의 대동맥, 클라우드와 데이터

4차 산업혁명은 현실과 가상이 클라우드의 데이터로 융합하는 혁명으로, 데이터 고속도로를 통해 모인 공공·민간 정보의 빅데이터를 활용해 인공지능이 세상을 이롭게 하는 혁명이다.
데이터 고속도로는 규제로 막히고, 공공정보는 개방이 제한되고, 개인정보는 보호도 활용도 안 되는 '데이터 쇄국주의' 탓에 한국은 세계 4차 산업혁명 대열에서 낙오돼 있었다.

〈4차 산업혁명의 대동맥, 클라우드와 데이터화〉

4차 산업혁명 막은
'데이터 쇄국주의' 혁파기

현실과 가상의 융합을 통한 예측과 맞춤이 4차 산업혁명의 본질이다. 예측과 맞춤은 제품을 넘어 서비스 차원의 욕망 충족이다. 서비스 차원의 욕망 충족이다.

삐걱대긴 하지만 지난 8월 31일은 한국의 4차 산업혁명을 가로막아 온 '데이터 쇄국주의'를 혁파한 역사적 기념일이 될 것이다. 대통령이 '데이터의 안전한 활용'을 위한 '데이터 고속도로' 건설을 선언한 것이다.

바로 ▷개인정보의 안전한 활용 ▷공공데이터의 개방 ▷클라우드 활용규제 완화라는 3종 세트로, 실질적인 4차 산업혁명으로 가는 물꼬를 튼 셈이다. 이 과정을 정리해보며 규제혁파의 본보기로 삼고자 한다.

KCERN창조경제연구회는 지난 2016년 4월 '인공지능AI', 5월 '디지털 사회'란 포럼에서 "4차 산업혁명은 데이터를 매개로 현실과 가상이 융합하는 혁명이다. 개인정보와 공공정보를 안전하게 활용해 빅데이터를 만들고, 클라우드의 빅데이터를 재료로 인공지능이 새로운 가치를 창출하는 것"이라고 선언했다. 즉, 한국의 4차 산업혁명의 걸림돌이 바로 데이터와 클라우드 규제라고 정의한 것이다.

정보화진흥원이 2016년 11월 개최한 '그랜드 클라우드 컨퍼런스'에서 기조강연으로 데이터와 클라우드 규제개혁이 4차 산업혁명의 최우선 과제임을 선언하면서 2017년 1월 '국가혁신 100대 과제'의 최우선 과제로 데이터와 클라우드의 규제개혁을 포함시켰다. 이어 2017년 4월 '4차 산업혁명 전제조건' 보고서에서 중점적으로 개인정보의 안전한 활용, 공공정보의 개방과 클라우드 우선 원칙을 제기했다.

또 2018년 1월 10일 과학기술총연합회, 벤처기업협회, KCERN은 '데이터 족쇄풀기 서명운동'을 전국적으로 전개하기 시작했다. 한국의 갈라파고스적 데이터 쇄국주의는 구한말 영토 쇄국주의와 같아 4차 산업혁명을 위해선 반드시 혁파해야 하는 대상이기 때문이다.

2018년 2월 '4차 산업혁명과 규제개혁' 보고서를 국회 4차 산업혁명 특위 청문회에 제출하고, 심층 토론을 통해 국회의원들과 데이터와 클라우드의 문제를 공유했다.

2018년 4월 정병국 의원 주최 '클라우드 라운드테이블'에서 클라우드 특별법 개혁의 큰 방향을 잡았다. 특히, 클라우드 활용에 대한 예외 조항이 문제의 핵심이라는 점과 공공기관은 물론 지방자치 단체와 중앙정부에 클라우드 활용이 확대돼야 한다는 점이 집중 논의되면서 정부내 문제인식이 확대됐다.

2018년 4월 정부의 4차 산업혁명특위에서도 '규제 해커톤 대회'를 통해 유럽의 정보보호규제GDPR를 벤치마킹해 가명과 익명화된 개인정보의 규제 개혁에 대한 논의가 이뤄지면서 정부내에서도 문제인식이 확산되기 시작했다.

지난 5월 28일 국회 4차 산업혁명특위 최종 회의에서 KCERN의 '4차 산업혁명 로드맵' 용역 보고서를 바탕으로 4차 산업혁명에 대한 총체적인 토의가 이뤄졌다. 특위는 이를 바탕으로 152개의 규제개혁을 촉구하면서 '데이터와 클라우드 규제 개혁'을 최우선 개혁과제로 특별 권고했다.

7월 31일 송희경 의원 주최로 남아있던 공공부문의 클라우드 문제에 대한 대토론회를 통해 행정안전부정윤기 국장와 과기정통부노경원 국장을 포함한 정부 관계자와 해결 방향에 대한 컨센서스가 이뤄졌다. 그리고 빠른 속도로 관련규제개혁이 진행됐다.

드디어 태풍으로 연기된 데이터와 클라우드 규제개혁 선언을 8월 31일자로 대통령이 직접 발표했다. '데이터의 안전한 활용'을 위한 데이터 고속도로 건설로서 4차 산업혁명의 실질적 출발선에 들어서게 된 것이다. 환영하고 기대한다.

헤럴드경제 18-09-05

4차 산업혁명의
데이터 족쇄풀기

혁신성장의 필수요소인 규제개혁 중 최우선은 바로 현실과 가상을 연결하는 데이터 규제다. 데이터족쇄풀기운동은 개인정보·공공정보·클라우드라는 3대 규제개혁으로 구성됐다.

　2018년 8월 31일은 대한민국 4차 산업혁명의 물꼬를 튼 날이다. 현실과 가상을 연결하는 데이터 고속도로의 걸림돌 제거를 위한 규제개혁을 대통령이 직접 선언한 것이다. 이로써 글로벌 스타트업의 70%가 불법인 나라라는 오명에서 벗어날 수 있게 됐다. 경제협력개발기구 OECD 클라우드 트래픽 최하위라는 불명예를 씻어낼 계기를 마련했다. 중국에 뒤처진 핀테크, 디지털 헬스케어, 웨어러블, 드론 등의 미래산업을 따라잡을 계기를 마련했다. 지난 데이터족쇄풀기운동 등 수년간 줄기차게 노력해온 모든 분과 더불어 격하게 환영하고자 한다.

　4차 산업혁명은 1, 2차 산업혁명이 만든 현실세계와 3차 산업혁명이 만든 가상세계가 융합하는 혁명이다. 두 세계의 융합에서 기술융합보다 가치융합이 훨씬 더 어렵다는 데 90% 이상이 동의한다. 소유의 현실과 공유의 가상세계 가치관 간의 갈등사례가 차량공유와 원격 의료다. 물론 현실과 가상의 융합기술이 쉽지는 않다. 그러나 사물인 터넷IoT과 인공지능AI 등의 기술융합보다 소유와 공유의 가치융합이 더 어렵다. 그동안 한국이 핀테크와 웨어러블 등 미래산업에서 중국에 뒤처진 것은 기술이 아니라 규제의 결과로 봐야 한다.

혁신성장의 필수요소인 규제개혁 중 최우선은 바로 현실과 가상을 연결하는 데이터 규제다. 데이터족쇄풀기운동은 개인정보·공공정보·클라우드라는 3대 규제개혁으로 구성됐다. 개인정보와 공공정보를 클라우드에서 활용하지 못하면 빅데이터와 인공지능은 구현이 불가능하다.

우선 '개인정보의 안전한 활용'이 국가 목표가 돼야 하는데 지금까지 한국은 안전하지도 않고 활용도 못하는 규제로 4차 산업혁명의 후진국이 됐다. '안전한 활용'을 위해 익명화된 개인정보의 활용은 촉진하되 재식별화를 통한 개인정보 침해는 가중징벌로 엄격히 규제해야 한다. 현재의 사전규제에서 사후 가중징벌로 규제 패러다임을 전환하는 것이 혁신성장으로 가는 선진 규제개혁의 방향이다. 그리고 식별가능한 개인정보의 통제권이 개인에게 주어지면 개인정보를 안전하게 활용할 수 있는 길이 열리게 된다.

공공정보 활용은 선도국가들의 일관된 목표다. 영국은 이미 94%의 공공데이터를 민간 클라우드에서 개방, 공유하고 있다. 미국은 공공정보의 클라우드 퍼스트cloud first 정책에서 한 걸음 더 나아가 클라우드 온리cloud only 정책으로 변경했다. 그런데 지금까지 한국은 중앙정부와 지방자치단체 정보의 민간 클라우드 개방이 금지돼 있었다. 공공기관은 3등급 분류 중 개방 분류된 8%에 한해 민간 클라우드 개방이 허용되나 이조차 정보인증 등 까다로운 절차를 밟아야 한다. 비공개 원칙 하에 매우 제한적인 공공정보 개방이 지금까지 한국의 4차 산업혁명의 걸림돌이 되어온 것이다. 그 결과 한국의 공공정보가 민간 클라우드에는 부재하고 민관 협력이 선도국가에 비해 부진할 수밖에 없었다. 대통령의 8·31 선언으로 지방자치단체와 중앙정부의 민간 클라우드 활용의 길을 연 것은 4차 산업혁명의 실질적 기폭제가 될 것이다. 문제는 실천이다. 3년 내 공공정보 90% 개방을 위해 당장 모든 공공 부문의 데이터 분류작업이 시작돼야 할 것이다.

전국의 혁신도시에 흩어져 갈라파고스가 된 공공기관들에 클라우드 기반 스마트워크의 길이 열리면 생산성은 50% 이상 증가할 것으로 기대된다. 공공 부문과 민간 간 협력으로 국가 생산성은 더욱 증대돼 무리 없는 52시간 제도 정착의 초석이 될 것이다. 공공 부문에서 100조 원 이상의 가치창출이 기대된다.

8·31 선언으로 한국의 공공기관 생산성과 더불어 벤처, 스타트업이 2배는 증가할 것으로 추정한다. 70% 불법인 스타트업의 절반만 합법화되면 2배가 된다. 이로부터 기대되는 미래가치는 연간 50조원에 달할 것이다. 대기업의 가치 증대는 덤이다. 8·31 선언으로 한국의 4차 산업혁명이 미로소 시작된다.

서울경제 18-09-05

데이터 경제,
이제 실천이다

선언보다 실천이 관건이다. 개인정보와 클라우드 법의 이번 정기국회 통과가 선결 과제다. 아직도 반대 세력의 힘은 크다. 악마는 디테일에 있다.

4차 산업혁명의 융합을 가로막던 데이터와 클라우드 규제가 2018년 8월 31일 대통령의 '데이터의 안전한 활용' 선언으로 혁파의 물꼬를 열었다. 주요 미래 예측 기관들은 2025년을 4차 산업혁명의 임계점으로 보고 있다. 2025년이 되면 현실과 가상이 융합하는 융합 경제가 전체 경제의 절반 이상을 차지할 것으로 예측하고 있다. 일자리와 산업의 절반이 바뀐다는 엄청난 변화를 의미하고 있다. 현 정부가 4차 산업혁명에 실패한다면 초고령화사회에 진입할 대한민국에 다음 기회는 아예 없을 수 있다. 그렇다면 이제 데이터의 안전한 활용을 위한 데이터 고속도로에서 혁신 성장을 위한 그림을 제대로 그려볼 필요가 있을 것이다.

우선 공공정보 개방으로 공공부문의 생산성이 극적으로 증대될 것이다. 공공 데이터의 비개방으로 가로막힌 민관협력과 공공간 협력의 길이 열릴 것이다. 지금의 공공부문은 각종 클라우드 서비스로부터 소외되어 있어 스마트워크는 원천적으로 불가능하다. 드랍박스와 N드라이브와 카카오 아지트 등 각종 협업 도구들을 사용할 수 있게 되면 지방 이전한 공공기관은 스마트 워크의 길이 열리게 된다.

세종시 공무원들이 국회에 출석한 고위공무원들과 실시간 자료 공유가 가능해진다. 민간은 공공데이터를 활용하여 각종 매쉬업 사업이 가능해진다. 스마트 시티, 스마트 공장 등의 4차 산업혁명 프로젝트들의 개방 협력이 비로소 가능해진다. 500조가 넘는 공공부문의 생산성이 20% 증가한다면 연간 100조의 국부 활용이 가능해질 것이다.

개인정보의 '안전한 활용'으로 우리도 본격적으로 4차 산업혁명을 시작할 수 있게 된다. 웨어러블 산업은 개인의 생체정보를 클라우드에서 빅데이터화하여 인공지능으로 최적화하는 사업 구조를 가지고 있다. 그런데 지금까지의 개인정보 규제로 한국의 웨어러블 스타트업 벤처들은 불법화되었다. 스마트 교육과 디지털 헬스케어와 스마트 시티 등 4차 산업혁명의 융합은 개인정보의 안전한 활용으로만 가능해진다. 익명정보는 개인정보 규제를 벗어나 활용할 수 있게 되면서 지역별 질병 관리, 스마트 교통 등의 빅데이터 기반 4차 산업혁명이 가능하게 된다.

지금까지 글로벌 창업의 70%는 이러한 규제로 인히여 한국에서 불법이 되었고 2000년 세계 최고를 자랑했던 한국의 벤처가 중국 등 대부분의 국가에 뒤진 결정적인 이유다. 이제 한국의 스타트업 벤처가 연간 2배 증가하여 3,000개 이상의 창업이 이루어진다면 기대되는 경제적 가치는 50조가 넘는 것으로 추산된다.

민간 클라우드 활용으로 벤처 기업의 글로벌화가 촉진된다. 금융, 의료 등 분야별 인증이 클라우드로 대부분 대체될 수 있다. 에어비앤비와 같은 단기간 글로벌화는 클라우드 서비스 사업자가 제공한 인프라 덕분이었다는 점에서 벤처 글로벌화에 결정적인 계기가 될 것이다. 연간 350조가 넘는 벤처 매출의 20%만 증가해도 연간 70조가 될 것이다.

그러나 선언보다 실천이 관건이다. 개인정보와 클라우드 법의 이번 정기국회 통과가 선결 과제다. 아직도 반대 세력의 힘은 크다. 악마는 디테일에 있다는 점에서 법 조항의 세부 사항 점검의 중요성은 아무리 강조해도 지나치지 않을 것이다. 법 통과까지 '데이터 족쇄풀기 서명 운동' 참여자의 적극적 활동을 촉구하는 이유다.

법이 통과되더라도 공공 데이터의 분류가 완결되어야 실제적인 공공 데이터의 민간 클라우드 활용이 가능하다. 영국이 이룩한 94% 수준의 공공 데이터 개방에 도달하기 위한 3개년 로드맵이 필요하다. 현재 개방 데이터를 골라내는 포지티브 심사에서 비개방 데이터를 골라내는 네거티브 심사 원칙하에 모든 공공기관의 즉각적 분류 작업 돌입을 촉구하는 이유다.

디지털타임스 18-09-03

개인데이터 익명화 개방 서둘러야

데이터의 안전한 활용이 4차 산업혁명의 전제조건이다. 한국의 4차 산업혁명은 개인정보의 익명화로 시작된다.

데이터의 안전한 활용이 4차 산업혁명의 전제조건이다. 지난 2년간 '데이터 쇄국주의' 타파를 위한 서명운동 등을 전개하고 각종 포럼을 열고 보고서를 펴낸 이유다. 정부가 '데이터 고속도로'를 선언한 지난 8월 31일은 대한민국 4차 산업혁명의 실질적 출발점이 되는 역사적인 날이다. 개인정보는 안전하게 활용하고 공공정보는 국가안보를 해치지 않는 범위에서 최대한 개방해 민간 클라우드를 활용하는 것이 4차 산업혁명으로 가는 길이다.

그렇다면 데이터 활용을 위한 구체적인 대안을 우선 살펴보자. 공공 데이터는 중앙정부와 지방자치단체와 공공기관이 보유한 데이터다. 지금까지는 공공기관이 보유한 데이터 중에서 3등급의 분류를 통해 불과 8%에 해당하는 데이터만 민간 클라우드를 사용할 수 있었다.

실질적으로 데이터의 민간 클라우드 활용은 금지됐다는 것이 호건 로벨 보고서가 대한민국을 아시아에서 가장 정보규제가 심한 국가로 분류한 이유다. 그런데 8·31 선언에서 중앙정부와 지자체와 공공기관의 클라우드 사용을 허용하고 네거티브 데이터 분류를 하겠다고 선언했다.

한편 현재의 3등급 데이터 분류는 비개방을 원칙으로 하는 포지티브 분류의 원칙하에 국가정보원이 매우 보수적인 개방을 권고해왔다. 그 결과 영국 등의 10분의 1에도 미치지 못하는 공공 데이터의 클라우드 개방도가 한국의 불편한 진실이다. 이제 개방의 원칙하에 비개방 데이터를 분류하는 네거티브 분류로 전환한다는 것이다. 드디어 한국도 4차 산업혁명의 글로벌 물결에 합류할 수 있게 된 것이다. 공공기관 간 협력, 공공과 민간의 협력을 통한 혁신의 확산과 일자리 창출이 기대되는 이유다.

문제는 비개방 데이터의 분류 기준이다. 국가안보와 개인의 비밀에 속하는 정보는 비개방이 원칙이다. 국가안보를 다루는 중앙정부의 일부 데이터는 비개방으로 할 수밖에 없다. 그러나 방대한 공공 데이터에는 개인정보가 포함돼 있다. 의료기록과 납세기록·금융기록 등 빅데이터로 활용될 개인정보의 안전한 활용을 위해 개인정보의 익명화가 대전제가 된다. 그런데 공공 데이터의 익명화가 그다지 쉬운 일은 아니라는 것이 문제다. 2015년 일본이 소사이어티5.0이라는 일본의 4차 산업혁명을 위해 취한 조치가 바로 개인정보의 안전한 활용을 위한 익명가공정보업 도입인 이유다.

익명화 작업에 각 부처와 지자체가 개별적으로 접근하는 것은 전문성과 효율에 한계가 있다. 예를 들어 폐쇄회로^{CC}TV 정보에서 개인정보를 제외하는 작업은 기술적 전문성이 있어야 한다. 용도에 따른 익명화 방법을 설정하고 취급하기 위해 도입된 일본의 익명가공정보업을 벤치마킹해야 하는 이유다. 일본은 익명가공정보 조항을 2015년 개인정보보호법 개정에 반영해 이러한 익명가공정보를 취급하는 업체를 익명가공정보 취급사업자로 정의하고 있다. 이로써 일본은 미국 다음으로 데이터 활용 인프라를 구축해 이미 3년 전부터 4차 산업혁명에 대비해왔다.

한국도 개인정보의 안전한 활용을 위해 익명가공정보의 개념을 도입할 필요가 있다. 익명화 과정은 개별 공공기관이 담당하는 데 한계가 있으나 민간에서 담당하기에도 개인정보 관리의 입장에서 문제가 있다. 따라서 익명가공을 전담할 민간과 공공의 합작회사SPC를 설립해 익명화 문제에 대비할 필요가 있다. 이번 정기국회에서의 법 개정에 반영되거나 이후 시행령에 반영돼야 할 것이다. 한시적으로는 개별 부처와 지자체에서 특별법인의 형태로 익명가공처리를 담당하는 것이 오는 2025년으로 다가온 4차 산업혁명의 골든 타임에 대처하는 대안이 될 것이다.

전 세계는 4차 산업혁명을 향해 질주하고 있다. 우리도 달려야 한다. 하루라도 지체해서는 경쟁에 뒤처진다. 공공 부문에서 당장 데이터 분류를 시작하고 별도의 익명가공처리 법인을 만들어 대비해야 하는 절실한 이유다.

한국의 4차 산업혁명은 개인정보의 익명화로 시작된다.

서울경제 18-09-12

데이터 개방,
이제 시작이다

4차 산업혁명은 맞춤와 예측으로 창조적 가치를 창출하는 혁명이다. 빅데이터를 기반으로 인공지능이 활약을 해야 한다.

4차 산업혁명은 현실에서 수집한 데이터가 온라인에서 빅데이터가 되어 인공지능으로 최적화되어 맞춤과 예측을 제공한다. 예를 들어 과거 자동차 이동의 경우 목적지에 도달하는 최적의 길도 모르고 도착 시간을 예측할 수 없었다. 도시 교통은 막히는 길은 막히고 안 막히는 길은 낭비되고 있었다. 모임의 시간은 너무 일찍 오는 사람과 너무 늦게 오는 사람으로 최적화되기 어려웠다. 시간을 반드시 맞추기 위해서는 개인적으로 대기 시간을 낭비할 각오를 해야 한다. 모두가 엄청난 사회적 비용이었다. 그런데 이제는 내비게이터가 최적 경로를 맞추어 주고, 도착 시간을 예측해 준다. 이로 인한 서울시의 직접 경제적 효과만 1.5조 원이라는 연구가 발표된 바 있다. 간접 효과를 포함해 전국화 하면 그 효과는 5조 원이 넘을 것으로 추산된다.

이러한 예측과 맞춤의 가치 제공을 위해서는 개인정보가 수집되고 활용돼야 한다. 예측을 위해서는 익명화된 데이터가 필요하고, 맞춤을 위해서는 개인화된 정보가 필요하다. 지금까지 한국에서는 이러한 예측과 맞춤의 서비스가 불가능했다. 현실과 가상을 연결하는 클라우드의 길에 바리게이트를 치고, 개인정보와 공공정보의 클라우드 활용을 규제했기 때문이다. 바로 데이터 쇄국주의가 한국의 4차 산업혁명을 시작도 못하게 한 것이다.

내비게이터 기술이 디지털 헬스케어를 통한 맞춤 서비스로, 각종 상품의 맞춤 추천 서비스로, 개인화된 맞춤 스마트 교육으로 이전되는 것은 전혀 어렵지 않다. 본질적 전환 기술은 동일하기 때문이다. 그 분야의 기술만 적절히 디지털 모델링하면 모든 시민의 삶을 내비게이터와 같이 스마트하게 만들 수 있다. 이러한 4차 산업혁명 규제를 스마트화한 미국과 일본의 일자리는 넘쳐나고 있다. 지금 주요 국가 중에서 우리 한국만 규제 문제로 기술을 활용하지 못하고, 그 결과 일자리가 만들어지지 않고 있다.

4차 산업혁명의 일자리 변화를 이해하는 가장 쉬운 지표는 현실과 가상의 융합 정도다. 3차 산업혁명에서 온라인 가상 경제 규모는 5% 수준이었다. 이제 현실과 가상이 융합하는 O2O 경제 규모는 20%에 달하는 것으로 추산되고, 2030년이 되면 융합 경제가 50%에 달할 것으로 예측하고 있다. 즉 일자리의 50%가 파괴되고 새로 창출된다는 의미다. 이러한 4차 산업혁명의 융합 패러다임을 19세기와 같은 '데이터 쇄국주의' 기치로 무시하는 것은 치욕의 역사를 되풀이하는 결과를 초래할 것이다.

현실과 가상의 융합은 기술과 규제로 구성된다. 이중 기술보다 규제가 훨씬 더 산업혁명에 미치는 영향이 크다는데 대부분의 국민들이 동의한다. 현실과 가상이 융합하는 4단계에서의 규제들을 살펴보면 1) 데이터 수집 단계의 개인정보와 공공정보 규제 2) 정보화 단계의 클라우드 규제와 빅데이터 규제 3) 지능화 단계의 인공지능 기술품목 허가 규제와 교육 인허가 규제 4) 스마트화 단계의 각종 진입 규제가 있다. 8·31 선언은 이중 1, 2 단계의 규제를 푸는 시작점임을 잊지 말자.

4차 산업혁명은 맞춤과 예측으로 창조적 가치를 창출하는 혁명이다. 빅데이터를 기반으로 인공지능이 활약을 해야 한다. 따라서 개인정보를 안전하게 활용해야 하고 공공 정보를 퍼블릭 클라우드에 개방해야 한다는 것은 너무나 당연하다.

후이노, 직토를 비롯해 많은 헬스케어 스타트업들은 미국에서 가능한 사업이 당연히 한국에서 가능할 것으로 알고 벤처를 창업했다. 그리고 그들은 퍼블릭 클라우드에서 개인 건강정보를 바탕으로 맞춤 서비스를 하는 것이 불법일 수 있음을 깨닫고 미국으로 이전하거나, 사업 모델을 변경했다. 글로벌 창업의 2/3가 한국에서 불법일 가능성이 있었던 것이다. 규제 개혁을 통해 한국의 벤처 스타트업이 적어도 2배는 증가할 것이다. 벤처 활성화를 위해 연간 퍼붓는 수 조 원의 자금보다 더 확실하게 혁신성장의 열매를 가져올 것이다. 이를 위해서는 3, 4

단계의 규제 개혁도 이어져야 한다. 그러면 맞춤과 예측의 4차 산업혁명 산업들이 봇물처럼 터져 나올 것이다. 그 규모가 GDP의 20%를 넘어 2030년이 되면 50%가 될 것이다. 현 GDP의 10% 수준의 가치창출의 경우에도 160조가 되어 10만 개 이상의 일자리를 창출할 수 있게 된다. 일자리는 세금이 아니고 부가가치 창출로 만들어진다는 것이 진리다. 스마트 시티가 진정한 시민 맞춤서비스로 진화할 것이다. 스마트 교육이 개인화된 맞춤 교육으로 승화할 것이다. 숱한 스마트 산업이 등장하게 하자.

디지털타임스 18-09-16

공공 데이터 개방

4차 산업혁명은 데이터를 매개로 현실과 가상이 융합하는 혁명이다. 국가 경쟁력과 일자리 창출은 공공데이터의 공유와 활용에 비례한다.

4차 산업혁명은 데이터를 매개로 현실과 가상이 융합하는 혁명이다. 국가 경쟁력과 일자리 창출은 공공데이터의 공유와 활용에 비례한다. 공공데이터의 개방과 안전한 활용이 대한민국 4차 산업혁명의 전제조건인 이유다.

지난 8월 31일 대통령의 '데이터 고속도로 구축' 선언에 이어 이달 12일 공공데이터위원회에서 공공데이터 개방을 위한 구체적인 논의가 진행됐다. 한국의 4차 산업혁명을 가로막은 데이터 관련 제도의 획기적인 전환이 시작됐다.

공공데이터 전수조사로 45만 개의 데이터와 개방의 문제점을 파악했다. 더 나아가 데이터 맵map을 공개하고 내년까지 중앙정부 차원의 메타데이터 플랫폼을 구축한다는 계획은 세계적으로도 유례가 없는 도전으로 여겨진다.

이제 주마가편의 입장에서 공공데이터 정책에 대한 의견을 개진하고자 한다.

#1 공공데이터는 반드시 네거티브 방식으로 추진돼야 한다. 8·31 선언에서 대통령이 네거티브 원칙을 천명했으나 현장에서는 원칙적 비개방의 과거 방식에 집착할 가능성이 너무 높다. 원칙적으로 개방하고 비개방 사유를 심의하는 네거티브 방식이 글로벌 표준이다. 그런데 이를 위해 네거티브 개방은 공무원들에게 이익이 돼야만 한다. 많은 공공데이터는 완전하지 않은 것이 현실이다. 개방 이후 불어 닥칠 각종 불이익이 겁나면 각종 비개방 사유를 만들게 된다. 불완전 데이터 개방에 대해 2년 정도 면책을 보장하고 보완에 대한 인센티브를 제공해야 개방이 촉진될 것이다. 물론 부처별·부서별 개방실적 평가를 총리실에서 지속하는 것은 필수다.

#2 익명 가공업체를 육성해야 한다. 비개방데이터의 60%를 차지하는 개인정보와 영업비밀을 공무원들이 개별적으로 익명화하는 것은 공무원에게 부담이 돼 개방을 저해하게 된다. 일본은 2015년 익명의 가공업체가 민간정보를 익명화해 개방하는 획기적인 제도를 도입해 큰 성과를 거둔 바 있다. 익명화 과정에서의 실수가 형사처벌되는 제도 하에서 공공조직이 최대한 익명화를 주저하게 되는 것은 불을 보듯

명확하다. 재식별화는 강력히 형사처벌을 하더라도 선의의 익명화는 형사처벌하지 않도록 해야 한다. 이를 위한 실질적 대안이 익명가공업체 육성이다.

#3 국정원의 역할이 재정리돼야 한다. 지금까지 한국 공공데이터 개방의 실질적 걸림돌은 국정원의 데이터 개방 통제였다. 국가안보는 중요하나 국가경쟁력도 그에 못지않게 중요하다. 이를 위한 균형이 데이터 3단계 분류다. 국가안보와 관계된 중앙정부의 1등급 데이터는 국정원의 관리 대상이 될 수 있으나 지방정부와 공공기관의 2, 3등급 데이터가 국정원 관할이 돼서는 데이터 쇄국주의를 벗어나기 어렵다. 전체의 70%인 지방정부와 공공기관의 데이터를 우선 민간 클라우드에 올리고 3등급은 개방, 2등급은 논리적 망 분리를 하는 것이 국가안보와 국가경쟁력의 대안이다.

#4 데이터 결합에 대한 규제가 없어야 한다. 개인정보의 안전한 활용이란 데이터 결합으로 활용하되 재식별화를 통한 개인정보 복원은 규제한다는 것을 의미한다. 재식별화는 반드시 강력히 규제돼야 한다. 그러나 재식별화 가능성이 없는 데이터 결합을 특정 기관에 한정하는 것은 안전한 활용을 극도로 저해하게 된다.

#5 개인정보보호위원회의 명칭과 구성이 개정돼야 한다. 현재 개인정보보호위는 데이터 활용자의 입장이 반영되기 어려운 위원 구성

이 예상된다. 보호와 활용의 균형을 위해 명칭은 개인정보보호활용위원회로 개정하고 보호와 활용 위원 구성의 5대5 균형이 요구된다.

영국은 95%의 공공데이터를 민간 클라우드에 개방했다. 5%에 불과한 한국의 데이터 개방은 지방정부와 공공기관 데이터를 익명화해 개방하면 우선 70%가 된다. 중앙정부의 2, 3등급 데이터를 익명화를 통해 개방하면 85%를 넘어서게 된다. 각 부처가 당장 데이터 분류에 돌입해야 하는 이유다.

서울경제 18-10-17

데이터 쇄국주의
탈피의 조건

4차 산업혁명은 현실과 가상이 클라우드의 데이터로 융합하는 혁명이다. 데이터 고속도로는 규제로 막히고, 공공정보는 개방이 제한되고, 개인정보는 보호도 활용도 안 되는 '데이터 쇄국주의' 탓에 한국은 세계 4차 산업혁명 대열에서 낙오돼 있었다.

2018년 8월 31일은 대한민국의 4차 산업혁명의 실질적인 출범일이다. 4차 산업혁명은 현실과 가상이 클라우드의 데이터로 융합하는 혁명이다. 데이터 고속도로를 통해 모인 공공정보와 민간정보의 빅데이터를 활용해 인공지능이 세상을 이롭게 하는 혁명이다. 지금까지 데이터 고속도로가 규제로 막히고 공공정보는 개방이 제한되고 개인정보는 보호도 활용도 안 되는 '데이터 쇄국주의' 탓에 한국은 세계 4차 산업혁명 대열에서 낙오돼 있었다. 시스코에 따르면 주요 국가 인터넷 트래픽에서 클라우드의 비중이 90%를 넘어섰다고 한다. 그런데 한국의 클라우드 트래픽은 12.9%로 나온다. 정부의 자체 클라우드를 제외하면 한 자리 숫자에 불과하다.

그 결과 글로벌 유니콘의 70%는 한국에서 불법 취급을 받는다. 4

차 산업혁명에서 파생된 신규 일자리가 만들어지지 않는 이유다. 미국과 일본 등 주요 국가들은 일자리가 넘쳐나는데 한국의 일자리는 지난해에 비해 급전직하로 쪼그라든 이유다. 19세기 말 쇄국주의로 한국은 식민지화라는 치욕을 당한 바 있다. 21세기 초 한국은 데이터 쇄국주의로 또 다시 치욕의 역사를 되풀이할 가능성이 크다. 개별 경쟁인 3차 산업혁명에서 한국은 벤처 열풍과 인터넷 코리아 운동 등의 강력한 에너지에 힘입어 IT강국으로 우뚝 섰다. 그런데 산업 생태계의 협력인 4차 산업혁명에서 한국은 클라우드 규제로 더 이상 IT강국이 아니게 됐다. 오픈소스, 오픈 데이터, 클라우드 등 개방 협력의 IT 패러다임 변화에 적응하지 못하고 있는 것이다.

문제는 기술이 아니라 제도다. 한국이 핀테크·사물인터넷·자율주행차·드론 등 4차 산업혁명의 대표 산업에서 중국에 뒤진 것은 기술이 아니라 제도의 경쟁력이 떨어지기 때문이다. 한국의 기술력은 세계 10위권이나, 제도의 경쟁력은 평균 70위권으로 아프리카 수준이다. 특히 기술 제도의 경쟁력에서 한국은 미국·일본·독일은 물론 중국보다도 현저히 뒤지고 있다. 한강의 기적을 이끈 관료주의의 규제 마인드가 한국을 옥죄고 있다. 추격형 경제의 성공이 탈추격으로 가는 미래의 걸림돌이 된 것이다. 사전 규제에서 사후 징벌로, 개별 지원에서 생태계 형성으로 국가 패러다임의 대전환이 필요한 이유다.

특히 탈추격 경쟁에서 요구되는 기술-사회의 상호작용을 이해하지 못하는 규제 일변도의 관료주의가 한국병의 원인이다. 주요 국가에 비해 한국의 고위 관료 중 기술을 이해하는 관료는 너무나 적다. 아무리 많이 잡아도 5% 미만이다. 중국의 60%와는 비교조차 안 된다. 스마트폰 도입 지연, 공인인증서, 인터넷 실명제, 개인정보 규제, 클라우드 차단, 블록체인 기술 규제 등 숱한 기술 정책의 난맥은 기술을 이해하지 못하는 책임 관료들의 문제가 너무나 크다. 심지어 기술 정책 세미나에서 당당하게 '나는 이 분야의 기술을 모른다'고 인사말을 하는 '국장님'들을 보면 한숨을 넘어 절망감을 느끼게 된다. 모르면 공부하던가, 그 자리를 맡지 말던가 하는 것이 책임 관료의 행동일 것이다.

한국의 현실과 가상을 연결하는 데이터 고속도로의 기술적 기반은 탄탄하다. 통신망의 속도는 세계 톱3에 들어 있다. 그런데 데이터를 활용하는 4차 산업혁명은 말만 무성하지 실제 성과는 부진해도 너무나 부진하다. 문제는 기술이 아니라는 것이 세계 인터넷 연구기관인 BSA의 연구결과다. 한국은 기술은 우수한데 제도가 엉망이라는 것이 주요 글로벌 연구기관들의 일관된 결론이다. 20조 원이 넘는 국내총생산 GDP 대비 세계 최대의 국가 연구개발비보다 더 중요한 것은 제도의 경쟁력 제고다. 국회와 고위 관료들의 기술-사회 상호작용에 대한 이해와 미래 사회에 대한 비전이 관건이다.

경쟁국에 비해 데이터 개혁은 늦어도 너무 늦었다. 일본은 이미 3년 전에 익명가공업체를 통한 개인정보 활용을 도입했다. 데이터 기반의 혁신이 일본의 4차 산업혁명인 소사이어티5.0의 핵심 전략이었다. 데이터 쇄국주의를 타파하는 대통령의 8·31 선언은 '데이터의 안전한 활용'을 위해 '데이터 고속도로'라는 클라우드 규제를 개혁하라는 것이 었다. 늦었지만 안 하는 것보다는 다행이다. 다행히도 국회는 국회 4차 산업혁명특위를 통해 이미 5월에 데이터와 클라우드 규제를 개혁하되, 유럽보다는 전향적인 일본 방식을 채택하라는 특별 권고를 창조경제 연구회의 보고서에 기반해 제시한 바 있다. 과학기술총연합회와 벤처 기업협회는 창조경제연구회와 공동으로 1월부터 '데이터 족쇄풀기 서 명운동'을 전개한 바 있다. 과학기술인과 벤처인들은 데이터 규제 개혁 을 열망하고 있다. 아직도 일부 NGO 단체의 반대가 있으나, 과거 군사 독재정권의 부당한 개인정보 침해의 트라우마가 반복되지 않는다는 대안을 제시해 설득해야 할 것이다. 예를 들어 부당한 정부기관의 개 인정보 침해는 초강력 가중징벌을 하는 것을 명문화하는 것이다. 추가 로 민간 기업의 개인정보 오남용에 대해서도 사후 가중 징벌을 해야함 은 물론이다.

개혁의 방향은 다음과 같다. 우선 공공정보는 개방을 원칙으로 현 재 제한적으로 허용된 공공기관은 물론 지방자치단체와 중앙정부까지 민간 클라우드 사용을 허용하고 민감 정보의 분류도 현재의 3단계 원 칙적 비개방의 분류에서 1단계의 원칙 개방 분류 방식으로 전환하는 것이다. 식별이 안 되는 익명화 정보는 개인정보에서 해제해 활용하 되, 익명 정보를 조합해 재식별해서 개인정보를 복원하는 행위는 엄격 히 규제하는 것으로 '안전한 활용'의 길을 여는 것이다. 실명을 사용하 지 않는 가명정보는 영리를 포함하는 제한적 활용의 길을 열어주고 실명정보는 개인에게 통제권을 제공하는 것이다.

이런 개혁이 제대로 이뤄지면 여러 경제적 효과를 기대할 수 있게 된다. 우선 공공의 투명성이 증대되고 공공기관 간의 협력이 촉진된다. 공공과 민간의 협력이 촉발돼 참여민주제가 확산될 것이다. 공공기관의 업무 생산성이 비약적으로 증대될 것이다. 민간의 협력 생태계가 구축돼 산업 혁신과 창업이 활성화돼서 일자리가 창출될 것이다. 예컨대 공공기관은 N드라이브와 카카오톡과 구글 드라이브와 드롭박스 등의 클라우드 기반 스마트 워크 툴을 사용할 수 없었다. 민간과의 협업은 물론 서울로 출장간 고위 간부와 소통 채널도 없는 깜깜히 행정 규제였다. 그나마 사용하던 카카오톡은 사용 금지되고 정부의 바로톡이라는 너무나 불편한 애플리케이션앱을 사용해야 한다. 내부망과 외부망의 물리적 망분리로 개방·협력이라는 시대 추세에 적응할 수 없는 구조다. 결국 스마트워크가 되지 않은 결과 민간 생산성의 절반 이하라는 비효율적인 업무를 수행하고 있다. 이런 비효율을 타파해야 한다.

민간 기업들은 협력보다 경쟁의 패러다임으로 사업을 해왔다. 미국 실리콘밸리의 오프소스 사용율이 95%인데 한국은 10% 미만이다. 개별 기술자의 경쟁이 아니라 협력 생태계의 경쟁에서 한국은 크게 뒤지고 있는 것이다. 클라우드 기반 생태계로 창업 비용은 급감하고 협력의 창조성은 급증할 것이다.

중앙이코노미스트 18-10-15

제조업 르네상스, '데이터 고속도로' 뚫어야

미래 제조업의 가치는 스마트 공장을 통한 원가 절감보다는 스마트 제품으로 고객과 연결됨으로써 창출되는 가치 증대에 있다.

문재인 대통령은 지난달 '제조업 르네상스' 비전 선포식을 했다. 총론적으로는 환영할 만하다. 그러나 총론과 각론이 겉돌게 되면 총론은 구호에 그치고 사회적 불신만 팽배하게 된다. 우측 깜빡이를 켜고 좌회전할 때처럼 사고의 위험성만 커진다. 제조업 르네상스를 위한 각론적 전략을 수행할 수 있는지 잘 살펴야 하는 이유다.

우선, 우리 제조업의 현실을 살펴보면 제조업 르네상스 이전에 '제조업 엑소더스'가 벌어지고 있다. 올 1분기 해외 직접투자액은 141억 1,000만 달러로 지난해 1분기 대비 44.9% 늘었다. 도널드 트럼프 미국 대통령이 한국 방문 시 칭찬했던 대기업은 물론 중소기업까지도 더 이상 국내 제조업에 투자하지 않고 있다.

이유는 간단하다. 국내 제조업 환경이 제조업을 밀어내고 있기 때문이다. 노동, 입지, 환경, 세금, 교육 등 모든 분야에서 제조업은 규제에 가로막혀 있다. 특히 강성 노동조합으로 인한 노동 경직성은 기업 혁신을 원천적으로 저해하고 있다. 최저임금과 주 52시간 근로제의 경직성은 거론할 필요조차 없다.

세계 주요 국가들은 저마다 제조업 부흥을 외치고 있다. 제조업은 자체 부가가치의 2.9배에 해당하는 고부가 서비스산업을 창출한다. 이미 유명해진 아디다스의 '스피드 팩토리'를 포함, 다수의 글로벌 제조기업들이 해외공장을 자국으로 옮기고 있다. 소위 '제조업 리쇼어링' 현상이다. 그 결과 국제 무역 규모가 15% 위축되고 있다는 것이 컨설팅 회사 맥킨지의 통계로 입증되고 있다. 원재료를 저임금 국가에 보내 제품을 만들어서 선진국에 수출하는 무역 구조가 선진국에서 직접 생산하는 구조로 변하고 있다. 공장 노동자의 저임금보다 소비자와의 연결성이 사업에서 차지하는 비중이 더 커진 결과다.

이런 제조업의 거대한 패러다임 변화를 읽어야 제대로 된 제조업 르네상스를 논할 수 있다. 제조업 르네상스는 공장 생산 중심의 제조업에서 소비자 수요 중심의 스마트 제조업으로의 전환을 의미한다. 미래 제조업의 가치는 스마트 공장을 통한 원가 절감보다는 스마트 제품으로 고객과 연결됨으로써 창출되는 가치 증대에 있다. 그런데 한국의 제조업 르네상스는 생산 중심의 스마트 공장에만 치중하는 전략적 함정에 빠져 있다. 고객에게 새로운 가치를 창출하는 제품 혁신이 없는 제조업은 유지될 수 없다. 제조업의 미래 가치는 저低원가 생산이 아니라 고객 맞춤 제품에 있다.

스마트 공장과 스마트 제품은 데이터를 축적해 클라우드의 인공지능을 활용함으로써 구현할 수 있다. 그런데 한국의 스마트 공장 대부분은 클라우드를 외면하고 있으며 스마트 제품의 70%도 불법이다. 인공지능을 활용하지 않고는 예측과 맞춤이란 4차 산업혁명의 지능화 서비스는 불가능하다.

스마트 공장은 단순한 공장 자동화가 아니라 데이터를 기반으로 인공지능이 최적화하는 지능화 공장이다. 스마트 제품은 소프트웨어를 통해 서비스와 결합하는 제품·서비스 융합이 중요하다. 스마트폰을 필두로 네스트Nest, 고프로Gopro, 핏빗Fitbit 등 대부분의 혁신 제품들은 예외 없이 데이터를 통해 제품을 고객과 연결, 최적의 서비스를 제공하는 형태다. 4차 산업혁명은 데이터 혁명인 것이다.

그런데 한국은 각종 데이터 쇄국주의 규제에 숨이 막히고 있다. 데이터를 통한 지능화 혁명인 4차 산업혁명은 제조업 르네상스에도 예외가 아니다. 데이터 고속도로가 있어야 제조업 르네상스로 가는 길이 열린다. 그런데도 문 대통령이 작년 8월 선언한 '데이터 고속도로' 관련 법안이 국회 상임위원회에 상정도 안 되고 있다. 급격한 최저임금 인상을 막고 규제를 완화해 제조업 엑소더스를 차단하고 데이터 고속도로를 뚫어 제조업 르네상스의 길을 열어야 한다.

한국경제 19-07-08

'데이터 고속도로' 약속 지키라

4차 산업혁명은 '데이터' 혁명이다. 데이터 쇄국주의 주창자들은 과거 영토 쇄국주의가 초래한 망국의 역사에서 교훈을 얻어야 한다.

4차 산업혁명은 데이터 혁명이다. 현실에서의 불일치 문제를 가상의 디지털 트윈에서의 예측과 맞춤으로 해결하는 혁명이다. 데이터를 수집하고 축적하고 분석하고 활용하여 현실을 스마트하게 만드는 스마트화 프로세스의 재료는 데이터다.

데이터를 통해 현실이 가상이 되는 디지털 트랜스폼과 가상이 현실이 되는 아날로그 트랜스폼이 융합된 '스마트 트랜스폼'이 4차 산업혁명의 기술들이다. 현실과 가상이 융합하는 O2O 영역에서 전세계 혁신의 70%가 발생하고 있다. 전세계 10대 기업의 70%와 전세계 유니콘과 스타트업의 70%가 바로 데이터 융합의 영역에서 활동하고 있다. 한국의 미래를 결정짓는 데이터 쇄국주의의 불편한 진실을 직시해보자.

한국은 온라인 가상 세계를 만든 3차 산업혁명에서 벤처를 중심으로 약진하여 일본과 유럽을 앞서 글로벌 선도 국가로 부상한 바 있다. 온라인의 새로운 가상 세계에는 규제가 없었다. 우수한 기술이 있으면 신사업 창출이 가능했다. 전세계 경제 규모의 5%에 달하는 거대 온라인 세계에서 네이버, 다음 등 한국의 벤처는 약진을 거듭했다. 기술이 주도하는 3차 산업혁명의 승자 그룹에 이름을 올리게 된 것이다.

그런데 가상 세계가 현실과 다시 융합하는 4차 산업혁명에서 한국은 글로벌 후진국으로 전락하고 있다. 현실과 가상의 융합은 기술 융합과 제도 융합으로 구현된다. 이 중 4차 산업혁명에서는 기술 융합보다 제도 융합이 훨씬 더 중요한 비중을 차지한다. 공유 차량과 공유 주택과 원격의료에서 한국이 '글로벌 갈라파고스'가 된 이유는 바로 망국적인 규제 때문이다.

데이터 혁명 시대에 데이터 쇄국주의 주창자들은 과거 영토 쇄국주의가 초래한 망국의 역사에서 교훈을 얻어야 한다. 개인정보를 안전하게 활용하자는 개인정보 보호법과 공공정보를 원칙적으로 클라우드에 개방하자는 클라우드 특별법 개정안이 6개월 넘게 국회에서 잠자고 있다. 개인정보와 공공정보를 안전하게 활용하는 수준이 4차 산업혁명을 선도하는 국가 수준과 비례한다. 아직도 오프라인 중심의 2차 산업혁명의 패러다임에 갇힌 '데이터 쇄국주의'를 이제는 끝내야 할 때다.

지금 글로벌 선도 국가들은 개인정보의 안전한 활용과 클라우드 중심의 데이터 패러다임 전환에 총력을 경주하는 중이다. 가장 경직된

유럽도 작년에 발효된 개인정보보호규칙GDPR 1조에서 개인정보의 자유로운 이동을 위한다는 목적을 명확히 하고 있다. 개인정보를 활용하지 않으면 국민이 보호되는 것이 아니라 불이익을 받게 된다는 것을 알고 있기 때문이다. 4차 산업혁명은 개인에게 맞춤 서비스를 제공하는 혁명이다. 맞춤 의료, 맞춤 음악, 맞춤 교육, 맞춤 인공지능 비서는 개인정보의 안전한 활용 없이는 불가능한 서비스다. 전세계 유니콘 기업의 70%가 바로 개인 맞춤 컨시어지 서비스를 핵심 비즈니스 모델로 삼고 있음을 상기하면 한국 유니콘 육성 전략의 문제는 바로 데이터 규제라는 것을 직시하게 될 것이다.

국가의 안전은 개인정보의 안전한 활용과 동의어가 된다. 테러 방지를 위한 범죄자 추적과 출입국 통제와 비밀 취급자 인식 등 숱한 영화의 사례를 보면 바로 이해가 될 것이다. 비식별 기술과 식별 기술의 균형이 4차 산업혁명의 미래 국가로 가는 정책 역량이 된다. 과도한 비식별화 요구는 결국 식량인 데이터 공급을 중단하여 인공지능을 말라 죽게 만드는 결과를 초래한다. 글로벌 기준의 익명화된 개인정보는 더 이상 개인정보가 아니다. 비식별 규제가 아니라 익명화된 비식별 정보를 재식별하는 행위를 강력하게 징벌하면 된다.

공공정보는 민간 클라우드에 올라가야 제대로 활용된다. 글로벌 인터넷 트래픽의 90% 이상이 이미 클라우드에서 발생하고 있는데, 한국은 10% 수준에 불과한 최후진국이 되었다. 3차 산업혁명이 개별 기업의 서버에 기반했다면 4차 산업혁명은 민간 클라우드에 기반하고 있다. 클라우드가 더 안전하게 데이터 활용이 가능하기 때문이다.

2018년 1월 과학기술총연합회, 벤처기업협회, KCERN이 데이터 쇄국주의 타파 운동을 시작했고 2018년 8월 31일 문 대통령은 '데이터 고속도로' 선언을 통하여 이상과 같은 문제 돌파를 약속한 바 있다. 이를 바탕으로 개인정보보호법과 클라우드 특별법 개정안이 국회에 상정되어 있으나, 일부 국회의원의 반대로 아직 상임위조차 통과하지 못하고 있다. 대통령의 선언이 무색하게 된 것이다. 대통령이 선언한 데이터 고속도로 건설 약속이 하루라도 빨리 이루어지기를 기업인들과 과학인들은 촉구한다.

디지털타임스 19-04-21

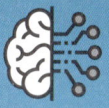

4차 산업혁명은 '지능화'다: 스마트 트랜스폼

4차 산업혁명은 인간을 위한 현실과 가상의 융합이다. 4차 산업혁명의 O2O 융합은 디지털 트랜스폼과 아날로그 트랜스폼의 쌍방향 기술로서 구현되며 이를 통합해 스마트 트랜스폼Smart Transform이라 한다. 4차 산업혁명은 현실의 '데이터화'인 '디지털 트랜스폼'을 넘어 현실을 바꾸는 '스마트화'인 '스마트 트랜스폼'으로 이해해야 한다.

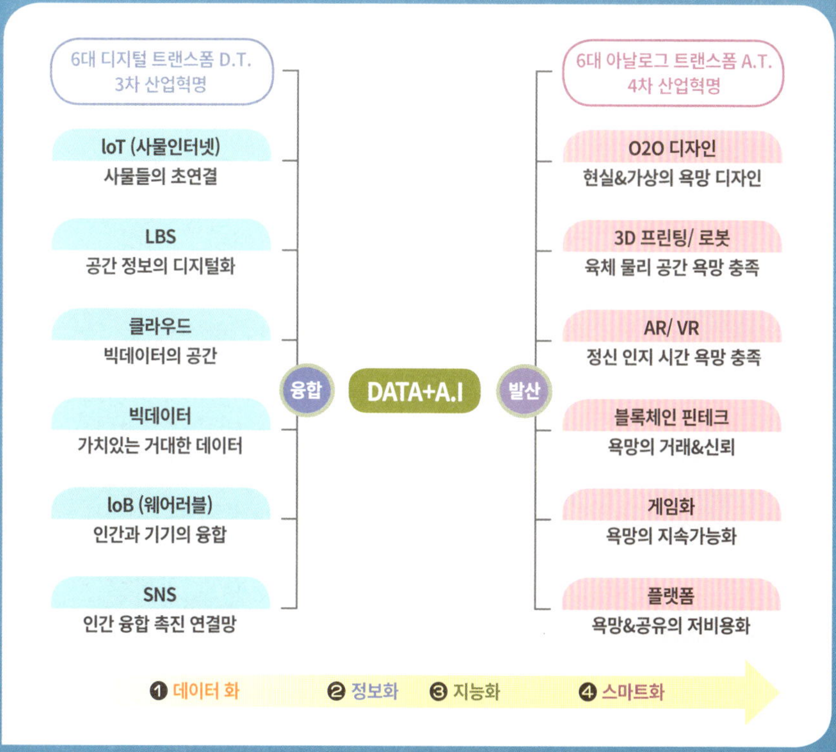

6대 디지털 트랜스폼 D.T. 3차 산업혁명	6대 아날로그 트랜스폼 A.T. 4차 산업혁명
IoT (사물인터넷) 사물들의 초연결	**O2O 디자인** 현실&가상의 욕망 디자인
LBS 공간 정보의 디지털화	**3D 프린팅/ 로봇** 육체 물리 공간 욕망 충족
클라우드 빅데이터의 공간	**AR/ VR** 정신 인지 시간 욕망 충족
빅데이터 가치있는 거대한 데이터	**블록체인 핀테크** 욕망의 거래&신뢰
IoB (웨어러블) 인간과 기기의 융합	**게임화** 욕망의 지속가능화
SNS 인간 융합 촉진 연결망	**플랫폼** 욕망&공유의 저비용화

융합 — DATA+A.I — 발산

❶ 데이터화   ❷ 정보화   ❸ 지능화   ❹ 스마트화

〈스마트 트랜스폼 = D.T. + A.I + A.T〉

디지털 트랜스폼을 넘어

4차 산업혁명은 현실의 '데이터화'인 '디지털 트랜스폼'을 넘어 현실을 바꾸는 '스마트화'인 '스마트 트랜스폼'으로 이해해야 한다.

주요 컨설팅 기업들을 중심으로 '디지털 트랜스폼digital transform' 열기가 확산되고 있다. 많은 사람들이 미국의 사례에서 4차 산업혁명은 바로 디지털 트랜스폼이라 주장하고 있다. 그런데 4차 산업혁명은 디지털 트랜스폼을 넘어 '스마트 트랜스폼'으로 진화하고 있다.

디지털 트랜스폼은 현실을 데이터로 바꾼다는 의미다. 예를 들어 도시의 디지털 지도 위에 모든 자동차 위치를 디지털 데이터로 표시하는 과정은 디지털 트랜스폼이다. 사물인터넷·생체인터넷·위치기반 기술·소셜네트워크서비스 등이 바로 현실 세계를 데이터로 바꾸는 디지털 트랜스폼 기술들이다. 3차 산업혁명은 현실 세계에서 분리된 가상 데이터 세계를 만든 혁명이고 디지털 트랜스폼은 3차 산업혁명을 주도한 기술이다. 제레미 리프킨이 디지털 트랜스폼으로서의 4차 산업혁명을 부정한 이유다.

온라인 가상 세계가 만들어지면서 인간은 현실에서 불가능했던 일들을 할 수 있게 됐다. 포토숍으로 순식간에 얼굴의 주름살을 없앨 수 있고 사고 싶은 물건들을 실시간으로 검색할 수 있다. 그러나 가상 세계에서의 포토숍은 현실의 나를 바꾸지 못하고 검색은 실물을 내 앞에 가져올 수 없었다. 그런데 가상 세계의 예측을 현실화하는 기술이 등장하면서 현실과 가상이 융합하는 새로운 혁명, 4차 산업혁명이 시작된 것이다.

디지털 트랜스폼 기술로 현실과 1:1 대응되는 디지털 트윈digital twin의 세계를 만들고 나면 가상 세계의 데이터를 현실화하는 기술이 등장해야 한다. 3D 프린팅과 같이 가상 데이터를 현실화하는 기술이 디지털 트랜스폼이라는 것은 논리적으로 수용하기 어렵지 않은가. 가상의 현실화를 디지털이 아니라 아날로그 트랜스폼으로 명명해야 하는 이유다.

4차 산업혁명의 온라인 기반 오프라인 서비스O2O 융합은 디지털 트랜스폼과 아날로그 트랜스폼의 쌍방향 기술로서 구현되며, 이것이 이를 통합해 스마트 트랜스폼이라 하는 이유다. 4차 산업혁명을 현실의 데이터화인 디지털 트랜스폼을 넘어 현실을 바꾸는 스마트화인 스마트 트랜스폼으로 이해해야 하는 이유다.

3차 산업혁명이 현실에서 분리된 작은 가상 세계를 만든 것이라면

4차 산업혁명은 현실과 가상이라는 거대한 두 세계의 융합이다. 전체 경제 규모의 5%에 불과했던 온라인 경제가 오는 2025년이 되면 현실과 가상의 O2O 융합 경제가 되면서 전 세계 경제의 50%를 차지할 것으로 예측되고 있다. 세계 경제의 절반이 바뀌고 기업의 절반이 창조적 파괴가 되고 직업의 절반이 재창조된다는 거대한 변화다.

O2O 융합혁명으로 바라볼 때 4차 산업혁명의 모든 현상이 일관되게 설명된다. 현실과 가상의 융합인 O2O 영역에서 4차 산업혁명의 아이콘들인 세계 10대 기업과 유니콘의 70%가 등장했다. 일자리 변화의 방향도 O2O 융합으로 볼 때 근원적 변화의 동인이 보이기 시작한다. O2O 융합은 기술융합과 제도융합의 쌍끌이 전략이 필요하다는 통찰도 가능해진다. 4차 산업혁명은 기술을 넘어 두 세상의 융합이다.

O2O 융합으로 창출되는 가치는 바로 예측과 맞춤이라는 스마트화다. 3차 산업혁명이 인간의 신경을 확장한 자동화 혁명이었다면 4차 산업혁명은 인간의 뇌를 확장하는 지능화 혁명이다. 인간 뇌의 역할은 예측이다. 예측이 필요 없는 식물에는 원칙적으로 뇌가 존재하지 않는다. 말미잘은 이동하는 유생 단계에서는 뇌가 있으나 정착하는 성체 단계에서는 사라진다. 내비게이터는 지능화돼 현실에서 불가능했던 도착시간과 최적 경로를 예측하고 맞춰 준다. 스마트 공장은 자동화 공장이 아니라 현실공장과 가상공장이 O2O 융합하는 지능화 공장으로 예측과 맞춤으로 가치를 창출한다. 스마트 시티는 현실도시와 가

상도시의 융합이고 스마트 교통도 마찬가지다. 현실과 가상의 융합을 통한 예측과 맞춤이 4차 산업혁명의 본질이다.

서울경제 19-04-03

예측과 맞춤으로 4차 산업혁명

현실과 가상의 융합을 통한 예측과 맞춤이 4차 산업혁명의 본질이다. 예측과 맞춤은 제품을 넘어 서비스 차원의 욕망 충족이다.

4차 산업혁명은 온·오프라인 연계O2O 융합으로 이해하는 것이 가장 간단명료하다. 3차 산업혁명까지가 '자동화'라는 생산혁명이라면 4차 산업혁명은 '지능화'라는 생산과 소비의 융합혁명이다. 산업의 본질이 생산과 소비의 순환이다. 산업혁명은 인간의 미충족 욕망을 신기술이 충족시켜온 '기술과 욕망의 공진화' 과정이었다. 3차 산업혁명까지는 인간의 생존·안정·연결의 욕구를 각각 기계·전기·정보 기술이 충족시켜왔다. 그리고 이제 4차 산업혁명에서 과거에는 불가능했던 개인화 욕망의 충족이 지능 기술로 가능하게 된 것이다.

자동화를 통한 공급 확대로 개인화된 욕망의 충족은 불가능하다. 개인화된 욕망의 충족은 예측과 맞춤으로 구현이 가능할 뿐이다. 개별 소비자에게 맞춤 서비스를 제공할 수 있는 기술의 등장으로 4차 산업혁명의 문이 열리게 된 것이다. 단순한 기술의 융합이 산업혁명을 촉발한다는 기존의 관점으로는 일자리와 산업의 변화를 제대로 해석하는 것이 불가능하다. 기술이 기존의 산업과 일자리를 파괴하나 미충족 욕망으로 새로운 일자리와 산업을 만들어온 창조적 파괴 과정이 지난 250년 산업혁명의 역사였고 미래 예측의 기반이라고 이해해야 할 것이다.

'예측과 맞춤'이라는 4차 산업혁명의 가치 창출 프로세스를 살펴보기로 하자. 내비게이터는 도착시각을 예측하고 최적의 맞춤 경로를 안내해준다. 그런데 현실 세계만으로는 도착시각 예측과 경로 맞춤이 불가능하다. 현실의 교통 세계가 투영된 가상의 교통 세계인 내비게이터가 있어야 예측과 맞춤이 가능하다. 시공간이 분산된 현실이 가상에서는 전체로 융합된다. 모든 차량의 위치정보가 가상에서 통합된다. 부분으로 나뉜 현실이 전체를 볼 수 있는 가상과 쌍둥이를 이루는 '디지털 트윈'으로 예측과 맞춤이 가능해진 것이다.

즉 4차 산업혁명은 현실과 가상의 융합인 O2O 융합으로 예측과 맞춤의 가치를 창출해 개인화된 욕망을 충족시키는 혁명이다. 대부분의 유니콘 기업의 비즈니스 모델은 O2O 융합을 통한 개인화된 예측과 맞춤 서비스 제공이다. 이 과정에서 기술 융합과 규제개혁이라는 쌍끌이 전략이 필요하다.

O2O 융합은 현실과 가상을 데이터로 연결하는 플랫폼으로 구현된다. 플랫폼은 시장 플랫폼과 제품 플랫폼이 있다. 시장 플랫폼은 원

래 양면 플랫폼이고 제품 플랫폼은 단면 플랫폼이다. 이제 공유 플랫폼 혁명은 시장의 플랫폼화를 넘어 제품의 플랫폼화로 확산하고 있다. 4차 산업혁명은 시장 플랫폼으로 공급자와 소비자의 미스매치를 해소해왔다. 쿠팡·배달의민족 같은 O2O 서비스가 대표적인 사례다. 그런데 이제 시간과 공간에 따라 변화하는 소비자의 욕망을 충족시키는 서비스가 제품 플랫폼으로 확산하고 있다.

예측과 맞춤은 제품을 넘어 서비스 차원의 욕망 충족이다. 개인화된 욕망을 시간과 공간에 따라 다르게 서비스하려면 모든 제품은 서비스와 융합해야 한다. 바로 제품·서비스 융합이 일반화된다. 제품은 이제 출고 후 변경이 어려운 경직화된 하드웨어를 넘어 제품 플랫폼으로 데이터와 결합해 시공간에 따라 다른 서비스를 제공하게 된다. 우리가 매일 사용하는 스마트폰이 대표적인 사례다. 이제 모든 가전기기와 웨어러블 기기들은 챗봇과 결합해 개개인의 인간에게 시간과 공간에 합당한 예측과 맞춤 서비스를 제공하게 될 것이다.

1820년 80%에 달했던 농업 인구가 이제 2%로 감소했다. 과연 제조업은 그러한 과정을 거치지 않을 것인가. 자동화 기술의 발전으로 제조의 생산성은 날로 증대하고 로봇과 인공지능AI을 활용한 유연 생산으로 이제 공급 부족이라는 인류의 오랜 족쇄가 사라지고 있다. 그리고 산업의 중심은 공급에서 개별 소비자 중심의 맞춤 서비스로 이동하고 있다. 인간의 욕망을 이해해야 하는 인문학의 시대가 다시 열리고 있다.

서울경제 19-04-24

자동화에서 지능화로

4차 산업혁명은 자동화가 아니라 지능화가 본질이다. 4차 산업혁명의 지능화는 '시간의 예측+공간의 맞춤'을 통한 '인간 욕망의 최적화'라는 패러다임에 기반한다.

흔히 4차 산업혁명은 디지털 트랜스폼의 초융합 자동화 혁명으로 인지하고 있다. 그런데 4차 산업혁명은 융합이 아니라 융합과 발산이 순환하는 혁명이다. 4차 산업혁명은 디지털 트랜스폼을 넘어 스마트 트랜스폼으로 진화하고 있다. 4차 산업혁명은 자동화가 아니라 지능화가 본질이다. 이제 3차 산업혁명과 4차 산업혁명의 차이를 살펴보기로 하자.

기술의 융합으로 4차 산업혁명을 설명하면 당장 반론에 봉착하게 된다. 기술은 늘 융합해왔다. 어디까지가 3차이고 어디부터가 4차인가를 결정하는 기준이 분명해야 한다. 근본적 문제는 산업혁명을 기술혁명으로 인식하는 데서 비롯된다. 산업의 본질은 생산이 아니라 생산과 소비의 순환이라는 점에서 산업혁명은 기술과 욕망의 공진화로 봐야 한다. 인간의 미충족 욕망을 기술이 가능하게 하는 시점에서 산업혁명이 진화해온 것으로 해석하면 그동안 풀리지 않던 산업과 일자리 문제 등이 설명되고 미래 인사이트가 제시된다.

1·2차 산업혁명은 오프라인 현실세계에서 기계와 전기기술로 인간의 생존과 안정의 욕구를 충족시켰다. 3차 산업혁명이 온라인 가상세계를 만들어 인간의 연결 욕구를 충족시켰다면 4차 산업혁명은 온라인 가상세계와 오프라인 현실세계를 결합해 인간의 자기표현 욕망을 충족시키고 있다. 개인화된 욕망의 충족은 과거에는 불가능했다. 그러나 4차 산업혁명에서는 플랫폼으로 공통 욕구를 한계비용 제로로 충족하고 데이터 기반의 인공지능AI으로 개별 욕망의 저비용 맞춤 충족이 가능해진 것이다.

온·오프라인 연계O2O 플랫폼을 가능하게 한 지난 2008년의 스마트폰 기술과 AI를 실용화하기 시작한 2010년의 딥러닝 기술이 개인화 욕망 충족의 길을 열었다. 폭증하는 유니콘 기업의 대부분이 플랫폼과 AI에 기반하고 있다. 2008년 이후 10년 사이 전 세계 10대 기업은 플랫폼과 AI 기업으로 변모했다. 4차 산업혁명은 지능기술과 개인 욕망의 공진화로 실존하고 있는 것이다.

현실과 가상의 O2O 융합은 현실을 데이터화하는 디지털 트랜스폼과 가상의 데이터를 현실화하는 아날로그 트랜스폼의 양방향으로 구현된다. 3차 산업혁명을 대표하는 디지털 트랜스폼은 융합의 기술이다. 데이터의 세계는 시간과 공간과 인간이 융합하는 절대계이기 때문이다. 가상세계에서는 AI가 주도해 예측과 맞춤이라는 4차 산업혁명적 가치를 창출하게 된다. 또 4차 산업혁명을 대표하는 아날로그 트랜스폼은 발산의 기술이다. 현실세계는 시간과 공간과 인간이 분화되는 현상계이기 때문이다. 예를 들어 내비게이터로 모든 차량의 위치정보를 모으는 디지털 트랜스폼 단계는 분명 융합이나 개별 차량에 맞춤 정보를 제공하는 아날로그 단계는 발산이다.

3차 산업혁명의 자동화는 생산성 극대화를 목표로 하는 공급 중심의 패러다임이었다. 그러나 생산보다 소비의 역할이 증대되는 4차 산업혁명에서는 생산과 소비의 최적화가 요구된다. 4차 산업혁명의 지능화는 시간의 예측과 공간의 맞춤으로 인간 욕망의 최적화라는 완전히 다른 패러다임에 기반하고 있다. 많이 만드는 것이 중요한 것이 아니라 개별 인간에게 꼭 맞는 생산과 소비의 최적화가 중요하다는 것이다.

이에 따라 산업의 중심은 기업에서 소비자로 전환되고 있다. 대량생산에서 맞춤 생산으로 산업의 개념이 바뀌고 있다. 생산은 융합되고 마케팅은 세그먼트를 넘어 개인화되고 있다. 아디다스의 스피드 공장은 과거의 복잡한 제조 프로세스가 앱과 3차원3D 프린터와 봉제 로봇으로 통합돼 개별 주문 후 24시간 내에 배송을 완료하는 구조다. 드디어 생산과 소비가 융합하는 프로슈머와 소셜이노베이션 시대로 돌입하고 있는 것이다.

마케팅과 연구개발R&D을 포함한 기업 전체가 분해되고 인간을 중심으로 재결합되고 있다. 4차 산업혁명은 인간을 위한 현실과 가상의 융합이다.

서울경제 19-05-01

'디지털 트윈'으로 문제를 푼다

O2O 융합은 현실과 가상 '전체의 융합'으로, 디지털 트윈은 O2O 융합의 대상이 되는 '현실과 1:1 대응되는 가상의 쌍'으로, CPS는 현실과 가상을 '동기화하고 시각화하는 피드백 시스템'으로 정의한다.

디지털 트윈digital twin은 현실의 물리세계physical와 1:1 대응되는 가상의 디지털세계를 만들어 현실의 문제를 해결하는 포괄적 개념을 의미한다. 현실과 가상의 융합이라는 4차 산업혁명의 필자의 정의에 비추어 볼 때 디지털 트윈은 4차 산업혁명의 중심 개념이라고 볼 수 있다.

그러나 막상 디지털 트윈과 CPScyber physical system에 대한 정의는 혼란 속에 있다. 무엇이 디지털 트윈인가라는 질문에 대한 답은 너무나 혼란스럽고, 어떻게 디지털 트윈을 구축할 것인가에 대한 질문에도 체계적인 프로세스가 뚜렷하지 않다.

우선, 왜 디지털 트윈인가를 살펴보자.

디지털 트윈은 데이터로 구현된 가상세계에서 예측과 맞춤의 가치를 창출하여 현실을 스마트하게 만들고자 하는 개념으로, 현실의 한계를 극복하기 위한 수단이다. 그 응용 사례는 스마트 시티와 스마트 공장, 스마트 오피스 등 4차 산업혁명의 모든 분야에 등장한다.

인간의 개인화된 욕망을 충족시키는 지능화 혁명으로 4차 산업혁명은 필연적으로 예측과 맞춤의 가치창출을 요구하게 된다. 데이터와 모델링은 바로 빅데이터와 인공지능의 역할이다. 데이터로 구성된 세계가 있어야 현실의 예측이 가능해진다. 따라서 지능화하는 4차 산업혁명에서 가상화된 데이터 세계의 등장은 필연적이다.

이 세상에 예측이란 지능을 제공하기 위하여 디지털 트윈이 필요한 것이다. 디지털 트윈은 예측과 맞춤이라는 지능을 사회 전 분야로 확산하기 위한 유일한 대안이라는 것이 '왜why'에 대한 답일 것이다.

4차 산업혁명은 현실과 가상의 융합을 통해서 사회 각 부문을 지능화 한다. 그런데 지능의 본질은 예측이다. 예측할 필요가 없는 식물에는 지능이 없다. 단 식물도 뿌리의 뻗는 방향을 예측해야 하기 때문에 뿌리의 생장점에는 작은 뇌가 있기는 하다. 동물은 예측의 필요성에 의하여 두뇌가 발달했다. 공간이동을 예측하기 위한 소뇌가 등장하고 시간정보을 예측하기 위한 대뇌가 등장한다. 이어서 인간사회을 예측하기 위한 사회적 뇌인 전두엽이 영장류에 등장하게 된다. 즉 뇌는 시간, 공간, 인간의 예측 목적으로 진화한 것이다.

예측은 모델링이다. 이동을 위한 공간 예측 모델을 구축하면 최소의 정보로 최대의 효과를 얻을 수 있어 생존 경쟁에서 우위를 점할 수 있게 된다. 모델링의 재료는 데이터다. 즉 과거 데이터를 통하여 최적 모델을 구축하고 이를 통하여 최소의 신규 데이터로 행동을 예측하는 것이 동물들의 소뇌의 역할이다.

다음으로 어떻게 현실과 가상의 디지털 트윈이 융합하는가 라는 질문에 답을 하기 위해, 현실과 가상이라는 디지털 트윈을 동기화하고 시각화하는 피드백 시스템으로 CPS를 살펴보자.

역사적으로 많은 CPS에 대한 정의가 제시되어 왔다. 예를 들어 2008년 에드워드 리Edward Lee는 '물리 프로세스와 컴퓨팅의 결합체'로 정의하고 있다. 이와 유사한 다양한 정의가 지속적으로 제시되어 온 결과, 미국에서는 CPS를 학제간 연구의 대상으로 파악하고 있을 정도다.

디지털 트윈이라는 현실과 가상의 두 세계는 각각 부분과 전체를 대변하고 있다. 현실이 데이터화로 가상화되는 과정은 융합이고 반대로 가상 세계가 현실화되는 과정은 발산이다. 현실은 엣지edge로서 스마트폰과 IoT가 구현한다면 가상은 클라우드로서 빅데이터와 인공지능의 영역이다. 현실은 시공간의 한계가 있다면 가상은 한계가 없다. 문제는 데이터의 가상 세계는 인간의 이해력에 한계가 있다. 현실과 대응되는 모습으로 가상 세계를 시각화하고 동기화할 필요성이 등장한다.

인간의 뇌는 현실을 오감으로 데이터화하여 대뇌피질에 빅데이터를 만드는 정보화와 이를 전전두엽이 모델링하는 지능화와 육체가 행동하는 스마트화라는 4단계로 구성된다. 6개의 디지털 트랜스폼 기술이 데이터화와 정보화를 통하여 빅데이터를 구축하면 인공지능이 지능화를 하고 다시 6개의 아날로그 트랜스폼 기술이 스마트화하는 과정을 스마트 트랜스폼 모델로 제안한 바 있다. 바로 CPS의 구체적 모델은 단일 기술이 아니라 인공지능과 12기술의 세트인 것이다.

지금까지 디지털 트윈과 CPS의 개념은 많은 혼란을 불러 일으키고 있어 필자는 다음과 같이 정리하고자 한다. 필자는 CPS를 '현실과 가상을 동기화하고 시각화하는 피드백 시스템'으로 정의한다. 그리고 O2O 융합의 대상이 되는 '현실과 1:1 대응되는 가상의 쌍'을 디지털 트윈으로 정의한다. 즉 O2O 융합은 현실과 가상 전체의 융합으로, 디지털 트윈은 융합의 대상인 두 세계로 정의하고 이 두 세계를 연결하는 시스템을 CPS로 정의하고자 한다.

디지털타임스 19-06-23

4차 산업혁명은 지능화다

4차 산업혁명은 '지능'혁명이 아니라 '지능화'혁명이다. 4차 산업혁명은 인공지능(AI)의 '기술'혁명이 아니라 사회 각 부문을 지능화하는 '사회'혁명이다.

4차 산업혁명은 '지능'혁명이 아니라 '지능화'혁명이다. 4차 산업혁명은 인공지능AI의 기술혁명이 아니라 사회 각 부문을 지능화하는 사회혁명이다. 지능화는 AI라는 단일기술이 아니라 AI를 포함한 디지털 전환과 아날로그 전환의 12가지 다양한 기술융합으로 구현되는 사회혁신이다.

지능화는 '예측을 통한 최적화'다. 왜 동물은 지능을 가졌고 식물은 지능을 가지지 않았는가. 동물은 행동해야 하므로 예측할 수 있는 뇌를 발달시켰다. 뇌는 오감을 통해 세상을 데이터화해 대뇌피질에 빅데이터를 만들고 전두엽의 예측 결과로 육체를 통해 현실을 개선하는 역할을 한다. 4차 산업혁명에서 예측을 통해 최적화하는 사례로 스마트시티·스마트공장·스마트교육 등이 있다. 그러므로 4차 산업혁명은 인공지능과 다양한 기술의 융합으로 현실을 스마트화하는 지능화혁명이다.

그런데 스마트 시티와 스마트 공장, 스마트 교육 등은 개별적으로 정의된다. 즉 스마트의 의미를 각각 다르게 정의하는 것이 현실이다. 예를 들어 스마트 시티를 정보통신기술ICT로 시민의 삶을 향상시키는 것으로 정의하고 스마트 공장은 공장 프로세스를 CPS 기술로 구현하는 것 등으로 다양하게 정의하고 있다. 일부 스마트의 정의는 너무나 다양해 정의가 없다고 할 정도다. 스마트한 4차 산업혁명은 사회의 지능화라는 단일개념에 속해야 한다. 스마트를 예측을 통한 지능화 과정으로 포괄적으로 정의하면 모든 4차 산업혁명의 스마트사회 연구에 동일하게 적용 가능할 것이다.

내비게이터 사례처럼 지능화라는 예측은 시공간의 제약이 있는 현실세계만으로는 구현이 불가능하다. 내비게이터 없이 복잡한 서울 시내에서 도착시간을 예측하고 최적 경로를 찾을 수는 없다. 시공간을 초월하는 절대계인 데이터로 구현된 가상세계가 존재해야 하는 이유다. 현실계의 한계를 가상의 절대계에서 극복해 모델링하면 도착시간과 최적 경로를 예측하고 맞힐 수 있다. 가상세계에서 시공간을 융합해 재조합하면 최적의 결과를 예측할 수 있게 된다.

스마트 시티와 스마트 공장의 예측을 통한 최적화 과정에 가상도시와 가상공장이라는 가상세계의 존재는 필수적이다. 모든 스마트화 사회에는 현실세계와 1대1로 대응되는 가상세계의 존재가 예외 없이 요구된다. 바로 디지털 트윈의 본원적 의미다. 디지털 트윈은 인간의 뇌처럼 데이터화·정보화·지능화·스마트화의 4단계를 거쳐 지능화 예측을 수행하게 된다. 여기서 시간은 예측이라는 단어로, 공간은 맞춤이라는 단어로 최적화가 표현된다.

4단계의 스마트화 과정에 12 기술의 세트가 등장하게 된다. 현실을 데이터화하는 사물인터넷·위치기반기술·생체인터넷·사회연결망·빅데이터와 클라우드의 6대 디지털 전환 기술과 데이터를 현실화하는 O2O디자인, 로봇과 3D프린팅, 증강·가상현실, 블록체인, 게임화, 플랫폼의 6대 아날로그 전환 기술이 지능화 기술의 세트다. 지능화는 AI 기술이 아니라 AI와 12기술을 융합해 사회를 지능화하는 과정이다.

지능화로 구현되는 스마트 세상은 스스로 학습해 최적화하는 세상이다. 도로가 스스로 교통신호를 학습해 도시 교통 흐름을 최적화한다. 학교가 스스로 학습해 개별 학생들에게 최적화된 교육 과정을 제공한다. 공장이 스스로 학습해 최적의 생산환경을 구현해 품질을 높인다. 제품이 소비자의 행동을 학습해 맞춰간다. 이러한 스마트 사회의 지능화 과정은 현실과 대응되는 가상세계를 만들어 예측과 맞춤의 가치를 인간에게 제공하게 된다.

지능화는 학습한다는 점에서 자동화와 본질적 차이가 있다. 자동화는 공급의 생산성 향상을 통해 원가를 절감하나 지능화는 공급과 수요의 미스매치를 줄여 가치를 증대시킨다. 4차 산업혁명은 자동화가 아니라 지능화다.

서울경제 19-07-03

스스로 학습하는
스마트월드

스마트폰의 AI 아바타와 결합한 인간이 초능력을 가진 증강인간이 된다.
이들은 소셜네트워크와 클라우드를 통해 새로운 생명을 갖는 초생명(超生命)
이 된다.

'증강인간'의 시대가 도래하고 있다. 10년 전에 졸저 '호모 모빌리언스'에서 모바일폰과 결합한 인간의 미래상에 관한 화두를 던진 바 있다. 이후에 4차 산업혁명의 총아인 인공지능AI이 실용화되고 클라우드가 상용화되면서 증강인간은 미래가 아니라 현재의 주제로 등장했다. 스마트폰의 AI 아바타와 결합한 인간이 초능력을 가진 증강인간이 된다. 이들이 다시 소셜네트워크와 클라우드를 통해 초생명이 되는 미래를 재조명하고자 한다.

인간은 호모 사피엔스에서 호모 디지쿠스를 거쳐 이제 '호모 모빌리언스Homo Mobilians'라는 '증강 초인류'로 진화하기 시작했다. 즉 "개인은 스마트폰 아바타와 융합한 증강인간으로, 인류는 소셜네트워크를 통해 집단생명인 초인류로 새롭게 진화한다."

호모 모빌리언스는 증강인간과 초생명이라는 두 가지 특징을 지닌다. 개인은 스마트폰의 AI 아바타와 결합해 증강인간이 된다. 과거 상상 속의 슈퍼맨만이 소유했던 초지식·초능력·초감각을 평범한 사람도 소유해 누구나 슈퍼맨이 되는 세상이다. 설명 가능한 AI는 조만간 이세돌을 이긴 알파고가 왜 그 수를 뒀는가를 설명하며 인간과 인공지능의 대화를 가능하도록 할 것이다. AI에 기반한 스마트폰은 주인을 닮아가는 아바타가 된다.

한편 인류는 소셜네트워크와 클라우드로 집단생명으로 재탄생하고 있다. 마치 개미 한 마리 한 마리가 생명이나 개미 집단 자체가 거대한 생명이듯, 인류 전체가 집단으로서 새로운 생명을 갖는 초생명超生命이 된다.

인간은 스마트폰을 매개로 스마트홈에서 스마트 생활을 하고 스마트오피스에서 스마트워크를 하면서 스마트 도시는 스마트월드가 될 것이다. 인간의 뇌가 인간을 똑똑하게 하듯, 4차 산업혁명에서 세상이 똑똑해지기 시작했다. 똑똑한 예측과 맞춤을 제공하는 뇌를 스마트홈과 스마트오피스와 스마트 도시에서 가지게 된 것이다. 시간·공간·인간이 하나로 융합하는 천지인天地人 합일合一의 세상이 오고 있다.

4차 산업혁명의 데이터 기술, 클라우드 기술, AI 기술이 현실과 일대일 대응되는 가상의 세계를 만드는 디지털 트윈이란 세상의 뇌를 만들 수 있게 했다. 현상계의 부분의 정보가 모여 시공간을 초월한 절대계인 가상세계를 만들고 이 가상세계는 다시 내 주머니 속의 스마트폰이란 엣지Edge로 들어오게 된다. 부분과 전체가 융합하는 홀론Holon 현상은 생명을 만드는 현상이다. 이 세상이 스스로 학습하는 초인류의 스마트월드로 진화하는 것이 4차 산업혁명의 지향점이다.

이런 변화의 중심에는 인간이 있다. 모든 인간이 자신의 아바타인 스마트폰에 투영되고 또한 모든 세상이 나의 스마트폰에 투영되는 과정으로 인간은 집단생명화된다. 나를 닮은 스마트폰인 엣지의 AI 아바타는 모두를 반영한 전체 클라우드와 융합한다. 미래의 개인은 집단생명인 초인류의 일부분이 되기도 하지만 모든 세계가 그 개인을 중심으로 재편된다고 볼 수 있다. 그것은 초생명으로의 융합인 것이다. 미래 인간은 자신의 개성을 지키면서 과거에 가지지 못한 엄청난 능력을 지니게 되고, 그 능력은 개체의 능력뿐만 아니라 개인과 연결된 많은 사람의 역량이 개인의 능력에 중첩돼 나타난다. 모든 인간은 슈퍼맨이 되고 그들은 집단으로 생명을 얻는다.

즉 소셜네트워크, 소셜미디어, 소셜커머스, 소셜 학습, 소셜게임, 소셜 혁신처럼 모든 소셜 현상이 바로 개인화인 동시에 집단화하는 홀론으로의 초생명이 발현되는 미래 현상이다.

증강 개인과 집단생명의 초생명화로 우리 개개인의 능력이 거의 무한대의 시간-공간으로 확장되는 스마트월드가 도래하는 것이다.

서울경제 19-07-17

인간 삶의 플랫폼, 스마트 시티4.0

스마트 '산업'으로 일자리를 창출하고, 스마트 '시민'이 행복을 추구하고, 스마트 '행정'이 예측과 맞춤의 공공 인프라와 서비스를 제공하는 것이 스마트 시티의 3대 요소이다.

도시는 인간 삶의 플랫폼으로, 스마트 시티4.0에서는 온·오프라인 연계(O2O) 플랫폼으로 확산된다. 그리고 '클라우드와 데이터, 그리고 규제 혁파'가 스마트 시티4.0의 가장 중요한 3대 인프라이다.

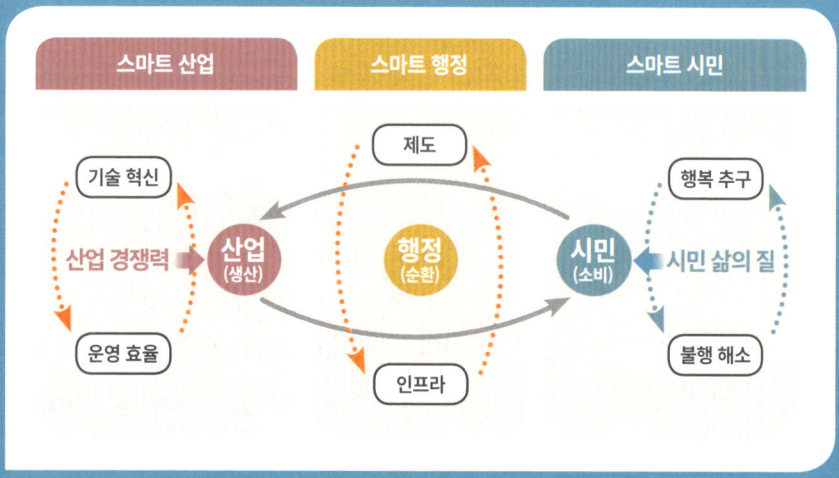

〈도시 = '산업+행정+시민'〉

스마트 시티 모델

스마트 '산업'으로 일자리를 창출하고, 스마트 '시민'이 행복을 추구하고, 스마트 '행정'이 예측과 맞춤의 공공 인프라와 서비스를 제공하는 것이 스마트 시티의 3대 요소이다

4차 산업혁명의 시금석은 스마트 시티다. 국가 국내총생산GDP의 70%를 창출하고 소비하는 도시의 경쟁력이 국가의 경쟁력이다. 전 세계 주요 국가들이 스마트 시티 경쟁에 뛰어들고 있는 이유일 것이다. 그런데 스마트 시티의 본원적 의미와 체계적 모델은 전 세계적으로 아직 미진하다. 한국의 미래 먹거리로 스마트 시티 전략을 도출해보고자 한다.

생산과 소비의 순환이 도시의 본원적 의미다. 스마트 시티란 스마트 산업과 스마트 시민이 스마트 행정으로 최적화되는 것을 의미한다. 스마트 산업으로 일자리를 창출하고 스마트 시민이 행복을 추구하고 스마트 행정이 예측과 맞춤의 공공 인프라와 서비스를 제공하는 것을 스마트 시티의 3대 요소로 정의하고자 한다.

지금까지 전 세계의 스마트 시티 논의는 시민의 불편을 해소하는 공공 인프라에 집중돼왔다. 교통 체증과 미세먼지 감소 등의 도시 문제 해결은 당연히 중요하다. 그러나 스마트 시티의 목표는 시민의 불편 해소 차원을 넘어서야 한다. 스마트 시티는 시민의 불행 축소에서 시민의 행복 추구로 진화해야 할 것이다. 불행하지 않은 것과 행복한 것은 분명히 다르다. 불행은 외부 환경의 변수이나 행복은 내부 도전의 함수다. 바로 시민의 적극적 참여가 중요한 이유다.

시민의 불편 해소는 엄청난 예산 투입을 전제로 한다. 그런데 누가 그 비용을 조달할 것인가. 중앙정부도 지방정부도 세원 확보 없이는 지금과 같은 스마트 시티 전략을 지속할 수 없다. 스마트 시티는 스마트 산업을 통한 부가가치 창출로 비로소 지속 가능할 수 있게 된다. 도시의 수익 창출로 도시민의 행복 추구가 가능해진다.

스마트 산업과 스마트 시민은 스마트 행정으로 순환되는 손바닥의 앞뒤와 같은 관계다. 스마트 시티의 3대 요소는 각각 4차 산업혁명의 스마트 트랜스폼으로 예측과 맞춤의 최적화를 이루게 된다. 4차 산업혁명의 최적화는 인간의 뇌와 같이 현실과 가상의 4단계 융합으로 이뤄진다. 인간이 오감으로 현실을 인식해 대뇌피질에 저장하고 전전두엽의 분석으로 최적화된 예측과 맞춤의 행동을 한다. 오감에 해당하는 사물인터넷IoT 기술 등의 데이터화와 대뇌피질에 해당하는 클라우드의 빅데이터와 전전두엽에 해당하는 인공지능AI의 지능화를 거친 현실의 스마트화 단계가 4차 산업혁명의 스마트 트랜스폼 모델이다. 이를 스마트 시티의 3대 요소에 적용해 보면 현실과 가상이 디지털 트윈으로 연결되는 스마트 시티 구현 모델이 도출될 수 있게 된다.

우선 스마트 산업은 개별 기업들의 데이터화로 시작된다. 이어 기업들의 홈페이지를 연결하고 기업들을 산업인터넷으로 연결해 빅데이터를 구성하자. 홈페이지가 집약된 기업 포털은 도시산업의 디지털 트윈 구축의 시작이다. 기업들의 동적인 활동까지 포함하는 산업플랫폼이 산업 디지털 트윈의 목표가 된다. 이를 통해 기업 간 개방혁신이 촉진되고 공공 지원이 최적화된다. 산업이 데이터를 통한 융합으로 스마트화하는 것이다.

다음으로 스마트 시민은 시민들의 온·오프라인 참여로 시작된다. 그런데 오프라인의 시민 참여는 의사결정 비용과 의사집행 비용의 패러독스 관계에 있었다. 시간과 노력이 투입되는 시민 참여는 결코 공짜가 아니다. 온·오프라인을 융합하는 리빙랩이 등장하는 이유다. 우선 스마트폰을 활용해 시민 참여 패널을 구축하는 것이 시작이다. 시민의 의견이 데이터화돼 클라우드에서 정보화되고 시민들의 의사결정으로 이어지는 과정을 블록체인 기반의 리빙랩 플랫폼이 뒷받침하게 된다. 시민의 디지털 트윈화다. 도시 전체의 정보는 클라우드에 모이고 도시민은 스마트폰으로 참여하는 '스마트폰 속의 스마트 시티'로 도시는 스스로 진화하는 생명을 얻게 된다. 바로 '자기조직화하는 스마트 시티'다.

스마트 산업과 스마트 시민은 스마트 행정으로 순환된다. 공공 데이터를 개방하고 도시의 공간을 데이터화하고 도시의 교통과 통신 연결 인프라를 제공하는 것이 도시 디지털 트윈화의 시작이다. 그리고 산업과 시민과 행정의 현실과 가상을 4단계로 스마트 트랜스폼하는 도시 전체의 디지털 트윈 구축으로 진화해야 한다.

서울경제 18-12-19

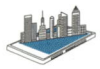

욕망에서 도시의 가치를

데이터 플랫폼 구축은 사회적 가치 창출을 위한 인프라가 되고, 서비스 창출 과정은 기업가정신에 기반한 창조적 혁신 과정으로, 반드시 기업이 주도해야 한다.

4차 산업혁명의 실증은 스마트 시티에서 구현된다. 스마트 시티에서 인간들은 매우 복잡하고 다양한 욕망을 발산한다. 이제 인간의 미충족 욕망이 국가 성장과 일자리 창출의 근간이다. 산업혁명 역사상 기술은 기존의 일자리를 파괴하고 미충족 욕망이 새로운 일자리를 창출해왔다. 도시민의 욕망에서 사회적 가치를 창출하는 과정을 검토해 보고자 한다.

다양한 욕망의 충족은 거친 국가 주도 방식으로는 불가능하다. 또 인간의 욕망을 파악하기 위해 등장했던 각종 조사방식으로는 개인화된 욕망의 탐구가 불가능하다. 고故 스티브 잡스가 시장조사 무용론을 주장한 이유다. 이에 따라 현실의 삶에서 미충족 욕망을 찾고 문제를 풀어나가는 소셜 이노베이션으로 리빙랩 등이 확산했다.

리빙랩이란 '생활 속의 실험실'이라는 뜻으로 공공기업·시민 등 다양한 사회주체가 혁신주체로 참여해 사용자가 문제를 해결해나가는 혁신 플랫폼이다. 그러나 지금까지 리빙랩은 투입비용에 비해 실제 성과가 만족스럽지 않다는 것이 불편한 진실이다. 리빙랩의 양대 걸림돌은 시민들의 정보 비대칭과 인센티브 부족이다. 스마트폰을 통한 보여주는 관리와 각종 인센티브 설계로 리빙랩 참여도를 높일 수 있을 것이다. 그러나 이에 따르는 추가 비용은 극소화해야 한다. 결론적으로 도시민의 활동 데이터를 모아 비식별화한 후 개방 플랫폼화하는 새로운 시도가 필요하게 된다.

인간의 시공간 속에서의 활동은 대부분 동일한 메커니즘으로 이뤄진다. 개별 시민들이 착용하는 웨어러블 기기들, 도시 곳곳에 설치된 폐쇄회로^{CC}TV, 스마트폰 기반의 위치 추적, 그리고 사물인터넷^{IoT} 기반의 데이터 획득 시스템이 공통 플랫폼이 될 수 있다. 인간 활동$^{human\ dynamics}$의 데이터 플랫폼 구축이 욕망의 사회적 가치 창출을 위한 인프라가 되는 것이다.

데이터 플랫폼으로 도시의 데이터를 수집했다면 다음 단계는 시민들의 미충족 욕망을 해소하는 서비스 창출이 된다. 시민 서비스 제공은 데이터를 공유하는 가상도시 플랫폼에서 비롯된다. 이 과정은 기업가정신에 기반한 창조적 혁신 과정이므로 반드시 기업이 주도해야 한다. 즉 도시의 7대 요소인 생산·소비·이동·교육·제도·환경·안전을 데이터화한 가상도시 플랫폼의 데이터를 활용해 예측과 맞춤의 서비스를 숱한 혁신 기업들이 제공해야 한다.

예를 들어 익명화된 건강관리 정보를 바탕으로 보건소는 사계절에 따라 지역별로 어떤 의약품을 준비해야 하는가 최적의 예측을 해나갈 수 있다. 도시 공공교통 시스템은 교통 정체와 시민들의 대기시간을 최소화하는 교통 배송 시스템을 구축할 수 있게 된다. 더 나아가 시민 개개인에게 맞춤 서비스도 가능해진다. 건강관리도 맞춤 서비스할 수 있다. 맞춤 재무관리 서비스도 제공할 수 있다. 단 맞춤 서비스는 철저히 사전동의하에 획득된 개인정보를 바탕으로 제공돼야 하고 개인정보 오남용에 대해서는 엄격하게 책임을 물어야 할 것이다.

4차 산업혁명은 데이터를 매개로 현실과 가상이 융합하는 혁명이다. 시간·공간·인간의 데이터는 클라우드의 호수에서 빅데이터가 된다. 빅데이터를 활용해 인공지능AI이 예측과 맞춤의 가치를 만들어 현실화하는 프로세스가 4차 산업혁명의 구현 과정이다. 여기에 필요한 혁신은 개별 기업이 제공하게 된다.

새로운 가치 창출 서비스는 도시민뿐 아니라 방문자에게도 적용된다. 건물의 정보와 특성정보와 결합한 지리정보시스템GIS을 활용하면 도시의 관광객들은 직원과 건물명을 몰라도 맛집이나 젊은이들의 광장, 예쁜 카페 등을 찾아갈 수 있게 되고 그 장소에서 친구가 1년 전에 남긴 메시지를 볼 수도 있게 될 것이다. 스마트 시티에서는 모두 시간·공간·인간을 초월하는 삶을 살 수 있게 된다. 원격 공간에 있는 사람들이 회의를 하고 다른 시간대에 있는 사람들이 메시지를 교환한다. 여기에 증강현실AR, 가상현실VR 기술들이 동원되고 3차원3D 프린터와 로봇이 동원되면 스마트 시티는 시간·공간·인간이 융합하는 생명을 가진 도시로 진화하게 될 것이다.

서울경제 18-10-24

블록체인과 스마트 시티

스마트 시티는 참여하는 스마트 시민이 만든다. 신뢰의 기술인 블록체인 기반 인센티브로 시민의 참여를 이끌어낼 수 있다.

4차 산업혁명의 양대 기술은 인공지능AI과 블록체인이라고 한다. 그런데 AI의 실증 사례들이 급증하고 있으나 블록체인 통화의 가치가 급락하고 실증 사례는 드물다.

올 12월 기술검증 콘퍼런스에서 발표된 40여 개 블록체인 사례 연구 결과는 '실제 상업적 성공사례가 없다'는 것이다. AI 등 모든 신기술이 그러하듯이 블록체인도 기술 자문기관인 가트너가 주장하는 하이프hype·허풍 사이클을 거쳐 실용화될 것이다. 가트너는 "블록체인 프로젝트 중 99%는 실제 블록체인이 필요하지 않았다. 블록체인이 실용화되기 위해서는 아직도 해결해야 하는 문제가 많다."고 밝히고 있다. 이제 블록체인이 현실 사회에서 검증이라는 계곡을 넘어야 할 때라는 의미다.

블록체인은 신뢰의 기술이다. 이미 신뢰가 어느 정도 확보된 기업 내 활용은 기존 방식에 비해 획기적인 차별성이 발휘되기 어렵다. 블록체인은 신뢰가 부족한 불특정 다수가 모인 문제 해결에 적합하다는 의미다. 즉 블록체인 기술의 최대 실증 분야는 도시 문제를 해결하는 스마트 시티가 될 것이다.

이미 스마트 시티에서 블록체인의 활용 시도는 스마트주차, 블록체인 버스 요금 결제 등이 있었다. 그러나 결과적으로 기존 방식에 비해 뚜렷한 사업적 차별성이 부족했다. 이에 반해 월마트가 하이퍼레저 기반으로 구축한 블록체인 기반 공급망SCM은 농장에서 매장까지의 신뢰 구축을 실증하고 확장에 돌입했다. 이는 블록체인 프로젝트의 유용성은 신뢰가 부족한 환경에 적합하다는 것을 의미한다. 이러한 관점에서 스마트 시티에서 신뢰 문제를 해결할 수 있는 블록체인 프로젝트들을 살펴보기로 하자.

우선 다단계에 걸친 예산 집행의 비효율성은 신뢰의 부족에 기인한다. 예를 들어 연구개발 지원금이 대학을 통해 개별 연구실에서 집행되는 과정에서 영수증과 같은 증빙을 챙기고 검증하는 데 엄청난 시간이 투입되고 있다. 월마트의 공급망 관리와 같은 분산원장 기술이 적용되면 신뢰 부족으로 인한 비효율을 제거할 수 있게 된다. 숱한 복지 자금의 집행 과정도 마찬가지다. 즉 다단계에 걸친 예산의 집행을 신뢰의 기술인 블록체인으로 해결할 수 있다. 리눅스재단의 하이퍼레저를 활용한 성공사례들이 다수 보고되고 있고 국내에도 KT 등이 도전하고 있다.

월마트의 사례와 같이 분산원장 기술과 스마트 계약이 결합된 기업의 공급망 관리는 신뢰 사회 구축을 위한 대안이다. 기업 간 거래에서 발생하는 많은 불공정 거래는 스마트 계약으로 극복이 가능하다. 납품과 검수가 끝나면 자동으로 대금이 지급되는 스마트 계약은 갑을 관계를 구조적으로 극복하는 대안이 될 수 있다.

스마트 시티는 참여하는 스마트 시민이 만든다. 그런데 오랜 전통이 있는 유럽과 달리 한국 도시에는 시민 참여라는 형태의 신뢰가 부족하다. 신뢰의 기술인 블록체인 기반 인센티브로 시민의 참여를 이끌어낼 수 있다. 도시의 문제 해결에 참여하거나 나의 익명화된 데이터 제공 등의 대가 혹은 사회봉사에 대해 인센티브를 제공하면 도시와 개인의 이익이 선순환될 수 있다. 블록체인 인센티브는 퍼블릭 블록체인인 암호화폐 형태보다는 프라이빗 블록체인의 포인트 제공 형태가 운영 부담이 적다. 포인트는 게임과 같이 그 자체가 공개돼 명예화되면 사회적 가치와 경제적 가치의 순환이 시작될 것이다.

스마트 시티는 스마트 거버넌스라는 집단 의사결정체계가 중요하다. 비밀은 보장되면서 직접 투표가 확인되는 무자료검증 zero knowledge proof 기술이 스마트폰에서 시민들의 직접민주제를 가능하게 한다. 여기에 토론방이 추가되면 숙의직접민주제로 가는 길이 열린다. 시민들의 투명한 실시간 여론조사는 당연히 누구나 가능해진다.

도시의 설비와 문서는 블록체인의 암호화 기술로 간편한 공증이 제공된다. 문서의 지문인 해시값만으로 원본 확인이 가능하다. 메가 스마트 시티가 신뢰 사회가 되는 길이 열린다.

서울경제 18-12-26

스마트 시티와
행정 조직의 혁신

스마트 시티는 교통·환경·도로·에너지·여가·관광·산업·교육 등 전 분야가 데이터를 통해 융합돼야 한다. 대안은 행정 조직의 디지털 트윈화다. 기존 오프라인 행정 조직으로는 4차 산업혁명 구현이 불가능하다.

기존 오프라인 행정 조직으로는 4차 산업혁명 구현은 불가능하다. 기존의 행정 조직은 책임과 권한이 명확하게 분할돼 있다. 조직 간 충돌과 갈등을 극소화하기 위한 대안이 권한의 영역화로 귀결된 것이다. 행정 조직들은 법률과 예산의 지원을 받아 개별적으로 평가받고 감사받는다. 그 결과 조직 간 협력이 되지 않는 가두리양식장 같은 닫힌 행정구조가 정착됐다. 핵심성과지표KPI라는 개별 조직의 개별적 평가지표가 시민들의 후생보다 중요하게 된 본말 전도 현상의 근본 원인이다.

특히 최근 막대한 국가 예산이 투입되는 스마트 시티에는 기존의 행정 조직과 완전히 다른 패러다임이 필요하다. 스마트 시티는 시민을 위한 행정 부처 간 융합이기 때문에 기존의 업무 영역별로 분할된 사일로형 행정 조직으로는 대처가 불가능하다. 예를 들어 미세먼지 대응을 위해서는 환경 센서들이 가로등 등에 설치되고 환경 센서의 데이터가 사물인터넷^{IoT} 통신망으로 전달돼 빅데이터로 축적되고 분석돼야 한다. 한편 미세먼지 대응을 위한 디젤 차량 통제 발동은 시민들의 이해관계가 얽혀 있는 문제다. 미세먼지는 도시의 에너지 소비, 차량 통행과도 관계가 있다. 이같이 여러 분야에 걸친 다단계 의사결정이 융합돼야 스마트 시티의 구현이 가능해진다. 기존의 수직적인 닫힌 행정 조직으로 복합적인 문제의 해결이 어렵다는 것은 이론의 여지가 없다.

필자는 스마트 시티를 '현실의 도시와 가상의 도시가 데이터를 매개로 융합하는 도시'라고 정의했다. 즉 스마트 시티는 교통·환경·도로·에너지·여가·관광·산업·교육 등 전 분야가 데이터를 통해 다른 영역의 행정과 융합돼야 한다. 서로 부처가 다른 폐쇄회로^{CC}TV와 환경 센서, 소음 센서를 스마트 가로등에 설치하기가 얼마나 어려운가를 알게 되면 대부분의 시민들은 경악할 것이다. 스마트 가로등의 문제는 기술의 문제가 아니라 행정제도의 문제라고 단언한다.

대안은 행정 조직의 디지털 트윈화다. 기존의 오프라인 행정 조직과 1대1로 대응되는 온라인 행정 조직을 만드는 것이다. 오프라인 행정 조직에서 거의 불가능했던 정보 공유와 업무 협력이 온라인 행정 조직에서 가능해진다. 오프라인 세상은 고비용·비실시간 협력구조이나 온라인 세상은 저비용·실시간 협력구조다. 현실의 행정 조직이 데이터의 개방 공유로 가상의 행정 조직과 디지털 트윈화된 결과다. 공공데이터 개방 공유가 모든 스마트 시티의 출발점인 이유다.

지방정부의 공공데이터는 지난해 8·31 '데이터 고속도로' 선언 이후 '안전한 활용'의 길이 열리게 됐다. 조만간 개인정보와 클라우드 법이 통과될 예정이고 상반기 중 시행령이 준비될 것이다. 국가 안보에 관한 정보가 없는 지방정부의 데이터는 개인정보 익명화 기준에 맞추기만 하면 100% 클라우드에서 공개가 가능하다. 문제가 되는 아래한글과 PDF 포맷의 데이터는 클라우드에서 연결 활용이 가능한 형태로 자동 변환하는 기술도 해결됐다. 스마트 시티의 최우선 과제는 지방정부의 데이터 개방을 위한 진정한 의지와 로드맵이다.

데이터가 온라인에서 공유되면 조직의 협력은 쉬워진다. 이제 행정 조직의 평가 기준을 개별 업무에서 개방 협력으로 전환시키면 협력이 급속히 확대될 수 있다. 그러나 여기에는 조직문화 혁신이라는 전제조건이 있다. 갑을 문화에 기반한 상의하달 행정 조직은 스마트 시티에 전혀 적합하지 않다. 초우량 조직과 열등 조직의 차이는 결재 단계의 숫자다. 다단계 결재를 받아 업무가 집행되는 수직 조직에서 스마트한 의사결정은 불가능하다. 업무 관계자들이 클라우드 기반의 협업 툴을 통해 실시간으로 업무 협의를 하는 수평 조직만이 스마트 시티에 적합하다. 그리고 카카오·네이버·구글·슬랙 등 많은 국내외 기업들이 이러한 스마트워크 업무 협업 도구들을 경쟁적으로 거의 무상 제공하고 있다.

서울경제 19-01-16

스마트 시티와
공간 정보

4차 산업혁명 실증화의 시작은 스마트 시티다. 방대한 스마트 시티 프로젝트의 시작은 도시 공간의 정보화부터 시작한다.

4차 산업혁명 실증화의 시작은 스마트 시티다. 방대한 스마트 시티 프로젝트의 시작은 도시 공간의 정보화부터 시작한다. 손에 와 닿는 한국의 4차 산업혁명은 시민들의 스마트폰에서 구현되는 스마트 시티부터 시작해야 할 것이다. 스마트 시티의 기본인 공간정보는 실외정보와 실내정보로 대별된다.

우선 실외정보 확보 방안을 보자. 한국은 지리정보시스템인 GIS Geographical Information System 구축에서 전 세계적 선구자였다. 막대한 예산을 투입해 전 국토를 3차원으로 정보화하는 '브이월드V-World 프로젝트'를 지난 2012년에 발표하고 무료 개방하고 있으나 구글 어스 등에 밀려 활용은 대단히 미흡하다. 무거운 사용자 인터페이스가 불편의 주된 요인이다. 그래도 높은 해상도의 3차원 공간 정보활용의 가치는 아직도 충분히 존재한다. 여기에 드론 등을 활용해 신규 공간정보를 추가 보완하면 스마트 시티의 첫 단추를 끼울 수 있다.

다음으로 실내정보의 확보 방안을 강구해보자. 실내정보 확보는 레이저 스캔과 같은 고가의 기술을 통해 획득해왔다. 정밀한 스마트공장의 유지 보수를 위해서는 이와 같은 고비용 기술이 필요하다. 그러나 실내 내비게이션을 위한 실내공간 정보는 4차 산업혁명의 스마트폰 기반의 공간정보 획득 기술로도 충분하다. 이미 디지털 설계정보인 BIM Building Information Modeling이 구비된 건물은 실내 3차원 공간의 정보 제공이 용이하다. BIM이 없는 빌딩은 스마트폰과 드론 등을 활용한 공간인식 기술로 저비용으로 3차원 실내공간 정보를 확보할 수 있다.

이제 확보한 공간정보에 각종 기능 정보와 활동 정보를 겹치면 스마트 시티의 시공간 융합이 이뤄진다. 예를 들어 빌딩의 입주 기업과 주요 사업 등을 스마트폰 애플리케이션으로 실시간 인지할 수 있게 된다. 증강현실AR 기술은 이러한 다양한 정보융합 활용의 촉매가 될 것이다. 차량과 사람의 이동과 각종 환경 변화 등 동적 활동 정보가 융합하면 버추얼 싱가포르와 같은 디지털 트윈의 가상도시가 구현될 수 있다.

이제 과거에 기술 부족으로 한계에 부딪혔던 실내공간 정보활용 산업을 재가동해보자. 우선 실내 내비게이션은 현재 실외에 국한된 내비게이션의 활용도를 극적으로 향상할 것이다. 실내 내비게이션은 코엑스와 같은 복잡한 쇼핑몰에서 스마트폰 내비게이터로 내가 찾는 상점이 어디에 있는지 검색해 원하는 목표지점을 국적과 장애 여부 관계없이 바로 찾아갈 수 있게 해 준다.

실내 내비게이션은 화재·지진·정전 등의 재난에 대한 가장 효율적인 대응책이다. 비상구의 위치를 몰라 피신을 못하고 소방관들이 건물 내부를 몰라 진입 방법에 혼란을 겪는 일이 사라지게 된다. KAIST 연구진이 이미 실내 내비게이션에 대해 세계 최고 기술을 보유하고 있다. 대한민국이 실내외를 통합한 내비게이션의 최초 실용화 국가가 되는 도전을 해보자.

도시 전체의 실내외 3차원 공간정보와 건물 내 기업의 기능 정보가 통합되면 가상현실VR의 브이커머스V-commerce의 길이 열리게 된다. 실제 오프라인에서 방문하지 않고도 VR에서 방문해 쇼핑하는 가상 경험을 할 수 있게 된다. 현실과 가상이 융합하는 4차 산업혁명의 모습이다. 관광객들이 한국을 사전에 경험해볼 수 있는 획기적인 대안이 될 수 있다.

도시 재생은 모든 도시 진화의 필연적인 과정이다. 지하 시설물을 비롯해 도시의 3차원 설계정보가 있으면 시뮬레이션을 통해 도시 재생 비용이 획기적으로 절감될 수 있다.

스마트 시티는 도시민과 도시의 시공간 상호작용의 확장이다. 도시공간에 다녀간 다른 시간대의 사람들과 상호작용의 길이 열린다. 예를 들어 '어서와 한국은 처음이지'의 박물관에서 네팔의 친구가 남긴 메시지를 보고 회신을 할 수 있게 되는 것이다. 그 시작은 바로 공간정보다.

서울경제 18-08-08

스마트 시티 시작은
정보 공유부터

스마트 시티 정책의 핵심은 사람을 중심으로 스마트폰과 도시 전체를 홀론적으로 융합하는데 있다. 그러면 도시 전체의 창발적 가치가 발현된다. 도시가 생명을 얻는 것이다.

현실과 가상이 융합하는 4차 산업혁명의 시금석을 스마트 시티Smart City로 보고 있다. 스마트 시티에서는 생산·소비·이동이 이루어지고, 제도·교육·환경·안전망이 이를 뒷받침하고 있다. 스마트 시티는 인간과 시공간의 상호작용이 최적화하는 4차 산업혁명의 중심이다. 스마트 시티의 성공이 바로 4차 산업혁명의 성공이라고 할 수 있다.

글로벌 스마트 시티는 아직 걸음마 단계다. 스마트 가로등, 휴지통에서 스마트 주차장 등 부분적 자동화를 추구했지만 시민들 피부에 와 닿는 혁신은 미미했다. 이어 시민 참여와 행복 중심의 스마트 시티가 추진됐지만, 이를 뒷받침할 재원의 지속적 조달 명분이 약한 시범 과제에 그치고 있다. 지금까지의 스마트 시티 전략은 도시의 생산 경쟁력보다는 소비 문제 해결에, 도시 집중 방안보다는 도시 분산 정책에, 대

도시 혁신보다는 신규 도시 건설에, 도시 전체보다는 도시의 부분에 집중했다.

미래 스마트 시티의 가장 중요한 키워드는 '자기조직화'다. 부분이 전체를 반영하는 홀론Holon 구조는 스스로 생명을 얻고 스스로 최적화하는 역량을 갖추게 된다. 우리가 매일 사용하는 내비게이터는 도시 전체를 반영하고 있다. 나의 위치 정보는 전체 정보의 일부가 되나 전체 정보는 내 스마트폰 내비게이터에 투영된다. 내비게이터를 통해 각 개인들은 이동의 최적화를 구현한다. 내비게이터 같은 개념으로 각종 거래의 최적화, 업무의 최적화, 놀이의 최적화, 관광의 최적화, 가정의 에너지 최적화, 만남의 최적화 등이 가능해진다.

부분의 정보는 클라우드의 호수에 모여 플랫폼이 된다. 클라우드의 정보는 시민들의 스마트폰에서 재현된다. 부분이 전체를 반영함으로써 내비게이션은 교통 최적화를 달성하게 된다. 이제 스마트 시티 정책의 핵심은 사람을 중심으로 스마트폰과 도시 전체를 홀론적으로 융합하는데 있다. 그러면 도시 전체의 창발적 가치가 발현된다. 도시가 생명을 얻는 것이다.

이런 스마트 시티를 '스마트폰 속의 스마트 시티'로 명명하고자 한다. 스마트폰 속으로 도시가 들어가는 셈이다. 내비게이터를 사용하듯 스마트폰 지도에서 주변의 미세먼지 농도, 범죄 발생 빈도, 차량 이동량 등 각종 도시 생활 정보를 볼 수 있게 된다. 도시 전체를 내 손 안에서 보는 것이다. 이렇게 되면 시민 참여가 쉬워진다. 알아야 참여할 수 있다. 스마트 시티를 위치정보 기반의 '보여주는 도시'로 시작하자.

보여주는 도시에서 정보를 획득한 시민들은 문제점을 파악하고 의견을 개진하고 토론에 임하게 된다. 현실과 가상이 연동된 스마트 참여는 지금보다 한 차원 높은 O2O(Online to Offline) 리빙랩을 가능하게 할 것이다. 지금까지의 리빙랩이 기대에 못 미친 이유는 정보 부족과 참여 비용 때문이다. 시청과 시의회의 각종 정보가 개방되면 시민들은 적극적으로 의견 개진을 할 것이다. 의견 개진을 넘어 블록체인 기반 의사결정도 가능해진다. 현실과 가상이 융합해 홀론화 하면서 도시는 스스로 자기 조직화된다.

미래 스마트 시티는 혁신과 일자리 창출의 중심이 돼야 한다. 혁신의 원천은 연결을 통한 창조성에 있다. 기업과 기업이 연결되고, 기업과 시민이 연결되는 도시에선 혁신이 촉발된다. 모든 도시는 이제 현실과 가상의 두 세계에서 상호 연결돼야 한다. 도시의 디지털 트윈화다.

스마트 시티는 시민의 행복과 일자리 창출이라는 두 마리 토끼를 잡아야 한다. 이 과정에서 전체로서 도시와, 부분으로서 시민들은 홀론적 융합으로 생명을 얻어 간다. 이제 문제는 도시의 거버넌스다. 교통, 교육, 산업, 건강 등 다양한 스마트 시티의 요소들을 개별적으로 분산하면 가두리 양식과 같은 벽이 생기나, 하나로 통합하면 의사결정이 무거워지고 경직화 된다. 자율성을 가진 개별 부문들이 상호 소통을 통해 느슨한 연방을 이루는 구조가 미래 스마트 시티의 거버넌스 구조가 될 것이다.

한국의 4차 산업혁명은 스마트폰 안의 스마트 시티에서 구현된다.

이데일리 18-10-19

기술-욕망의 융합체
'스마트 시티'

혁신은 기술-사회의 공진화 결과다. 욕망의 파악은 사회라는 '실험실'에서 이루어질 수밖에 없다. 스마트 시티에는 'Tech-Lab'이라는 기술의 실험실과 'Living-Lab'이라는 욕망의 실험실이 필요하다.

세상은 생산과 소비의 순환으로 이루어진다. 생산을 뒷받침하는 기술과 소비를 뒷받침하는 사회적 욕망이 세상을 변화시키는 양대 요인이다. 즉, 기술과 욕망은 상호작용하면서 세상을 바꾸고 있다. 이러한 기술-사회의 공진화의 관점에서 스마트 시티를 재조명할 필요가 있다.

기술과 사회는 강과 강물과 같이 서로를 의지하면서 서로를 변화시키고 있다. 기술은 기존의 일자리를 파괴한다. 하이패스는 고속도로 검표원의 일자리를 파괴하고 자동검침 시스템은 전기검침원의 일자리를 파괴한다.

그러나 산업혁명 역사상 일자리가 줄지 않은 것은 파괴된 만큼 더 높은 부가가치의 새로운 일자리가 창출되었기 때문이다. 즉, 창조적 파괴과정을 거치며 기술과 사회는 공진화하는 것이다. 이러한 공진화

과정을 이해하지 못하면 일자리 보호를 위해 기술 혁신을 두려워하는 사회가 될 수 있다. 그리고 그 결과는 글로벌 경쟁에서의 탈락이라는 것이 역사의 증명이다.

일자리의 파괴과정은 비교적 명확하다. 신기술의 생산성 향상이 기존의 일자리를 파괴하였기 때문이다. 그러나 새로운 일자리가 창조되는 과정을 지금까지 대부분의 학자들은 놓치고 있다. 일자리 창조의 원천은 기술이 아닌 욕망이기 때문이다.

인간은 하위욕구가 충족되면 상위욕구 충족을 향해 이동해갔다. 먹고 사는 문제가 해결되면서 안정된 생활을 원하게 됐고, 안정의 문제가 해결되면서 사회 귀속의 문제를 갈구하게 되었다. 이제 4차 산업혁명은 사회 귀속을 넘어 자기표현의 욕구로 진화하고 있다. 이러한 미충족 욕망의 충족은 생산성 향상이 아닌, 욕망 충족의 신기술로 촉발된다. 예를 들어 인터넷과 유튜브는 '크리에이터'라는 새로운 직업을 만들어내고 있다. 인터넷을 통해 나의 경험이 저비용으로 강하게 확산되므로, 나를 표현하는 직업이 급속도로 증가하게 된 것이다.

이와 같이 기술과 사회는 한편으로서는 네거티브하게, 다른 한편으로서는 포지티브하게 상호작용하고 있다. 정상적인 상태에서는 생산성 향상 기술이 저부가 일자리를 파괴하고, 욕망충족 기술이 고부가 일자리를 창조해낸다. 그리고 교육과 복지가 순환 과정을 연결한다. 이러한 기술사회의 복합적 상호작용을 바탕으로 하여 스마트 시티의 변화의 방향을 바라보자.

4차 산업혁명은 1, 2, 3차 산업혁명을 촉발한 기기, 전기, 정보와 같은 개별 기술혁명이 아닌, 현실과 가상을 융합하는 다양한 기술의 O2O 융합혁명이다. 현실과 가상이 융합하면서 융합공유경제의 규모가 전체 경제 규모의 50%를 넘어설 것이라는 것이 2030년을 바라보는 미래학자들의 다수 의견이다. 다시 말해, 현재의 일자리의 50%는 파괴되고 새롭게 50%가 창출된다는 의미이다. 그렇다면 일자리의 파괴와 일자리의 창조의 큰 그림을 보고 스마트 시티가 가야할 방향이 제시되어야 할 것이다.

한쪽 축에는 기술의 변화가 있다. 여기에는 기존 기술인 전기, 화학, 기계, 섬유 등의 기술과 트랜스폼 기술인 6대 디지털 트랜스폼과 6대 아날로그 트랜스폼과 인공지능이 있다. 이러한 기술의 변화 방향을 한 축에 두고, 다른 축의 변화는 사회 요소의 변화이다. 현실도시가 가상도시와 융합하여 스마트한 도시로 진화하게 된다.

이 진화 과정의 동력은 인간의 상위 욕구로의 이전이다. 여기에는 STEEP 등의 예측 방법론이 있다. 이러한 미래예측 기술에 의해 바람직한 인간과 사회의 미래 모습을 상정하고, 바람직한 미래로의 비전을 그려보는 것이 기술-사회 공진화에 바탕을 둔 스마트 시티의 로드맵일 것이다.

기술-사회 공진화 모델에 기반해 볼 때, 스마트 시티에는 두 가지 실험실이 필요하게 된다. 기술의 실험실과 욕망의 실험실이다. 기술의 실험실이 'Tech-Lab'이라면 욕망의 실험실은 'Living-Lab'이 된다.

혁신은 기술-사회의 공진화 결과다. 3차 산업혁명까지는 기술의 역할이 컸으나, 4차 산업혁명에서는 욕망의 중요성이 급증하고 있다. 4차 산업혁명의 욕망은 '매슬로우의 욕구 5단계' 중 상위 단계인 표현과 자아실현의 단계에 해당된다. 이는 욕망이 개인화되고 다양화된다는 의미다. 이제는 기술 구현보다 욕망의 파악이 사회 발전에 더 중요한 역할을 하게 된 것이다.

이제 기술과 욕망의 공진화에서 새롭게 혁신이 발현된다. 새로운 일자리는 기술이 아니라 욕망이 창출해 왔다. 지난 20년간 미국의 새로운 일자리는 기존에 없던 일자리 형태임이 밝혀졌다. 욕망의 파악은 사회라는 '실험실'에서 이루어질 수밖에 없다. 기술과 사회가 융합하는 스마트 시티가 4차 산업혁명 혁신의 진원지인 이유다.

디지털타임스 19-01-20

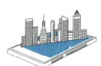

다가오는
스마트 시티4.0 시대

도시는 인간 삶의 플랫폼으로, 스마트 시티4.0에서는 온·오프라인 연계(O2O) 플랫폼으로 확산된다. 그리고 클라우드와 데이터, 그리고 규제 혁파가 스마트 시티4.0의 가장 중요한 3대 인프라이다.

현실과 가상이 융합하는 4차 산업혁명에서 미래 스마트 시티는 자기조직화 도시라는 개념으로 재탄생하게 될 것이다. 이런 스마트 시티의 미래 모습과 우리의 대처방안에 대해서 논의해 보고자 한다.

1, 2차 산업혁명은 오프라인의 혁명이었다. 도로를 닦고, 건물을 짓고, 가스관과 상하수도를 건설했다. 도시는 오프라인 네트워크 인프라를 구축하고 번성했다. 도로와 에너지, 상하수도가 연결된 도시는 한 단계 높은 쾌적한 삶을 보장했기 때문에 도시는 메가로폴리스로 성장했다. 그 결과 거대 도시는 수용 한계를 넘은 인구 집중으로 몸살을 앓게 됐다.

3차 산업혁명을 맞아 도시는 새롭게 진화를 시작했다. 정보통신기술에 기반한 숱한 기기와 시스템이 도시를 똑똑하게 만들기 시작했다.

전광판은 도시의 상황을 알려주고, 인터넷은 인간의 삶을 연결했다. 소셜네트워크서비스SNS를 통해서 인간들은 이동하지 않고도 엄청난 소통을 할 수 있게 됐다. 더 나아가서 게임 업체들은 심시티Simcity 등 가상의 도시를 만드는 단계까지 진입했다.

이제 현실과 가상이 융합하는 4차 산업혁명에서 도시는 새로운 차원으로 진화할 전망이다. 도시 자체가 생명체처럼 자기조직화하게 된 것이다. 오프라인의 도시와 온라인의 도시가 융합해 현실의 도시와 1:1 대응되는 디지털 트윈시티가 만들어지고, 디지털 트윈에서의 예측과 맞춤의 결과로 다시 현실을 최적화시킨다. 그 대표적인 예가 바로 내비게이터다.

과거에는 어느 길이 빠른 길인지 가보지 않으면 알 수 없었다. 이제는 도시 전체 교통 정보가 내비게이터에 집중되고, 집중된 정보가 구조화돼 다시 스마트폰에 투영되면서 최적의 길을 선택할 수 있는 역량을 가지게 됐다. 그 결과 도시는 정체를 줄이고, 시민들은 시간과 에너지를 절약하게 됐다. 이제 내비게이터의 부분이 전체를 반영하는 홀론Holon적 구조 때문에 도시 교통은 자기조직화하기 시작한 것이다.

생명 현상의 양대 요소는 홀론Holon과 창발성Emergence이다. 인체와 세포의 DNA 관계와 같이 생명체는 부분이 전체의 조직 정보를 보유하고 있다. 바로 부분과 전체가 융합하는 홀론적 현상이다. 이와 달리 기계는 부분이 전체 정보를 반영하지 못하고 있다. 하나의 수정란이 60

조의 인체 세포로 분열하는 과정에서 이를 총괄 지휘하는 외부 역할은 존재하지 않는다. 스스로가 스스로를 만들어 낸다. 바로 창발성이다. 그 결과 부분의 세포에는 없는 인간의 특성이 발현된다.

3차 산업혁명 시대의 어느 길이 막히는지 아닌지의 단순 정보 제공은 경우에 따라 오히려 도시의 정체를 유발했다. 사람들이 막히지 않는다는 길로 몰려가기 때문이다. 이제 내비게이터는 도시의 상황을 공유하고, 막히지 않는 길을 실시간으로 예측해 준다. 더 나아가 모든 운전자에게 동일한 길을 알려주는 것이 아닌 분산 예측을 해주고 있다. 개인들은 전체 정보를 활용해 개별 최적화를 추구하게 된다. 각 개인이 스스로의 시간과 공간을 최적화하는 것이다. 이제 부분과 전체가 융합된 홀론 구조에서 도시는 생명을 얻는다.

이와 같이 내비게이터가 촉발한 교통혁명은 창발적 진화 현상을 보이고 있다. 별다른 통제 없이 부분과 전체가 정보를 공유해 도시교통은 최적화하고 있는 것이다. 나의 차량 정보는 도시 전체 정보에 들어간다. 그리고 우리 주머니 속에는 도시 전체의 교통상황이 들어와 있다. 부분이 전체가 되고, 전체가 부분이 된다. 그리고 왕성한 상호작용으로 개인들은 최적의 길을 찾아 도시 전체 교통이 최적화하고 있다. 그 결과 막대한 도로 인프라 투자 대신 교통신호 체계 스마트화만으로, 차량의 흐름이 원활해질 것이다. 더 나아가 최적의 도로 재구축안을 제시하게 된다.

이제 도시를 인간 삶의 플랫폼으로 재정의하고자 한다. 인간의 삶은 근본적으로 시간·공간·인간이라는 3요소로 이루어져 있다. 우리는 이동하고, 일을 하고, 놀이를 즐기고, 만남과 학습을 한다. 이 일련의 삶에서 공통되는 부분을 공유하면 개개인의 삶의 비용은 최소화되고 가치는 극대화된다. 도시는 이런 인간 생활의 공통 부분을 플랫폼화하게 될 것이다.

이 플랫폼은 다층구조로 형성돼 있다. 개인의 소비의 플랫폼인 가정과 생산의 플랫폼인 기업과 이들의 생태계인 도시가 있고 더 큰 단위가 국가와 세계다. 자율주행차는 모두가 미래의 교통 수단으로 보고 있다. 자율주행차의 기반인 전기차의 친환경은 탄소제로 에너지원인 태양광 혹은 원자력 발전을 바탕으로 해야 한다. 그러나 태양광의 경우는 자동차의 활동 시간과 일치하는 주간 발전의 특성을 가지기 때문에 최적의 대안은 원자력 발전이다. 전기차의 야간충전을 원자력 발전의 기저에너지로 담당하게 되면 원자력 발전은 에너지 저장장치ESS를 동시에 얻게 되는 것이다. 자율주행차는 도시의 도로망을 자율주행차에 최적화하는 변화를 가져올 것이다. 그리고 이에 따라 보험·교통구조 등이 바뀌는 것은 말할 것도 없다. 자동차 수는 줄지만 자율주행차의 운행 효율은 높아진다. 국가 전체, 세계 전체로 자원의 효율이 증대되는 결과를 초래한다.

정보통신기술의 발달은 이런 자율차나 도로의 필요성 자체를 줄이게 된다. 사람들이 왜 이동하는가. 출퇴근, 쇼핑, 치료, 모임 등이 이유일 것이다. 정보통신기술의 발달은 공간 이동의 필요성을 줄여 준다. 스마트워크는 출퇴근의 절대량을 줄이고, 자유시간 근무제는 출퇴근 시간의 분산을 촉발해서 러시아워의 정체현상을 획기적으로 줄일 것이다. 주 3일 근무제, 유연 선택 근무제는 이런 현상을 뒷받침하게 될 것이다.

도시생활에서 줄어드는 것이 교통량이라면, 늘어나는 것은 개인의 여가시간이다. 여가활동에 필요한 이동은 증가할 수 있으나, 여가활동을 커뮤니티 내에서 즐길 수도 있다. 장거리 여행을 할 수도 있다. 따라서 단거리 이동은 줄어들고 장거리 여행은 늘어날 것이다. 사람들의 만남도 원격 화상회의 등으로 점진적으로 대체될 것이다. 결과적으로 이동량 전체는 인구 대비 단거리 이동량은 줄어들 수밖에 없다. 이를 뒷받침하는 5G 이상의 정보통신 인프라는 가장 중요한 도시 삶의 인프라다. 5G 통신을 넘어서 이제는 초고속 와이파이 망을 도시생활의 공공인프라로 제공할 필요가 있다. 정보통신 업계의 반발은 있을 수 있으나, 중요한 것은 도시 전체의 삶이 될 것이다.

미래의 최대 산업은 공부하고 즐기는 산업이다. 즉, 창조와 협력의 산업이다. 도시생활은 이를 뒷받침할 수 있어야 한다. 따라서 도시는 점점 학습과 놀이의 공간인 과거 광장구조가 온·오프라인 연계O2O 플랫폼으로 확산된다. 이런 도시를 플랫폼 기반의 스마트 시티4.0라고 명명해보자. 스마트 시티 4.0의 가장 중요한 인프라는 바로 클라우드·데이터다. 편리성과 보안을 보장하는 블록체인과 스텔스보안 기술이 도시의 양대 보안 기술이다. 클라우드와 데이터, 그리고 새로운 스마트 서비스를 가속화하는 규제 혁파가 스마트 시티4.0의 가장 중요한 3대 인프라다.

중앙이코노미스트 18-08-06

국가 거버넌스와
지역 혁신생태계

궁극적으로 클라우드는 전체를, 스마트폰의 블록체인은 개인을 대표하게 된다. 전체와 부분이 융합해 스스로 자기조직화하는 모습이 궁극적인 미래 거버넌스가 될 것이다.
시민들이 항상 도시의 의사결정에 참여하고 같이 발전하는 스마트 시티가 국가 전체 차원에서는 스마트정부로 확대되는 것이다.

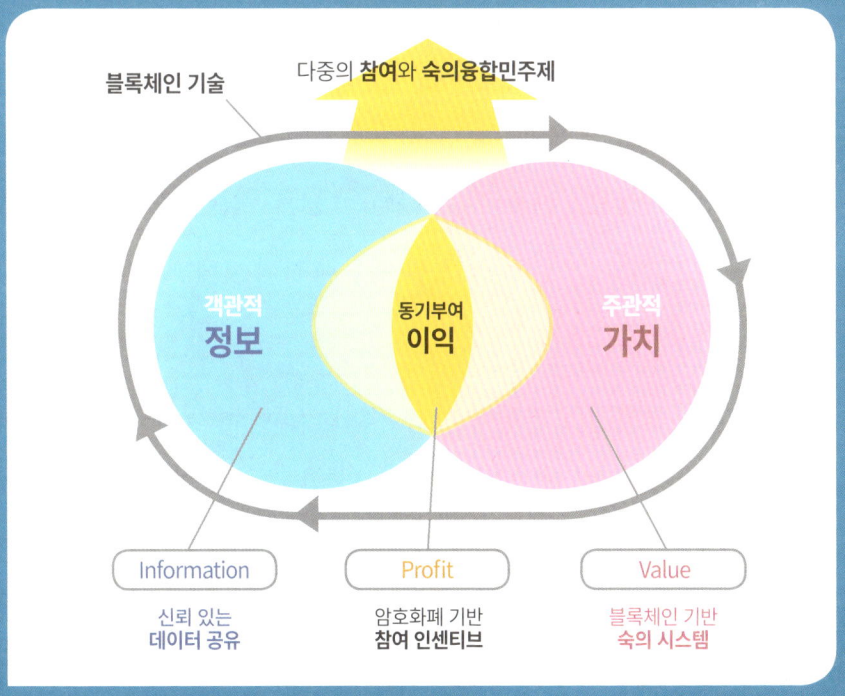

〈거버넌스의 3대 요소인 가치, 정보, 이익을 신뢰의 기술 블록체인으로 공유하자〉

4차 산업혁명 성패는 지식 공유에 달려

복잡한 의사결정 과정이 바로 거버넌스(governance) 문제다. 거버넌스 문제의 본질은 의사결정과 집행의 패러독스 관계다. 집중과 분산의 패러독스는 오프라인과 온라인의 융합으로 극복할 수 있게 됐다.

의사결정이 어려워지고 있다. 초연결 사회의 복잡성과 더불어 다양한 이해관계자들의 상호작용이 의사결정을 어렵게 하고 있다. 조직 활동에서 결정과 집행이란 두 가지 의사결정의 비중이 급속히 커지고 있는 것이다. 그런데 대한민국은 '하라면 하는' 집행 위주의 갑을 문화를 기반으로 한강의 기적을 이룩한 경험과 관행 탓에 패러다임 전환이 더욱 어려운 실정이다.

복잡한 의사결정 과정이 바로 거버넌스governance 문제다. 거버넌스는 원래 조타Steer-gubernaculum라는 의미다. 집단의 방향을 결정하는 과정이 거버넌스다. 그리고 거버넌스를 위임한 조직이 거번먼트government다. 4차 산업혁명 혁신에는 당연히 거번먼트도 포함된다. 미래는 거번먼트에서 거버넌스로 이동하게 될 것이다. 이 과정을 굳이

번역한다면 '통치에서 협치로의 전환'이라고 할 수 있다.

거버넌스의 경쟁력은 과정의 비용과 결과의 가치에 따라 평가해야 할 것이다. 비용은 의사결정 비용과 집행 비용으로 나눌 수 있을 것이다. 이런 거버넌스의 요소를 검토해 보자.

우선 의사결정 비용은 공짜가 아니다. 토론에도 비용이 수반되고 투표에도 비용이 수반된다. 국민투표의 경우 기회비용을 감안하면 1조원이 넘는 비용이 소요된다. 의사결정 비용은 의사결정 참여자가 많을수록 기하급수적으로 증가하는 게 당연하다. 조직의 모든 의사결정에 모두가 참여해 보자. 결과는 괴멸적일 것이다. 하루 종일 의사결정을 하느라 업무가 정지될 것이다. 민주화가 확대될수록 거래비용은 증가할 수밖에 없다. 그래서 조직은 의사결정을 위임하는 구조를 발달시켜 온 것이다. 예컨대 국회의원과 대통령을 뽑아 통치를 맡기는 식이다. 대의 민주제가 진화한 이유이고 과정이다. 거래비용은 한 명의 독재자가 모든 것을 결정하는 조직에서 극소화된다. 의사결정보다 집행이 중요한 개발도상국에서는 독재가 더 효율적인 대안인 이유다.

다음으로 집행 비용도 공짜가 아니다. 지시하면 무조건 집행하는 군대식 갑을 문화의 조직에서는 집행 비용은 무시될 수 있었다. 그런데 사회적 다양성이 증가하면서 의사결정에 순응하지 못하는 이해관계 집단들이 등장한다. 환경론자와 개발론자의 논쟁이 대표적이다. 원전 폐기 문제, 재생에너지 확대 문제, 원격의료 확대 문제, 카풀 등 공유경제 도입의 문제, 제주 군항의 문제 등 대부분의 문제에는 이해관계자들이 충돌하고 있다. 기업 내에서도 내가 참여하지 않은 의사결정에는 열과 성을 다해 집행하지 않게 된다. 사회가 발전한다는 것은 다양성의 증가를 의미하고, 다양성의 증가는 의사결정과 집행 과정의 어려움을 의미한다. 집행 비용은 의사결정의 참여가 확대될수록 줄어든다. 민주화된 분산조직은 집행 비용을 최소화하게 된다.

거버넌스 문제의 본질은 의사결정과 집행의 패러독스 관계다. 독재적 조직은 결정 비용을 줄이나 집행 비용을 증가시키고 민주적 조직은 집행 비용은 줄이나 결정 비용을 증가시킨다. 그래서 적절한 선에서 타협하는 위임형 대의민주제가 대세가 된 것이다. 위임에 따른 대리인 문제를 극복하기 위해 의사결정의 과정과 결과를 투명하게 개방·공유하는 것은 필수 요건이다. 훌륭한 리더십이 투명·개방 구조에서 발현될 때 조직은 건강해진다.

이런 패러독스로 오프라인 세상에서는 의회와 정부, 이사회와 대표이사라는 형태로 조직이 진화하면서 다양한 형태의 조직이 등장하게 된다. 그러나 모든 오프라인의 조직은 거버넌스 패러독스의 한계를 극복하지 못하고 있다는 것이 미래 사회의 최대 현안이다.

예를 들어 보자. 각 정부 부처들은 자신만의 영역이 있다. 사일로 Silo화된 영역에서 자신들의 권한을 지키는 데 주력하고 있다. 흔히 가두리 양식장 구조라고 명명하고 있는 형태다. 산업 현장으로 가보자.

산업부의 테크노파크는 중기벤처부의 보육센터와 단절돼 있다. 교육부의 Linc+라는 대학혁신 사업은 중기벤처부의 창업선도 대학 사업과 충돌한다. 창조경제혁신센터는 테크노파크와 갈등 구조를 가진다. 기술 개발의 악마의 강, 사업화의 죽음의 계곡, 시장 개척의 다윈의 바다는 모든 기업이 극복해야 하는 연속된 과정이다. 그런데 소관 부처는 서로 다르고 사업은 연속되지 않는다. 과학기술부의 기술 개발 과제가 산업부의 과제와 연결되는 사례가 극히 드물다. 이런 틈새를 이용해 중복 지원을 받는 기업이나 사업자가 당연히 존재한다. 오프라인 거버넌스의 한계가 원인이다.

집중과 분산의 패러독스는 오프라인과 온라인의 융합으로 극복할 수 있게 됐다. 오프라인의 현실은 소유의 세상이나, 온라인의 가상은 공유의 세상이다. 소유의 가두리 양식의 한계를 공유의 데이터 클라우드에서 극복할 수 있는 것이다. 미국의 행정 혁신 과정에서도 데이터 공유가 결정적인 역할을 했다. 미국이 2010년 클라우드 우선 cloud first 정책을 주창한 이유다. 데이터 공유를 통해 정부는 개방정부로 변신하게 되고 기업은 개방혁신으로 전환하게 된다.

거버넌스는 이제 오프라인과 온라인이 융합된 O2O Online 2 Offline 조직으로 진화하기 시작했다. 데이터를 퍼블릭 클라우드에서 공유하는 혁신이 정부 혁신의 출발점이다. 물론 기업도 마찬가지다. 이를 위해 모든 공공조직은 보유 데이터를 분류해 90% 이상을 개방하도록 하는 로드맵을 짜야 한다. 특히 45만 개 공공 데이터의 70%를 차지하는 지방자치단체와 공공기관의 데이터에는 기본적으로 국가기밀이 없다. 개인정보만 익명화해서 개방하면 대통령이 선언한 8·31 고속도로 선언에 부합한다. 중앙정부의 데이터도 90%는 개방할 수 있다고 본다. 공공데이터는 반드시 퍼블릭 클라우드에서 개방·공유해야 민간 부문이 참여하기 쉬워 개방의 효과가 극대화된다. 클라우드에서 데이터가 공유되면 각 부처 이기주의가 축소될 수밖에 없게 된다. 모든 제도는 공급자가 아니고 수요자 관점으로 재편되기 때문이다. 이제 4차 산업혁명의 정부4.0은 공공 데이터 개방으로 본격화돼야 한다.

　이제 블록체인이 또 하나의 중요한 역할을 하게 된다. 바로 의사결정 비용을 획기적으로 축소시키는 것이다. 막대했던 의사결정 비용이 스마트폰에서 쉽게 참여할 수 있게 되면서 궁극적으로 한계비용 제로에 수렴하게 된다. 이해관계자들이 스마트폰에서 토론하고, 스마트폰으로 의사결정에 참여하는 기술이 블록체인으로 뒷받침된다. 이미 스페인과 미국과 스위스에서 블록체인 기반의 직접 민주제가 확산되고 있다. 오프라인의 한계로 유지된 대의민주제의 전제 조건인 의사결정 비용의 혁명이 도래한 것이다. 우선 시작은 아파트 자치단체 등에서 시작해 확산하면 된다. 쉬운 여론조사에서 시작해 정책 결정을 거쳐 대표자 선발로 확대하면 된다.

　궁극적으로 클라우드는 전체를, 스마트폰의 블록체인은 개인을 대표하게 된다. 전체와 부분이 융합해 스스로 자기조직화하는 모습이 궁극적인 미래 거버넌스가 될 것이다. 시민들이 항상 도시의 의사결정에 참여하고 같이 발전하는 스마트 시티가 국가 전체 차원에서는 스마트 정부로 확대되는 것이다.

중앙이코노미스트 18-11-19

문제는 거버넌스다

이제는 방향을 합의하는 거버넌스가 국가 성장의 가장 중요한 요소가 됐다. 서로 다른 이해관계를 국가 전체를 위해 조정하는 능력이 바로 국가 거버넌스 역량이다.

문제는 거버넌스다. 한강의 기적을 이룬 원동력은 '싸우면서 일하자'는 행동력이었다. 영국인은 돌다리를 두드리고 건너지 않고 한국인이 건너고 두드린다는 얘기도 있다. 한국인은 저돌적 추진력으로 세계 최빈국을 10위권 국가로 끌어올렸다. 전 세계는 칭송하고 중국 등 개발도상국들은 한국을 배워 갔다. 그런데 막상 한국에서는 출생률 최저, 자살률 최고 등 '헬조선'이라는 단어가 등장했다. 성장에 따른 분배의 양극화가 초래한 현상이다.

정경유착의 고도성장기에 이룩한 부에 대해 다수의 국민은 공정성에서 동의하지 않는다. 가진 계층은 더 많이 가지기 위해 재테크에 몰입하고 사회를 연결하는 노블레스 오블리주는 찾아보기 어려웠다. 국가는 비약적인 성장을 했는데 개인의 불만은 커지게 됐다. 그러나 통계적으로 지난 1995년 대한민국의 부의 분배는 상위 10%의 소득이 29%에 불과할 정도로 경제협력개발기구 OECD에서 가장 양극화가 작은 국가였다.

1997년 IMF 국가부도 위기를 거치면서 저돌적인 한국인들이 갑자기 안정을 최우선 가치로 추구하기 시작했다. 감사원의 정책감사가 강화되면서 가장 혁신적이던 한국의 공무원 조직은 복지부동을 넘어 엎드려 눈만 돌리는 '복지안동' 모드에 진입했다. 규제와 지원을 통한 권력 확보가 각 부처의 목표가 됐다. 부처 간의 영역 다툼 경쟁은 가두리 양식형 구조로 평화를 찾아갔다. 그 결과 예산은 낭비되고 융합형 산업의 탄생은 찾아보기 어렵게 됐다.

청년들은 안정적인 공무원이 되기 위해 노량진으로 몰려갔다. 피터 드러커 교수가 칭송한 세계 최고의 기업가정신은 바닥으로 추락했다. 기업들은 시대정신인 개방협력을 외면하고 개별 경쟁으로 자원을 낭비하고 지나친 보안 강화로 협력을 차단하고 있다. 안정이라는 작은 가치는 혁신이라는 큰 가치의 적이다. 짐 콜린스가 위대한 것의 적은 좋은 것이라고 한 이유다. 대한민국은 소위 교각살우의 우를 범하고 있는 것이다.

모든 국가는 요소 투입과 자본 투입의 효율주도 성장 단계를 거쳐 혁신주도 성장 단계에 진입하는 과정에서 성장통을 앓아왔다. 국민소득 3만달러를 경계로 일본·이탈리아·영국·독일 등의 성장률은 급격히 떨어졌다. 이탈리아의 경우에는 3만 달러 근처에서 마이너스 성장 패턴을 보이기도 했다. 열심히 하는 효율에서 다르게 하는 혁신으로 가는 길목에서 방황한 것이다. 안정에 함몰돼 혁신을 받아들이지 못한 결과다.

안정은 틀리지 않는 결과를 의미한다. 혁신은 틀림을 통해 새것을 만드는 과정을 의미한다. 6·25전쟁의 폐허에서 맨손으로 한강의 기적을 일궈온 세대에 안정된 집과 직장은 무엇과도 바꿀 수 없는 가치였다. 적어도 자식들에게는 본인들이 겪은 치열하고 험난한 삶을 넘겨주고 싶어 하지 않았다. 위험이 도사리고 있는 벤처 창업은 반대하나 안정적인 공무원 시험은 환영한다. 그 결과 국가는 급속히 늙어가게 됐다.

양극화보다 나쁜 것은 저성장 양극화다. 드디어 2016년 대한민국 상위 10%의 소득은 전체의 48%를 넘어 OECD에서 미국 다음으로 양극화가 심한 국가가 됐다. 역설적으로 산업화 시대보다 민주화 시대를 거치면서 부의 양극화는 극심해진 것이다. 양극화의 최대 원인은 저성장이기 때문이다. 산업화와 민주화 세력의 대립으로 혁신성장으로 가는 제도 개혁의 발목이 잡혀 있기 때문이다.

효율에서 혁신으로 성장과 분배의 패러다임을 바꿔야 한다. 이제는 방향을 합의하는 거버넌스가 국가 성장의 가장 중요한 요소가 됐다. 원격의료와 카풀 등의 사례를 보자. 공유경제로 국가 전체의 후생이 증가한다는 것은 충분히 타국의 사례로 입증됐다. 문제는 소수의 조직화한 피해 집단의 극심한 반대다. 국가 역량은 전체 이익의 일부를 부분의 구조조정에 투입하는 과정의 합리화라고 할 수 있다. 서로 다른 이해관계를 국가 전체를 위해 조정하는 능력이 바로 국가 거버넌스 역량이다.

서울경제 18-10-31

조직 거버넌스와
혁신방향

미래 조직의 키워드는 유연성과 다양성이라는 외부 요소와 창조성과 협력성이라는 내부 요소의 네 가지 문제를 푸는 것이다.

초연결·초융합의 4차 산업혁명에서 조직혁신은 필연적이다. 다양하게 급변하는 환경에 과거의 전통적 형태의 조직은 적응력이 떨어져 결국 생존경쟁에서 도태될 것이다. 기술과 제도혁신에 이어 4차 산업혁명의 조직혁신을 다뤄야 하는 이유다.

미래 조직의 키워드는 유연성과 다양성이라는 외부 요소와 창조성과 협력성이라는 내부 요소의 네 가지 문제를 푸는 것이다. 초연결사회는 필연적으로 조직 내부를 분할하게 된다. 연구·개발·생산·품질·영업·관리 등 조직의 개별 요소들이 이제 핵심역량을 제외하고는 외부와 협력하는 개방생태계로 진화해야 한다. 기업 내부에 경쟁력이 취약한 조직을 품게 되면 궁극적으로 조직 전체의 경쟁력이 저하되기 때문이다. 그 결과 개방생태계에서의 개방혁신은 대세가 됐다. 외부와의 협력은 공유경제 확산을 초래하게 됐다. 조직들은 핵심역량을 제외하고는 외부와 공유한다. 소프트웨어는 오픈소스로, 정보기술IT 자원은 클라우드로, 각종 장비는 메이커 스페이스에서 공유한다. 기업이 점점 가벼워지고 있다.

그렇다면 핵심역량 중심의 개별 조직들에 어떻게 상호협력을 촉진시킬지가 질문의 초점이 될 것이다. 그리고 그 답은 느슨한 연방구조 loosely coupled federation가 된다. 개별적으로 독립된 조직들이 필요에 따라 on demand 유연하게 이합집산할 수 있는 빠른 유연성을 가진 협력 메커니즘이 필요하게 된다. 바로 개방조직 거버넌스의 핵심과제다.

스마트 시티의 예를 들어보자. 스마트 시티에서는 생산·소비·유통·환경·교육·안전망·제도 등의 요소가 있다. 이러한 문제들을 개별적으로 각개약진으로 해결하고자 노력해온 것이 지금까지의 스마트 시티 프로젝트였다. 결과적으로 상호협력이 부족한 가두리양식형 결과를 초래하게 됐다. 그렇다고 기존 오프라인 시티처럼 하나의 수직적인 통합구조로 스마트 시티를 추진하면 너무 무겁고 경직된 프로젝트가 돼 엄청난 자원을 투입해도 성과를 내기 어렵다. 집중은 무겁고 분산은 시너지가 없다. 싱가포르 스마트 시티의 문제이기도 하다.

4차 산업혁명의 클라우드 기술 진화과정은 다음과 같다. 기존의 모든 것을 체계화한 단일 솔루션은 그럴듯하나 경직돼 진화경쟁에서 도태됐다. 대신 거대 서비스를 작은 마이크로 서비스로 분할하고 필요에 따라 연결하는 구조로 진화하게 됐다. 마이크로 서비스들은 각기 독립적 진화를 하는 유연성을 가지나 표준적인 간단한 소통체계로 유연하게 거대한 서비스를 구현할 수 있게 됐다. 그 결과 작은 단위의 서비스들을 오케스트라 지휘하듯이 필요에 따라 불러내고 사라지게 하는 지휘자가 등장했다. 미래 조직은 오케스트라와 같은 독립적이고 전문적인 작은 조직들이 시장의 요구에 따라 실시간으로 이합집산하는 구조로 진화하게 될 것이라는 것이 클라우드의 IT가 제공하는 시사점이다.

생산·소비·유통 등은 각각 독립적으로 현실과 가상을 연결하는 디지털 트윈으로 구현하되 표준적 상호소통은 유지하라는 것이다. 그리고 필요에 따라 생산 디지털 트윈에 유통 디지털 트윈이 데이터를 요청하거나 서비스를 제공할 수 있게 되면 더 큰 서비스가 구현된다. 작은 단위로 나뉠수록 거대한 서비스가 쉽게 만들어진다.

소통의 표준이 제공돼도 협력의 대가가 없으면 협력은 오래가지 않는다. 전기나 수도같이 사용하는 만큼 과금하는 지불결제 시스템이 필요하게 된다. 바로 암호화폐가 제공할 기능이다. 이러한 분할과 연결, 유연한 활용과 사후 과금, 상호 소통 능력과 지불결제 등이 바로 클라우드 서비스가 진화하는 과정에서 발현된 창발적 가치들이다.

현실과 가상이 융합하는 4차 산업혁명은 클라우드 기반의 혁명일 수밖에 없다. 통합과 분산이라는 조직 거버넌스의 오랜 딜레마를 클라우드 진화 과정에서 배워보자.

서울경제 18-09-26

거버넌스 혁명 이끌 블록체인

신뢰의 문제가 있는 사회 현상에는 블록체인 활용을 검토할 필요가 있다. 거버넌스의 3대 요소인 정보·가치·이익의 공유를 위한 블록체인 거버넌스 혁명을 검토해 보자.

거버넌스는 다중 의사결정 체계다. 의사결정은 가치와 정보에 의해 이뤄진다. 아침에 시계를 보는 것은 객관적 정보이고 밥과 잠의 선택은 주관적 가치다. 다중의 참여는 이익이라는 동기부여에 의해 촉진되나 토론과 투표의 고비용 구조가 걸림돌이다. 이러한 거버넌스의 3대 요소를 가치value, 정보information, 이익profit의 'VIP'로 정의하고 블록체인과 융합하는 거버넌스 혁명을 논의해보고자 한다.

블록체인은 본질적으로 신뢰의 기술이다. 블록체인은 암호화폐, 분산원장, 분산 플랫폼 등 다양한 얼굴을 가지고 있다. 그러나 다양한 블록체인 역할의 공통 요소는 신뢰다. 즉 신뢰의 문제가 있는 사회 현상에는 블록체인 활용을 검토할 필요가 있고 신뢰가 필요 없거나 이미 신뢰가 확보된 경우에는 블록체인을 도입할 필요가 없다는 의미다. 그런데 거버넌스가 바로 대표적인 신뢰 문제다.

거버넌스의 3대 요소가 블록체인의 각기 다른 성격들과 결합해 거버넌스 혁명을 이룩할 수 있다. 지역혁신과 스마트 시티 등에서 가장 난해한 부분이 바로 서로 다른 생각들을 융합해 국가와 도시와 동네가 나아갈 방향을 결정하는 해법이다.

추격형 발전으로 이룩한 한강의 기적 시기에는 중앙집권적 단일 의사결정 거버넌스로도 충분했다. 그러나 탈추격의 4차 산업혁명 대응에는 분산형 의사결정 거버넌스가 요구되나 분산형 거버넌스의 의사결정이 갖는 고비용 구조가 가장 큰 걸림돌이다. 즉 거래비용과 순응비용의 패러독스로 인해 절충형인 대의민주제가 탄생하게 됐다. 그런데 대의민주제의 심각성은 국회의원 신뢰도가 바닥이라는 여론조사로 입증되고 있다. 이제 숙의융합민주제로 가는 정보·가치·이익의 공유를 위한 블록체인 거버넌스를 검토해보자.

첫째, 정보 공개를 위한 블록체인이다. 4차 산업혁명의 엔진은 인공지능AI이고 연료는 데이터다. 공공데이터 공개가 시민참여 거버넌스의 전제조건이다. 신뢰 있는 데이터가 공유돼야 시민들의 참여에 따른 의사결정이 가능해진다. 블록체인의 첫 번째 역할은 데이터의 신뢰성 부여다. 가짜 데이터는 인간과 AI가 잘못된 결정을 내리게 한다. 공공데이터들을 익명화해 연결문서LOD 형태로 공개하되 블록체인 기술로 데이터의 지문을 등록하면 조작이 불가능해진다. 도시의 자산을 블록체인화해 등록하면 투명한 유지관리와 거래가 가능해진다. 더 나아가 서로 다른 부처의 정보 공유를 통한 행정 효율화도 촉진될 것이다. 지역혁신을 위한 첫 단추는 정보 공유로 시작된다.

둘째, 가치 융합을 위한 블록체인이다. 사회가 발달할수록 가치관은 다양해진다. 원전폐기·원격의료·공유차량 등의 갈등은 서로 다른 가치관이 충돌하는 사례다. 전체의 이익이라는 필요조건과 집단의 이익이라는 충분조건으로 다양한 가치관들을 숙의하는 과정이 거버넌스 과정이다. 그러나 오프라인 세계의 숙의 과정은 대단한 고비용 구조다. 신고리 원자력 공론화 비용만 46억 원이라고 한다. 주요 국가와 지역 현안마다 이러한 숙의비용을 지불하기는 어렵기에 대안으로 블록체인 기반의 숙의 시스템이 등장하고 있다. 지난 2017년 출범한 블록체인 기반의 투표 시스템인 호주의 마이보트는 이제 전 세계에 확산되고 있다. 한국에서도 거번테크가 제주도 등에 블록체인 숙의민주제 대안을 제안하고 있다. 여론조사에서 정책 참여를 거쳐 의원선거로 확산해가는 융합민주제의 길이 열리고 있다.

셋째, 이익 순환을 위한 블록체인이다. 정보와 가치에 기반한 다중 의사결정은 시민 참여로 선순환된다. 전 세계의 숱한 리빙랩이 겉돌고 있는 것은 참여 인센티브의 부족 때문이다. 블록체인 기반의 지역 통화 혹은 포인트가 경제적 이익과 명예의 제공으로 시민 참여를 촉발할 것이다. 더 나아가 개인 활동 정보를 블록체인 통화로 보상하면 도시는 스스로 진화하기 시작할 것이다.

서울경제 18-11-14

느슨한
연방 거버넌스

개별적으로 자율과 경쟁의 원칙 하에 마이크로 서비스를 최적화하도록 하고 필요에 따라 이들 서비스를 공유하고 소통하자는 것이 느슨한 연방구조다.

의사결정을 위한 거버넌스 구조는 패러독스다. 집중형 거버넌스는 경직화되고 분산형 거버넌스는 비효율적이다.

이해당사자들을 일사불란하게 지휘 통제하는 집중형 거버넌스는 필연적으로 경직된다. 변화에 대한 무딘 반응 등 집중형 거버넌스의 문제는 이미 널리 알려진 바와 같다. 반대로 분산형 거버넌스는 가두리양식장의 폐쇄성을 갖는다. 생산·소비·이동·교육·환경·제도·안전 등 사회 요소별로 독립적 거버넌스 구조에서는 분야별 시너지가 사라지고 시민들의 삶에 최적화된 제도를 기대하기 어렵게 된다. 한국 정부부처들은 이렇게 거버넌스 패러독스에 함몰돼 가고 있다.

여기에 행정자치 계층과 지역별 편차를 고려하면 문제는 더욱 복잡해진다. 중앙정부와 지방정부는 서로 불신하고 있다. 지방분권을 확대하면 비효율이 증대되고 중앙정부가 확대되면 자율과 혁신이 저해된다. 그렇다면 집중과 분산의 패러독스를 돌파할 수 있는 대안은 없는가.

불행히도 오프라인 현실에서는 집중과 분산에 대한 제3의 길을 찾기가 쉽지 않았다. 250년 산업혁명 역사에서도 답을 찾지 못한 문제다. 그런데 현실과 가상이 융합하는 4차 산업혁명에서는 현실에서의 분산과 가상에서의 통합으로 거버넌스 패러독스 극복이 가능해진다. O2O 융합의 느슨한 연방형태인 거버넌스를 제안하는 이유다.

중앙정부와 지방정부의 교통·안전·환경·건강·산업 등 개별적인 사회 서비스들을 하나로 묶어 최적화하려는 시도는 무거워지고 경직된다. 교육부와 중소벤처기업부의 기업가정신 교육사업들의 경우, 중복되는 많은 마이크로 사업들이 있다. 결과적으로 자원은 낭비되고 개별 서비스는 무거워진다. 그런데 가장 우수한 마이크로 서비스들을 교육부와 중기부가 공유하면 이러한 낭비를 줄일 수 있다.

개별적으로 자율과 경쟁의 원칙 하에 마이크로 서비스를 최적화하도록 하고 필요에 따라 이들 서비스를 공유하고 소통하자는 것이 느슨한 연방구조. 이로써 오프라인 현실의 집중과 분산의 거버넌스 패러독스를 극복할 수 있을 것이다. 오프라인 현실에서는 교류와 공유의 고비용 구조로 느슨한 연방 구현이 불가능에 가까우나 가상의 클라우드에서는 실시간으로 교류와 공유의 한계비용 제로화로 느슨한 연방화가 가능해진다.

이제 클라우드를 중심으로 새로운 거버넌스의 길이 열리고 있다. 클라우드에서 표준화된 소통방식이 확립돼 데이터를 공유하면 온라인 세계에서 개별 서비스들은 느슨한 연방구조가 된다. 즉 국가 서비스를 최소한의 단위인 마이크로 서비스로 분할하자. 그리고 필요에 따라 마이크로 서비스들이 융합된 매크로 서비스가 구현되게 하자.

이러한 매크로 서비스는 온디맨드on demand로 시민의 필요에 따라 만들고 없앨 수 있다. 교통과 환경과 안전이 통합된 서비스가 필요한 경우 각각의 마이크로 서비스를 필요에 따라 연결하면 된다. 최소단위로 분할되고 실시간으로 연결되는 마이크로 서비스들의 느슨한 연방구조가 4차 산업혁명의 궁극적 거버넌스 구조다. 바로 서비스 가상화다.

이러한 연방구조는 클라우드 기술이 진화하는 과정에서 이미 구현돼 있다. 초기 정보기술IT 서비스는 큰 덩어리monolithic 서비스 형태였다. 낭비를 줄이기 위해 서비스를 최소단위로 나누고 공유하는 클라우드라는 가상화 서비스가 시작된 것이다. 이제 클라우드 서비스는 마이크로 서비스들의 연방체로 진화하게 됐다.

마이크로 서비스들은 도시의 개별적 요소들을 서비스하는 모듈이라고 생각하면 된다. 한 서비스는 환경오염 측정, 한 서비스는 도시교통 체계, 다른 하나는 에너지 소비라고 가정해보자. 이들을 조합하면 교통운영 체계에 따른 도시의 환경오염 정보가 에너지 소모와 함께 스마트폰에 표출될 수 있다. 다양한 마이크로 서비스들을 통합하는 오케스트라식 지휘로 느슨한 연방을 완결하면 된다. 분할되고 융합되는 느슨한 연방구조가 4차 산업혁명의 거버넌스다.

서울경제 18-10-03

지역 혁신,
기업과 지자체에 맡기라

혁신성장을 위한 지역혁신 생태계의 구축은 중앙으로부터의 하향적 계획이 아니라 지역으로부터의 자율과 경쟁으로 비로소 가능하게 될 것이다.

일본과 프랑스는 20년 전 중앙정부 주도의 지역혁신을 위하여 숱한 노력을 했으나, 모두 실패하고 드디어 지방정부 주도의 지역혁신으로 전환하게 된다. 국가의 지속가능한 혁신은 지역을 중심으로 구현되어야 한다는 것이다. 그러나 아직도 한국에서는 지방 중심의 국가 혁신에 대한 확신이 모자라도 너무 모자라다.

지방자치단체(이하 지자체)들의 최대 관심사는 중앙정부에서 예산을 더 많이 받아오는데 있다. 중앙정부의 주도로 국가 전체의 발전 계획을 만들고 지방정부는 이를 수행하는 역할을 담당하고 예산을 배정받는 것이다. 그런데 이는 사실상 국가 차원에서는 제로섬 게임이다.

예를 들어 17개 지역 창조경제혁신센터의 주력 사업은 중앙정부

차원에서 결정되어 있다. 이번에 통과된 규제 프리존의 경우에도 지역의 핵심 사업 아이템들이 이미 정해져 있다. 심지어는 스마트 시티의 경우에도 지방 스마트 시티를 선정한 후 실제 자금 집행은 국토부 차원에서 주도하고 있다. 그리고 지난 20년간 그러한 사업 중 성공한 사업은 찾아보기 힘들다. 일본과 프랑스가 20년 전에 이미 실패한 과정을 우리는 아직도 되풀이하는 중이다.

이제 지역 혁신은 지방자치단체가 중심이 되어야 한다. EU에서는 보충성의 원칙이라는 대 명제로 지역에서 할 수 없는 일에 한하여 EU 차원에서 개입하고 있다. 혁신을 통하여 지자체가 성장하고 성장과 결과가 국가 발전으로 이어져야 한다.

혁신의 주체는 당연히 기업이다. 지역혁신은 지역 기업의 혁신으로만 가능하다. 기업이 혁신을 하도록 지자체가 인프라로 뒷받침하는 것이다. 기업 혁신과 지자체 동기부여의 연결고리는 법인세다. 그런데 현재 법인세는 국세이고 10%만이 지방 교부금을 지자체에 귀속될 뿐이다. 지자체가 담배는 열심히 파는데 기업 뒷받침은 열심히 하지 않는 이유다. 현 정부가 목표로 하는 6:4(중앙정부:지방정부)의 세수 비중을 만드는 최선의 대안이 바로 중소벤처 법인세의 지방세화다.

기업과 지자체의 연결 고리를 만들면 지자체가 중앙정부가 아니라 지역 기업 발전에 담배 판매이상 최선의 노력을 다하게 될 것이다. 현재의 지역 중소벤처 정책의 주역은 중앙정부의 지역 기관들이지 지자체가 아니다. 과학기술부는 지역혁신센터와 특구를 양대 축으로 지역의 기술 혁신에 예산을 투입하고 있다. 교육부는 LINC+사업을 중심으로 대학의 혁신을 지원하고 있다. 중기벤처부는 중소기업진흥공단과 기술신용보증과 창조경제혁신센터를 삼각편대로 지방 중소벤처 혁신을 추진하고 있다. 산업부는 테크노파크를 기반으로 지역 산업을 뒷받침하는데 예산을 투입하고 있다. 그런데 막상 지자체의 역할은 예산 규모상 뒷전에 있다.

이제 혁신의 주체인 기업을 중심으로 지역 혁신 생태계가 재구축되어야 한다. 결국 지역 혁신의 주역은 기업이고 지원 허브는 지자체가 되어야 한다. 과기부, 교육부, 중기벤처부, 산업부, 국토부, 행안부 등 중앙부처들의 프로젝트들은 지자체를 허브로 하여 기업 중심으로 형성되는 것이 선진국들이 학습한 과정이다. 개별 부처의 사업은 지금처럼 수행하되 공공 데이터 공유를 통하여 지자체에 혁신 플랫폼을 만들자.

예를 들어 지자체가 허브가 되어 중소벤처기업의 경우에는 중소벤처부와 연구개발과제의 경우에는 과기부와 협력하는 구도가 될 것이다. 문제는 부처간의 협력이다. 현재와 같은 사일로Silo화된 닫힌 거버넌스 구조에서 부처간 협력은 기대하기 어렵다. 지자체를 중심으로 혁신 생태계의 데이터를 개방 공유하는 새로운 거버넌스 구조가 필요하다. 기업 혁신 데이터는 개방정부의 원칙상 당연히 개방정보다. 극히 일부 민감한 개인정보는 익명화하면 된다. 지역의 혁신 지원 기관들은 지자체를 중심으로 데이터를 공유하고 협력하는 공유 플랫폼을 구축해야 한다.

    협력의 촉진은 적절한 동기부여로 지속가능해진다. 협력예산을 추가 배정하는 방안과 더불어 지역간 경쟁을 촉발하는 개방 포럼이 중요하다. 지금 중앙정부 주도로 지역혁신 협의체를 결성하고자 하고 있다. 중앙정부는 룰을 만들고 경쟁을 평가하는 역할에 주력해야 한다. 지역의 혁신 생태계의 데이터 공유 실적, 협력 사업의 성과, 기업 활동 지수의 평가 등을 바탕으로 정기적인 공개 포럼이 지역혁신 생태계 형성을 촉진시킬 것이다. 공개 포럼을 통하여 베스트 프랙티스를 벤치마킹하여 혁신을 확산하는 것이 지역혁신의 바른 길이다. 혁신성장을 위한 지역혁신 생태계의 구축은 중앙으로부터의 하향적 계획이 아니라 지역으로부터의 자율과 경쟁으로 비로소 가능하게 될 것이다.

디지털타임스 18-11-04

대전 혁신생태계가 주는 교훈

신뢰를 바탕으로 하는 생태계가 대전의 인적 자원을 바탕으로 형성된 것이다. 대전의 바이오 벤처 네트워크는 순수한 민간 차원의 네트워크로 발전해 가고 있다.

대전의 바이오 생태계가 본격화되고 있다. 수도권을 제외하고 처음으로 등장하는 제대로 된 혁신생태계다. 대전에는 여러 개의 바이오 기업들이 상장되고 있다. 성공 바이오 기업이 다시 연속기업가 serial entrepreneur로 돌아와 후배 기업들을 키우고 있다. 바이오보다 먼저 등장한 대전 IT생태계를 앞서가고 있다. 대전의 바이오 산업은 대한민국의 지역혁신 생태계의 귀감이 될 수 있다는 점에서 성공의 요소들을 분석해 볼 필요가 있을 것이다.

1997년 한국 벤처 태동기부터 대전에서는 대덕넷을 중심으로 벤처 네트워크가 등장했다. 이석봉 대덕넷 사장이 잘 나가는 언론사를 뛰쳐나와 독립투사와 같은 활동을 시작한 것이다. 당시 정부에서도 대덕 연구소를 기반으로 한 벤처 기업의 대거 등장을 기대하고 있었다. 대전에는 카이스트도 있고, 전자통신연구소를 비롯한 국책연구소와 LG 생명과학과 같은 민간 연구기관들이 즐비하게 포진하고 있었다. 그런데 정작 대전을 대표한 벤처 기업들은 가뭄에 콩나듯 했다. 모두들 기술만으로는 사업이 어렵고 시장을 바탕으로 한 수도권으로 가야 한다고들 했다.

기대를 모았던 대전의 바이오 벤처들은 한동안 고난의 행군을 하게 되었다. 그러면서 그들은 서로 설비와 지식을 공유하는 신뢰의 생태계를 구축하게 되었다. 대전에 있는 바이오 설비들은 모두가 공유할 수 있다는 것은 전세계 바이어들에게 강한 인상을 심어주게 되었다. 신뢰를 바탕으로 하는 생태계가 대전의 인적 자원을 바탕으로 형성된 것이다. 물론 인프라 구축 과정에는 정부의 연구개발 투자도 한 몫을 한 것은 무시할 수 없다. 그러나 대전의 바이오 벤처 네트워크는 현재 정부의 지원없이 순수한 민간 차원의 네트워크로 발전해 가고 있다.

이윽고 성공한 벤처들이 하나 둘씩 등장하기 시작했다. 중요한 것은 성공 벤처가 혼자만의 성공으로 머물지 않고 후배들을 키우는 연속 기업가로 등장한 것이다. 자신을 키워낸 토양에 대한 존중과 후배에 대한 믿음이 바탕에 깔려 있었다. 고난의 행군을 하면서 축적된 동지 의식이라 할 수도 있다. 카이트 재단의 김철환 대표, 블루포인트의 이용관 대표 등이 성공 벤처기업가로 축적된 내공을 바탕으로 후배들을 키우면서 대전 벤처 토양은 비옥해지기 시작했다. 혁신 생태계 지속가능성을 가늠하는 가장 중요한 요소는 바로 연속기업가의 등장이라고 해도 좋을 것이다.

아쉬운 점은 이러한 연속기업가들이 액셀러레이터를 설립하여 후배 양성을 하려는 선한 의도를 꺾어 버린 사건이 발생했다. 소셜 번역 벤처인 비키를 창업하여 일본의 라쿠텐에 매각한 후 더벤처스라는 액셀러레이터를 설립한 호창성 대표를 검찰이 막무가내로 구속 기소한 사태로 확산되던 한국의 연속기업가 붐이 순식간에 얼어붙고 말았던 것이다. 결국 최종 무죄로 판명되었으나, 이로인한 벤처 생태계의 피해는 궁극적으로 수조를 넘을 것으로 필자는 판단하고 있다. 이와 같은 문제에 대하여 검찰은 전혀 책임의식이 없다는 것이 한국의 불편한 현실이다.

이제 기술로도 성공벤처가 가능하다는 것은 대전의 바이오 벤처 생태계가 보여주었다. IT는 좀더 시장 지향적이라면 바이오는 좀 더 기술지향적이다. 대전의 비교 우위를 활용한 벤처 생태계 전략이 바이오 벤처다. 그러나 기술은 필요 조건이다. 초기 성공 사례가 필요하다. 여기에 모태 조직으로 역할을 한 것이 LG생명과학과 분당서울대 병원이라고 한다. 성공적인 벤처가 핵심역량을 배양할 모태조직의 역할을 LG생명과학이 수행한 것이다.

순수 바이오에 이어 카이스트에서는 의료기기 벤처 생태계가 형성되고 있다. 카이스트의 의과학연구소와 분당 서울대 병원이 모태조직이 된 것이다. 여기서 주목할 것은 대전을 벗어나 의료현장의 최첨단 수요를 접목할 병원과의 제휴다. 이는 오송과 대구와 같은 바이오와

의료 산업을 지향하는 지역의 귀감이 될 것이다. 남들을 추격하는 산업 전략은 이제는 실패로 가는 전략이다. 혁신적인 파괴적 기술을 새로운 수요와 결합하는 전략이 성공으로 가는 전략이다.

아직 대전의 혁신 생태계가 갈 길은 멀다. 연구소와 대학의 파괴적 기술이 아직 미흡하다. 90%가 넘는 연구개발 성공이 가져온 결과다. 실패를 지원하는 연구 체계가 너무나 시급하다. 대전 바이오 생태계의 민간 주도 성공 전략이 타 부문에도 확산되어야 한다. 지원은 하되 통제하지 않는 정부정책이 관건이다. 그리고 대기업과의 동반 글로벌화란 스케일업 전략이 더해져야 할 것이다. 창조경제혁신센터가 대기업과 벤처의 연결 창구가 되어야 하는 이유다.

디지털타임스 18-10-21

창조경제혁신센터는 소중하다

창조경제혁신센터의 가장 중요한 의미는 대기업과 벤처의 연결 고리에 있다. 전국의 스타트업 벤처들은 전국의 창조센터와 연결돼야 한다. 즉 온라인상에서 창조센터들은 공통 플랫폼을 구축해야 한다.

창조경제혁신센터는 소중하다. 지난 정권의 아이콘이던 창조경제혁신센터(이하 창조센터)는 현 정권에서 잊히고 있다. 그런데 대한민국 역사상 처음으로 대기업과 벤처를 연결한 창조센터의 역할은 아무리 강조해도 지나치지 않을 것이다. 국가의 혁신성장에서 전국 19개의 창조센터가 갖는 본질적 의미를 살펴보려는 이유다.

지난 정권의 창조센터는 지역혁신의 허브로 너무 많은 역할을 했다. 스타트업 육성을 중심으로 대기업과의 연계 등 각종 지역혁신 메카로 너무 많은 행사가 몰려들었다. 중소벤처에 관한 여러 부처의 지원정책은 창조센터를 거쳐갔다. 대기업들도 경쟁적으로 자원을 투입하고 특허청은 특허 지원을, 중소기업진흥공단은 각종 기업자문을 제공했다.

이 과정에서 기존 진흥기관들과의 마찰도 초래됐다. 창조센터와 유사하게 전국에 있는 테크노파크는 정권이 바뀌면 창조센터들이 사라질 것이라는 속마음을 내비치기도 했다. 스타트업을 육성하던 액셀러레이터와 보육센터들은 상대적 박탈감을 보이기도 했다. 그러나 제주·강원 등 벤처 창업이 낙후된 지역에서 창조센터의 스타트업 육성은 분명 긍정적인 효과가 더 많았던 것도 사실이다.

이제 정권이 바뀌면서 창조센터는 지원 부처도 미래창조과학부에서 중소벤처기업부로 이관됐다. 동시에 논리적으로 유사한 역할을 하던 테크노파크도 산업통상자원부에서 중기부로 이관됐다. 중기부는 두 개의 전국 조직의 역할 부여에 고심하고 창조센터는 스타트업을, 테크노파크는 스케일업Post BI·보육 후의 기업 지원을 담당하는 것으로 정리했다. 과연 적절한 역할인가.

창조센터의 가장 중요한 의미는 대기업과 벤처의 연결 고리에 있다.

대한민국의 성장을 이끌어온 대기업의 역할은 아무리 강조해도 지나치지 않다. 단, 대기업은 추격경제의 효율에는 적합하나 탈추격의 혁신에는 취약하다. 가장 혁신적이라는 구글조차도 대부분의 혁신은 인수합병M&A 등의 개방혁신으로 외부에서 취득했다. 벤처의 역할은 혁신에 있다. 그러나 시장과 결합하지 않은 혁신은 일자리 창출에 한계가 있다. 바로 대기업과 벤처의 연결을 담당할 대한민국의 유일무이한 조직이 창조센터라고 할 수 있다.

벤처기업은 스타트업 단계를 거쳐 스케일업 단계로 진화한다. 스타트업과 스케일업 모두 중요하다. 그런데 현 정부의 벤처정책은 지나치게 스타트업에 치중돼 있다. 중소기업진흥공단과 보증기금의 지원은 70% 이상이 스타트업에 편중돼 생태계를 교란시키고 있다. 조지 구즈먼 매사추세츠공과대MIT 교수의 연구2017년에 따르면 일자리 창출에 미치는 역할은 스케일업이 더 중요하다고 한다. 이제 벤처의 스케일업 과정에서 창조센터가 결정적인 역할을 해야 할 때가 됐다.

정리해보면 창조센터는 스타트업을 대기업과 개방혁신하는 역할이 다른 조직에서 제공할 수 없는 핵심 역량이 될 것이다. 스타트업 육성은 이제 지역의 액셀러레이터와 보육센터들이 할 수 있다. 테크노파크는 자원 배분을, 창조센터는 기업가적 혁신을 주도하면 된다. 창조센터들은 스타트업 생태계를 포괄하는 창구 역할을 해 대기업과 상호 윈윈이 되는 개방혁신을 주도하면 된다.

개방혁신의 대표적 사례가 M&A다. 상생형 M&A는 대한민국 산업 생태계의 빠진 연결 고리다. 미국 벤처 회수 시장의 90%는 M&A이고 기업공개IPO는 10% 수준에 불과하나 한국의 M&A는 3% 미만이다. 그 결과 창업이 미진하고 민간투자가 위축되고 대기업의 혁신이 부진하다. 대기업과 벤처는 상호 배타적 관계가 아니라 상호보완적 관계이고 창조센터가 연결 플랫폼이 되면 한국의 일자리는 급증할 것이다.

오프라인의 창조센터는 지역별·산업별로 제한돼 있다. 전국의 스타트업 벤처들은 전국의 창조센터와 연결돼야 한다. 즉 오프라인을 넘어 온라인상에서 창조센터들은 공통 플랫폼을 구축해야 한다. 창조센터는 다시 한국의 희망이다.

서울경제 18-11-07

대학들이 과연 혁신을 선도할 수 있는가

한국의 대학 주변에 벤처 생태계는 없다. 구로와 판교와 테헤란로 일대 벤처 집적지에도 대학은 없다. 대학과 혁신생태계의 거리만큼 한국의 혁신성장은 어렵다고 볼 수밖에 없다.

전세계 혁신생태계의 중심에는 대학이 자리하고 있다. 실리콘밸리는 스탠퍼드, 보스톤 생태계는 MIT를 중심으로 형성됐다. 대학의 기술이 기업가정신과 만나 혁신성장을 이룩한 실적을 보자. MIT와 스탠퍼드 졸업생 창업기업의 총 매출액은 각각 1조 9,000억 달러와 2조 7,000억 달러로 한국 전체의 140%와 180%에 달한다.

하지만 한국의 대학 주변에 벤처 생태계는 없다. 그리고 구로와 판교와 테헤란로 일대 벤처 집적지에도 대학은 없다. 대학과 혁신생태계의 거리만큼 한국의 혁신성장은 어렵다고 볼 수밖에 없다.

그런데 교육부의 'LINC+' 사업과 중소벤처기업부의 '창업선도대학', '창업보육센터' 사업 등 많은 국책사업들이 대학을 지원했다. 하지만 최근 조사에 의하면 혁신의 기여도에서 대학은 하위권에 머물고 있다.

자원 투입에 비해 저조한 대학의 혁신을 혁신하는 대안을 찾아야 할 때라는 결론에 다다른다.

혁신에 가장 중요한 요소는 단연 '기업가정신'이다. 기업가정신은 기회를 포착해 도전하는 혁신의 리더십이다. 기회를 제공하고 정직한 실패를 지원하면 기업가정신을 자라난다. 그런데 우리는 기회가 아니라 지원을 하고 실패 지원이 아니라 징벌을 하고 있다.

결국 청년들은 불확실한 혁신창업보다 안정된 공무원을 지망하게 됐다. 그렇다면 소는 누가 키울 것인가? 기업가정신에 기반해 대학을 구조조정해야 한다는 주장으로 귀결된다.

대학은 교육과 연구와 산학협력이라는 세 마리 토끼를 잡아야 한다. 이 세가지 목표는 기업가정신을 통해 서로 배타적인 관계에서 호혜적인 관계로 전환된다. 4차 산업혁명에서 반복되는 콘텐츠교육은 인공지능에 역할을 넘길 수밖에 없다. 미래의 협력과 창조의 컨텍스트context 교육은 사회와 연결되는 사회문제 해결형 프로젝트 교육Social Project Based Learning으로 가능해진다.

산학협력 교수들의 역할은 현장과 대학을 연결하는 데 있어야 한다. 교육부가 지원하는 LINC+ 대학들에는 패밀리기업이라는 협력기업들이 있다. 이들 기업의 문제를 산학협력에서 발굴하고 대학 교육에서 팀프로젝트로 풀면 산학협력과 교육은 융합된다.

산학협력을 위해 산업체와 기업체가 공동으로 작은 팀을 만드는

'U-I Duo University-Industry Duo'라는 작은 오솔길을 만들어 보자. 현재의 대부분의 대학에는 현장을 아는 교육역량이 태부족임을 인정하고 산업계 전문가를 겸직교수로 무보수 활용하자. 이들이 팀으로 대학교육에 임하면 실질적인 문제를 푸는 기업가정신 기반의 창조와 협력의 팀프로젝트 교육이 가능해질 것이다.

현장문제를 푸는 과정에서 대학의 창조적인 연구주제가 도출될 수 있다. 특히, 특허청의 '특허중심 연구 IP-R&D'는 적은 예산으로 중소벤처와 대학을 연결하는 적절한 연구방법이 될 수 있다.

문제는 많은 사회문제 해결에는 다학제간의 연구협력이 필요하다는 것이다. 그런데 대학의 현장에서는 옆의 연구실이 무엇을 하는지도 대부분 모르고 있다. 대안은 '대학의 가상화 virtual university'다. 각 연구실의 연구내용을 온라인에서 공유하면 협력비용은 대폭 절감될 것이다. 호주의 '넥타 Nectar'라는 실증 성공사례를 눈여겨 보라.

기업가정신 대학으로 진화하기 위해 대학의 자율성은 절대적이다. 이를 위해 교육부의 통제와 보호는 자율과 경쟁으로 전환돼야 한다. 그리고 대학 내부행정도 자율과 경쟁 체제로 분권화돼야 한다. 이 과정에서 일부 부작용은 학습비용으로 수용하는 아량이 필요하다.

헤럴드경제 18-11-28

대학 혁신 문제는
연결성이다

개별 교수와 연구실의 경쟁력이 아니라 연구실 간의 연결성에 따른 지식 공유 능력이 대학의 경쟁력이다. 산학협력으로 연구 혁신과 교육 혁신이 삼위일체로 융합되는 기업가정신 대학이 대학 혁신의 방향이다.

대학이 혁신 생태계의 주역이 돼야 한다. 너무나 당연한 명제다. 실리콘밸리·보스턴·이스라엘·베이징·싱가포르 등 전 세계의 벤처들은 대학을 중심으로 성장해왔다. 그런데 우리나라의 이른바 'SKY 대학' 주변에 스타트업들은 극히 미비하다. 4차 산업혁명의 혁신성장에 대학 혁신이 걸림돌이다. 대학 혁신의 'Why, What, How'를 살펴보려는 이유다.

첫 번째 질문은 왜why 대학 혁신인가다. 창조경제연구회KCERN의 혁신 생태계 조사에 따르면 대학의 혁신 기여 비중은 기업·금융·정부·민간지원에 이어 마지막이다. 지역 혁신의 저해 요소로는 금융에 이어 두 번째로 대학이 지목됐다. 그렇다고 대학에 대한 연구개발R&D 투자가 적은 것은 아니다. 한국산업기술진흥원KIAT에 따르면 대학 연구개발비는 60억 달러 규모로 세계 8위에 해당한다. 문제는 대학의 사업화 비율이 4.4%로 국가 전체의 20%와 기업의 47%에 비해 현격히 낮다는 데 있다. 이에 따라 대학 혁신 역량에 대한 질문을 하고자 한다.

문제는 대학의 혁신 역량 부족이다. 그 결과 대학 연구에 대한 민간 투자의 비중은 지난 2000~2013년 무려 27% 감소했고 지금도 지속적으로 감소하고 있다. 그리고 그 빈틈을 정부 연구비 지원으로 메꾸고 있어 대학 연구의 관료화가 확대되고 있다. 결론적으로 대학 연구에 많은 자원이 집중되고 있으나 실제로 혁신 기여는 미흡해 대학과 사회가 유리되고 있다는 것이 한국 혁신 생태계의 아픈 점이다. 문제는 산학협력이다.

부진의 늪에 빠져드는 산학협력의 문제는 대학인가, 산업계인가. 기업가는 사업 기회만 있다면 아프리카 오지도 누비고 다닌다. 산학협력 성과가 만족스러우면 정부가 하지 말라고 해도 기업은 대학을 찾아 혁신을 추구한다. 대학의 혁신 역량 부족이 문제의 원인이라는 점을 솔직히 인정해야 문제 해결로 가는 문이 열릴 것이다.

두 번째로 부족한 혁신 역량은 무엇인가what에 대한 질문을 해보자. '혁신은 연결'이라는 명제는 고故 스티브 잡스의 인용으로 사람들에게 각인된 바 있다. 한국 대학 혁신의 문제는 연결성 부족이다. 대학교수에 대한 높은 사회적 인식과 대우로 대한민국의 우수 인력들은 대학으로 몰려갔다. 당연히 대한민국 대학교수들의 개별적 역량은 결코 부족하지 않다는 의미다. 그런데 4차 산업혁명에서 혁신은 개별 역량이 아니라 연결 역량에 달려 있다. 지금 대학은 중세 유럽의 성과 같이 개별적인 성을 쌓고 학술지 논문에 매달리고 있다. 즉 대학 혁신에 부족한 점은 바로 대학 내 학제 간 융합과 산업계와의 연결성이다.

세 번째 질문은 연결성 문제 해결은 어떻게how 하느냐다. 학제 간 융합과 산업계의 개방혁신은 모든 대학이 내세우는 최우선 구호다. 그런데 거의 모든 지역의 설문조사에서 대학에 대한 기대를 접고 있다는 결과가 나타난다. 문제는 연결의 방법론이다. '하면 된다'는 정신으로 목표를 설정하면 이뤄지던 시대는 이미 지나갔다. 대학교수와 대학과 국가의 이해관계를 선순환시키는 비전이 필요하다. 글로벌 인재포럼 등의 주제는 한마디로 다학제 연구인데 대부분의 대학은 연결비용이 높은 오프라인 조직에서 연결을 공허하게 부르짖고 실제로 개별 교수들은 개별 연구에만 집중하고 있다.

이제는 개별 교수와 연구실의 경쟁력이 아니라 연구실 간의 연결성에 따른 지식 공유 능력이 대학의 경쟁력이다. 그 대안으로 클릭 한 번으로 다학제 연구를 시작할 수 있는 가상 대학virtual university을 제시한다. 연결비용이 한계비용 제로에 수렴하고 눈에 보이지 않는 보상은 블록체인으로 가능하고 기존의 지식을 공유해 더 큰 혁신을 만들어 나누는 구조가 대학 혁신의 방향이다.

산학협력으로 연구 혁신과 교육 혁신이 삼위일체로 융합되는 기업가정신 대학이 대학 혁신의 방향이다.

서울경제 19-01-30

벤처 생태계
민간주도 전환을

한국의 벤처생태계 전략은 한국의 벤처 발전사를 벤치마킹하는 것이 우선돼야 한다. 여기에 개인정보와 공공정보 그리고 클라우드 규제라는 4차 산업혁명 고속도로 개통이 더해져야 할 것이다.

성장과 고용의 주역은 벤처다. 대기업은 성장에는 기여하나 고용효과는 부정적이다. 소상공인은 고용에는 기여하나 성장 기여도는 미미하다. 결국 성장과 고용의 두 마리 토끼를 잡을 유일한 대안은 벤처 창업과 성장을 통한 국가 혁신에 달려 있다는 결론을 내리게 된다. 현 정부에서 야심 차게 중소벤처기업부를 출범시킨 이유일 것이다.

그런데 4차 산업혁명을 이끌 벤처의 스타트업과 스케일업 활성화 방법론에 대한 국가 전략은 아직도 미비하다. 한국은 미국 실리콘밸리, 이스라엘, 핀란드를 거쳐 이제 중국을 벤치마킹하고 있다. 그런데 혁신은 국가마다 다른 전략이 필요하다. 실리콘밸리는 전 세계는 물론 미국 내에서도 이식 성공사례가 없다. 이스라엘과 핀란드와 중국도 마찬가지다. 혁신의 본질에 입각한 국가별 전략 수립이 필요하다는 것이 핵심 시사점이다.

한국의 벤처생태계 전략은 다른 국가 벤치마킹 이전에 한국의 벤처 발전사를 벤치마킹하는 것이 우선돼야 한다. 이원재 요즈마그룹 한국지사장은 지난 2013년 언론 인터뷰에서 "믿기 어렵겠지만 10여년 전만 해도 이스라엘에서는 한국의 벤처 환경을 부러워했다. 당시 한국에서는 1만개가 넘는 벤처가 쏟아져 나왔다."고 말한 바 있다. 2000년 당시 한국의 벤처 창업은 연간 3,000개가 넘고 투자액은 3조원에 달했으며 코스닥 상장기업은 200개 규모였고 코스닥은 나스닥에 이은 세계 2위의 첨단 주식시장으로 등극했다.

세계 최초의 벤처기업특별법과 미국 외 최초의 코스닥을 발판으로 정부의 직접지원 없이 한국은 세계 최고의 벤처생태계를 구축해 이스라엘과 중국 등이 한국을 배우러 몰려왔다. 그런데 왜 지금 한국은 혁신적 일자리 창출이 미미한지 원인 분석을 통해 벤처 전략을 재정립해보자.

2000년 말 전 세계를 강타한 정보기술IT 버블 붕괴로 미국 나스닥과 유럽 노이에 등 첨단 주식시장이 폭락했다. 코스닥도 동일한 형태로 추락했다. 전 세계적인 현상을 한국 정부는 국내 문제로 오해해 '코스닥 통합, 벤처인증 전환, 주식옵션 보수화, 기술거래소 통폐합'이라는 4대 벤처 건전화 정책을 밀어붙였다. 코스닥 통합 이후 상장기간은 8년에서 14년으로 늘어나고 상장기업 수는 5분의1 수준으로 축소돼 벤처 투자의 회수시장 역할이 희석됐다.

벤처 인증이 기술인증에서 대출보증으로 전환되면서 고위험·고성장의 벤처에서 저위험·저성장의 벤처로 변질됐다. 주식옵션 회계기준 보수화로 우수인력의 벤처 유입통로가 차단됐다. 기술거래소 통폐합으로 중간회수 시장인 인수합병M&A 시장의 뿌리가 약화됐다. 그 결과 10년의 벤처 빙하기가 도래해 벤처 선진국 대한민국은 이제 벤처 후발국으로 전락했다.

2013년부터 시작된 벤처 르네상스 정책으로 부분적 지표는 개선됐다. 벤처투자는 2000년 수준을, 엔젤 투자는 절반 수준을 회복했다. 그러나 2000년의 벤처생태계는 회수시장 중심의 민간 생태계인데 현재는 정부 주도의 공급형 벤처생태계로 변모했다. 벤처캐피털은 코스닥 시장이 활성화되면 스스로 투자를 확대한다. 엔젤 투자자들은 M&A 시장이 커지면 알아서 투자한다.

그런데 현 정부는 공공투자자금 공급에 주력한 결과 전 세계에서 유례없는 과다한 공공 벤처투자 비율을 보이고 있다. 맥킨지도 동일한 진단을 한 바 있다. 한국의 벤처생태계는 공급 위주에서 순환 중심으로 패러다임을 전환해야 한다. 사전 연대보증에서 사후 징벌적 배상으로 과다한 창업 지원을 과소한 재도전 인프라로 전환해야 한다.

창조경제연구회KCERN가 주창해온 창업자 연대보증 해소와 기업가정신 의무교육 등 새로운 정책들은 수용됐으나 벤처 건전화 정책을 원상 복귀하는 결단은 아직도 미진하다. 우리의 성공을 벤치마킹하는 것이 현명한 정책 방향이다. 여기에 개인정보와 공공정보 그리고 클라우드 규제라는 4차 산업혁명 고속도로 개통이 더해져야 할 것이다.

서울경제 18-08-15

'회수시장' 키워야 혁신생태계 산다

4대 구간에 공통적인 문제는 과다한 정부 지원과 과소한 회수시장이다. 자금 지원보다 M&A 등 회수 시장의 활성화가 우선이다. 지원은 줄이고 시장을 키우자.

지난 한 달간 전국의 혁신 생태계를 돌아보았다. 해결할 문제가 많아도 너무 많았다. 현장에 도출된 문제의 일부를 우선 공유하고자 한다.

혁신 성장을 통한 일자리 창출은 혁신 현장에서 비롯된다. 필자는 혁신 생태계를 4개의 구간으로 나누고 있다. 아이디어가 기술과 특허가 되는 악마의 강이라는 연구개발 구간, 기술이 제품과 서비스가 되는 죽음의 계곡이라는 스타트업 구간, 제품이 치열한 시장 경쟁을 극복해 가는 다윈의 바다 그리고 실패 기업인이 재도전하는 재도전의 사막이다. 이러한 4대 구간의 문제를 살펴보고자 한다.

#1 악마의 강 아이디어가 기술과 특허가 되는 악마의 강은 연구개발의 경쟁력을 의미한다. 한국은 GDP 대비 연구개발비가 세계 최대

인 동시에 국가 연구비 투입도 세계 1위다. 연구개발의 성공률은 무려 95%라는 세계 기록을 자랑(?)하고 있다. 그런데 막상 연구의 사업 이전율은 주요 국가의 절반 이하인 20% 수준이고 실제 회수는 4% 수준에 불과하다. 문제는 바로 도전적 연구의 부족이고 이유는 실패에 대한 과도한 징벌이다. 연구 실패로 판정받은 책임자는 다음 연구를 맡을 수 없다. 결국 시쳇말로 '쌀로 밥하는 연구', 즉 성공이 보장되는 연구를 한 결과, 매력없는 기술이 되어 기업에서 외면당한다. 추격형 연구는 성공이 우선이나, 도전적 탈 추격연구는 실패를 통하여 발전한다. 경쟁과 중복이 허용되고 연구자들을 옥죄는 경직된 관리가 혁신되어야 한다.

#2 죽음의 계곡 기술이 제품과 서비스가 되는 죽음이 계곡은 스타트업의 영역이다. 스타트업은 대학과 기업에서 출현한다. 미국을 비롯한 주요 국가의 경우 스타트업의 90%는 대학발이 아니라 기업발이다. 한국도 마찬가지인데, 스타트업 지원은 대학에 편중되어 있다. 그런데 막상 대학 교육은 기업가정신을 북돋는 현장 문제 해결형 교육이 극히 미비하다. 학생들은 실패의 위험이 도사리고 있는 창업보다 노후가 보장되는 공무원을 선호하고 있다. 연구원과 교수들은 새로운 도전보다 현실에 안주하고 있다. 그런데 3년 이내 창업 기업 지원 정책은 한국이 단연 세계 최고인데, 정작 창업 행사에 청년들을 모으기 어렵고, 보육센터들도 기업 유치가 걱정인 것이 불편한 현실이다. 이러한 현상은 현장의 이해가 부족한 상태에서 질 낮은 지원정책을 양산한 결과다.

2000년 한국이 세계 최고의 벤처 대국이 되는 과정에서 정부의 정책 자금 지원은 지금의 5% 미만이었음을 상기하자.

#3 다윈의 바다 제품과 서비스가 시장을 만나야 비로소 일자리가 창출된다. MIT의 구즈만 교수를 비롯한 숱한 연구는 일자리 창출의 원천은 스타트업이 아니라 스케일업임을 밝히고 있다. 그런데 70% 비중이었던 스케일업 지원은 이제 30%로 축소되었다. 정책 지원이 스타트업에 집중되어 낭비를 초래하는 동시에 스케일업은 기존 보증을 회수하면서 난관에 봉착하고 있다. 스타트업과 스케일업의 균형있는 정책이 필요한 이유다. 스케일업은 궁극적으로 글로벌 시장으로 가야 한다. 글로벌 시장은 벤처기업의 단독 진출보다 대기업과 천억 벤처들과의 개방협력 진출이 바람직하다. 스케일업의 꽃은 M&A다. 벤처의 혁신과 대기업의 효율이 결합하여 더 많은 일자리과 혁신을 촉발하게 된다. 벤처는 시장을 얻고, 투자가는 이익을 회수하고 대기업은 혁신을 획득한다. 미국 벤처 회수의 90%는 나스닥이 아니라 M&A인데 한국은 그 비중이 4% 수준이다. 한국 혁신성장의 '끊어진 연결고리'가 바로 M&A다.

#4 재도전의 사막 실패 기업인의 재도전은 혁신 생태계의 선순환 촉매다. KCERN의 설문 조사에 의하면 3%였던 청년 창업의지가 재도전이 보장될 경우 20%로 증가했다. 청년 창업의 핵심은 청년 수당 등 창업지원이 아니라 정직한 실패기업인의 재도전 보장이다.

4대 구간에 공통적인 문제는 과다한 정부 지원과 과소한 회수시장이다. 자금 지원보다 M&A 등 회수 시장의 활성화가 우선이다. 정부 지원은 규제를 동반해 결국 기업가정신을 약화시킨다. 2000년 대한민국이 이룩한 벤처대국은 지원이 아니라 코스닥이라는 회수 시장과 벤처기업특별법이라는 인프라 구축으로 이룩되었음을 상기하자. 지원은 줄이고 시장을 키우자.

문제는 과도한 지원 정책이 복잡한 이해관계 하에 뒤얽혀 있다는 것이다. 개별 지원에서 혁신 생태계의 인프라 구축으로 전환돼야 한다. 오픈소스, 클라우드, 설비 공유가 혁신의 3대 인프라다. 마지막으로 혁신성장을 위하여 정부에서 민간으로 중앙에서 지방으로 패러다임 전환을 촉구한다.

디지털타임스 18-11-18

기술거래 시장이 없으면 '에디슨'도 없다

거래시장의 활성화와 지식재산의 강력한 보호가 외부기술의 도입을 이끄는 쌍두마차가 되어, 기술의 융합과 혁신을 통해 다가오는 4차 산업혁명을 우리나라가 선도해 나가기를 기대해 본다.

발명가 에디슨. 그의 이름을 들으면 어떤 이미지가 떠오르는가? 병아리를 부화시키기 위해 달걀을 끈질기게 품었다는 일화 때문에, 연구실에서 두문불출하며 자신의 발명에만 매달리는 괴짜를 떠올리는 사람들이 많다. 하지만 에디슨은 이런 '괴짜 발명가'가 아니라 '혁신형 기업가'였다.

백열전구 사례가 이를 보여준다. 오래 지속가능한 전구는 당대 발명가들의 큰 관심사였다.

실패를 거듭하던 에디슨은 영국의 과학자 스완이 진공 구와 탄소 필라멘트를 사용해 수 분 동안 지속되는 전구를 발명했다는 사실을 알고, 스완의 특허권을 사들여 자신의 전구를 개량해 갔다. 마침내 에디슨은 700시간 이상 지속되는 전구를 발명했고, 인류는 깜깜한 어둠에서 해방될 수 있었다. 다른 발명품인 축음기도 그렇다. 에디슨의 축음기는 그와 상당히 유사했던 샤를 크로스의 발명품 '팔레오폰'을 개량한 것이다. 에디슨은 팔레오폰에 전화기의 진동판을 결합하여 소리의 미세한 떨림을 정확하게 기록할 수 있게 함으로써 대성공을 거뒀다. 이렇듯 에디슨은 실험실에서 혼자만의 연구에 몰두하는 발명가는 아니었다. 항상 외부 기술을 주시하고, 이를 자신의 발명과 융합해 새로운 가치를 창조하는 기업가였던 것이다.

19세기 에디슨의 성공 비결이었던 `외부기술 도입`은 하루가 다르게 신기술이 출현하고 이종분야 간의 융합이 일어나는 요즘에는 선택이 아닌 필수가 되었다.

하지만 특허청이 발표한 '2018년도 지식재산활동 실태조사'에 따르면, 국내 기업 중 외부의 지식재산을 구매나 인수·합병M&A 등의 방법으로 도입한 기업은 14%에 불과하다. 미국과 유럽 기업의 78%가 신사업의 창출을 위해 외부기술을 적극 도입하고 있지만, 국내 기업 대부분은 외부기술 도입을 위한 기술거래에 소극적인 이유는 뭘까.

우선, 우리나라의 거래시장이 열악하기 때문이다. 기업과 연구기관은 기술거래 시 가장 큰 어려움으로 수요·공급처의 발굴을 꼽고 있지만, 우리나라에는 우수한 기술거래 전문기관이 부족한 실정이다. 게다가 전체 기술거래기관 수의 8분의 1에 불과한 공공기관이 거래실적의 80% 이상을 차지하는 기형적 시장구조로 인해, 민간기술거래기관은 역량을 키울 기회조차 갖지 못하고 있다.

독일의 슈타인바이스Steinbeis Foundation의 기술 이전 모델이 이를 해결하기 위한 한 가지 방법이 될 수 있을 것이다. 정부가 민간 기술거래기관에 공공 브랜드의 사용을 허가하고, 해당 민간기관의 거래수요 발굴부터 계약까지 거래 전 과정을 지원하는 방법이다. 이 모델을 활용하면 민간 기술거래기관의 약점이었던 신뢰성을 보완하고, 민간·공공기관의 역할 분담 및 노하우 공유를 통해 서로의 지식재산 거래역량을 키워 기술거래시장도 활성화될 것이다.

기술거래를 막는 또 하나의 걸림돌은 미흡한 특허보호 수준이다. 미국은 특허 침해자에 대해 재기가 불가능할 정도의 배상금을 물린다. 특허침해 소송의 손해배상액은 국내총생산GDP 차이를 고려하더라도 우리나라의 9배에 이른다. 이런 강력한 제재로 인해 미국에서는 큰돈을 주고서라도 필요한 기술의 특허권을 구매하는 문화가 일찍이 자리 잡을 수 있었다. 에디슨이 스완의 전구를 베끼는 대신 특허권의 매입을 택한 이유도 이런 맥락일 것이다.

다행히 우리나라에도 올해 7월부터 특허 손해액의 3배까지 배상하는 징벌적 손해배상제도가 시행된다. 이에 그치지 않고 직접적 피해액뿐만 아니라 침해자의 이익도 환수하는 등 특허침해에 대한 배상액을 더욱 현실화해 나가야 할 것이다. 지식재산에 대한 강력한 보호체계가 구축될 때 혁신적인 기술개발이 촉진되고, 지식재산이 시장에서 제값을 받을 수 있어 기술 이전과 거래도 활성화되기 때문이다.

    거래시장의 활성화와 지식재산의 강력한 보호가 외부기술의 도입을 이끄는 쌍두마차가 되어, 기술의 융합과 혁신을 통해 다가오는 4차 산업혁명을 우리나라가 선도해 나가기를 기대해 본다.

매일경제 19-06-10

스케일업과 유니콘 전략

한국의 스케일업과 유니콘 정책의 대안은 규제개혁과 흥 산업 전략이다. 대한민국 미래 먹거리의 주역은 기업이고, 정부의 역할은 기업의 혁신을 뒷받침하는 규제개혁과 테스트베드 제공과 같은 제도개혁에 있다.

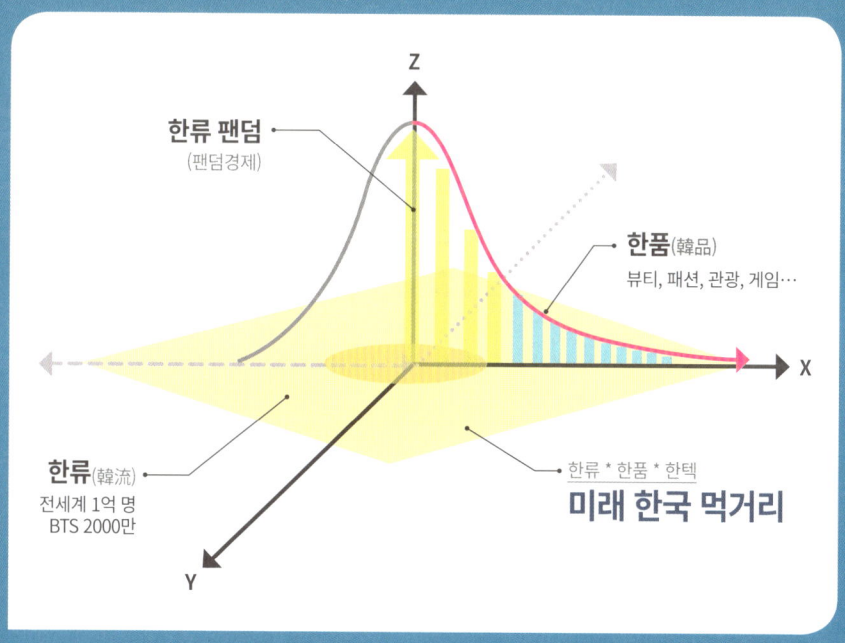

〈미래 한국의 먹거리는 한류가 이끄는 플랫폼에 있다〉

과도한 스타트업 지원을
우려한다

스타트업은 중요하나 전부가 아니다. 스타트업 벤처가 국가 성장과 일자리를 창출하지는 못한다. 스타트업 벤처가 스케일업 벤처라는 성장 과정을 거쳐 일자리를 창출한다.

    지나친 것은 모자란 것보다 못하다. 작금의 스타트업 지원도 예외가 아니다. 스타트업은 벤처생태계의 출발점으로 소중한 역할을 담당하고 있다. 그러나 스타트업 벤처가 국가 성장과 일자리를 창출하지는 못한다. 스타트업 벤처가 스케일업 벤처라는 성장 과정을 거쳐 일자리를 창출한다. 스타트업은 스케일업을 거쳐 글로벌 벤처로 성장해 국가 경쟁력을 제고한다. 그리고 성공한 벤처가 다시 후배 벤처를 양성하는 연속 벤처serial entrepreneur가 돼 벤처생태계를 비옥하게 하는 역할을 하게 된다. 모든 세상이 적절한 균형을 이뤄 선순환될 때 진정한 발전을 이룬다는 것은 자명하지 않은가.

    우선 스타트업과 스케일업 벤처라는 용어의 혼선부터 정리해보자. 한국의 스타트업 벤처는 3년 이내의 신생 소규모 기업을 의미한다. 위키백과는 스타트업을 설립한 지 오래되지 않은 신생 벤처기업으로 차별화된 역량을 가진 기업이라고 지칭한다. 스케일업 벤처는 지난 2009년 경제협력개발기구OECD가 소개한 고성장 벤처 기업들을 영국의 세리 쿠투가 스케일업이라는 이름을 붙이면서 일반화됐다. 미국 카우프만재단2010년에 따르면 5%를 차지하는 고성장기업이 신규 일자리의 3분의2를 만들어낸다고 한다.

스타트업은 혁신을, 스케일업은 효율을 담당한다. 스타트업은 차별화된 역량으로 혁신하는 과정이고 스케일업은 시장에서 혁신이 합리적 혁신으로 평가받는 과정이라고 프리드리히 하이에크는 주장한 바 있다. 혁신은 질이고 효율은 양이다. 국가의 성장에는 질의 혁신과 양의 효율 모두 중요하다.

대니얼 아이젠버그 교수는 "창업 결과에 매달리다 보면 기업의 숫자에 연연하는 경우가 생기게 되는데 많을수록 좋다는 생각은 상당한 부작용을 낳게 된다."고 경고하며 "선진국들의 스타트업 생태계를 조사해보면 창업이 많아질수록 생태계 환경에 부정적 영향을 미친다는 조사 결과가 많다는 것을 알 수 있다. 만약 스타트업을 지원하는 정책이 이미 수립돼 있다면 초점을 스타트업보다 스케일업에 맞춰야 한다."고 강조했다. MIT의 구즈만 교수도 2017년 창업의 혁신보다 시장의 효율이 국가 성장을 좌우하는 변수임을 지적한 바 있다.

이들의 주장이 기술을 제품과 서비스로 만들기 위해 '죽음의 계곡'을 건너는 스타트업 혁신의 중요성을 부정하는 것은 아니다. 그러나 혁신이 치열한 시장 경쟁을 통해 고객과 접목되는 '다윈의 바다'를 건너는 스케일업의 중요성을 간과하지 말라는 것이다. 벤처생태계 전체를 조망한 균형 있는 국가 정책이 중요하다는 의미다.

그렇다면 현재 정책현황을 살펴보자. 신용보증기금·기술신용보증기금과 지역신보를 합쳐 국가 총보증 규모는 80조 원 대에서 90조 원 대로 증가했다. 그런데 과거 30%에 불과했던 보증기관들의 스타트업 보증 비율이 현재 70%에 육박하고 있다. 전체 파이는 10% 미만 증가했는데 기존 기업의 비중은 절반으로 줄었다.

간단히 계산해도 스타트업 단계를 벗어난 기업들의 보증은 급격히 축소되었음을 알 수 있다. 중소기업의 보증 축소는 기업 의지를 꺾고 더 나아가 존폐 위기로 몰아넣는 결과를 초래하고 있다. 일자리 정부에서 일자리가 줄어든 또 다른 원인은 정작 일자리를 만드는 기업의 자원을 아직 일자리를 만들지 못하는 스타트업으로 이동시킨 데 있다.

산업정책의 미학은 균형과 조화에 있다. 복잡한 산업생태계에서 톱다운 방식의 행정이 위험한 이유는 미국 옐로스톤 국립공원의 늑대 사례가 입증한다. 스타트업은 중요하나 전부가 아니다. 과도한 스타트업 지원은 일부 창업기업들의 기업가정신을 앗아가고 있다. 지원에는 규제가 따르고 경직되고 불합리한 규제에 순응하면서 기업인들은 길들여진다. 스타트업을 개별 지원하지 말고 창업 플랫폼을 공유하고 도전하게 하고 정직한 실패를 지원하라. 그리고 스타트업·스케일업과 글로벌화의 균형을 잡아라.

서울경제 18-11-21

시장 중심의
스케일업 전략

스타트업이 새로운 기술혁신의 역할을 한다면 스케일업은 시장 확산의 역할을 한다. 시장 중심의 스케일업 전략으로 진정한 혁신성장과 일자리 창출에 도전해보자.

스타트업이 새로운 기술혁신의 역할을 한다면 스케일업은 시장 확산의 역할을 한다. 실질적으로 매출 성장과 일자리 창출은 스케일업 벤처에서 발생하고 있다. 이제 과도한 스타트업 제도들을 축소하고 과소한 스케일업 정책을 보완하는 대안을 강구해야 하는 이유다.

우선 스타트업이든 스케일업이든 너무 많은 지원은 기업가정신을 북돋우는 것이 아니라 위축시키는 역할을 하게 된다는 지적부터 하고자 한다. 불확실한 기회에 도전하는 기업을 과다 지원하는 것은 아이들을 과보호하는 것과 같이 의존적 나약함을 키우기 때문이다.

개별 지원을 하기보다 공통 플랫폼을 구축해야 한다. 개별 지원은 시장 실패 영역에 한해 한시적으로 제공돼야 한다. 일단 시장에 진입한 스케일업 기업에 스타트업과 유사한 개별 직접 지원 정책은 자칫 독약이 될 우려가 크므로 반드시 시장 중심의 정책으로 수렴돼야 할 것이다.

현재 스케일업 기업들 대상의 설문조사에서 가장 중요한 제도는 단연 보증 제도로 나타난다. 한국 금융의 후진성으로 중소벤처기업에 대한 민간 신용대출이 미비한 결과다. 민간 대출 후진성의 원인은 기업 데이터를 활용할 수 없도록 하는 데이터 규제에 있다. 장기적으로는 데이터 공개를 통한 민간 금융 활성화를 촉진하되 단기적으로는 스타트업 지원으로 급격히 위축된 스케일업 기업들의 보증 한도를 회복하는 것이 급선무다. 가장 쉬운 방법은 90조 원의 보증 한도를 높이는 것이나 이는 시장 중심의 원칙에 위배된다는 점에서 초단기 대책이 돼야 할 것이다.

우선 창업 5~7년이 넘은 스케일업 기업들의 부도 확률은 창업 초기에 비해 현격히 낮아진다는 점에 주목해야 한다. 일정 보증 한도 이상의 경우에는 업종별·업력별 빅데이터 분석을 통한 예상 부도 확률과 같거나 높은 보증료를 받는 시장보증료 제도를 검토해보자. 제대로 운영되면 보증기관들의 순손실은 없게 되므로 재정 지원을 받지 않아도 된다. 예를 들어 기업들은 지금의 2배인 3%의 보증료를 내더라도 사채시장보다는 월등한 양질의 금융을 조달할 수 있게 된다. 예컨대 30억 원 이상의 보증의 경우에는 시장보증료라는 보증의 시장화를 시도해보자.

개별 중소벤처의 부도 확률을 예측하기 어려우면 여러 기업을 묶어 예측 편차를 줄이는 대안을 강구할 필요가 있다. 소위 프라이머리 CBO P-CBO라는 개념이다. 여기에 투자 개념을 도입해 보증 기관들에 보증료 외에 상장과 인수합병M&A이라는 기업 성과를 공유할 수 있게 해보자. 스케일업 기업들은 M&A와 기업공개IPO라는 투자 회수가 스타트업에 비해 훨씬 가능성이 높기 때문이다.

스케일업 기업의 관건은 국내외 시장 진입이다. 시장 진입 단계에서 지방자치단체의 테스트베드 제공이 기술보다 중요하다. 특히 글로벌 시장 진입을 위한 선도 기업과의 협력의 중요성은 아무리 강조해도 지나치지 않을 것이다. 대기업 및 중견벤처와의 개방 협력이 중요하다. 전문상사 제도를 잘 활용해야 하는 이유다.

가장 중요한 제도는 M&A를 포함한 대기업과의 개방혁신이다. 기술이전, 공동 개발과 M&A 같은 다양한 개방혁신은 대기업의 시장과 벤처의 혁신을 연결한다. 한국 혁신 생태계의 최대 걸림돌은 바로 M&A 부진이다. 이를 위한 강력한 대안이 창조경제혁신센터다. 대한민국 역사상 대기업과 벤처를 연결하는 최초이자 유일한 조직이다. 창조경제혁신센터가 전국적으로 연결돼 M&A를 포함한 개방혁신 플랫폼이 되는 것이 한국 경제의 구원 투수가 될 것이다.

마지막으로 스케일업 기업의 사례 전파 확산, 생태계 참여 촉진을 위해 시장 인재 자원 금융을 최적화하는 플랫폼 역할을 할 스케일러레이터를 시도해보자. 미국의 대니얼 아이젠버그 교수가 덴마크 유틀란트와 콜롬비아 등에서 추진하고 있다.

이제 시장 중심의 스케일업 전략으로 진정한 혁신성장과 일자리 창출에 도전해보자.

서울경제 18-11-28

한국형 유니콘
육성 전략

한국의 유니콘과 유니콘 후보들은 기득권이 없는 O2O 플랫폼과 즐거움 분야로 집약된다. 규제개혁과 흥 산업 전략이 유니콘 강국으로 가는 지름길이라고 본다.

대한민국의 새로운 유행어가 '유니콘기업가치가 10억 달러 이상인 창업 10년 이하 비상장기업'이 됐다. 과거 '가젤기업'이나 '히든챔피언'처럼 단어의 오남용을 우려할 정도다. 정책 당국자들도 유니콘 육성을 정책 목표로 설정하기 시작했다. 유니콘의 본질은 무엇이고 유니콘의 성장 조건은 무엇인가, 그리고 과연 어떤 유니콘이 한국의 대안인가.

이미 알려진 바와 같이 유니콘은 뿔이 하나인 전설 속의 동물이다. 2013년 미국 카우보이 벤처스의 여성 벤처캐피털 리스트인 에일린 리Aileen Lee가 기업가치 10억 달러가 넘는 비상장 벤처기업을 유니콘이라 명명한 것은 당시에는 전설 속의 동물과 같이 보기 드문 기업이었기 때문이다. 실제로 2009년 3월 블룸에너지Bloomenergy 등장 이후 반클Vancl이 등장한 것은 무려 20개월 후인 2010년 11월이었다.

그런데 2011년 4월 팔란티어Palantir 등장 이후 분기에 하나 이상으로 급증하고 2012년에는 한 달에 하나 이상 등장하더니, 2014년부터는 한 주당 하나 이상으로 폭증했다. 불과 5년 만에 유니콘의 등장 속도가 100배 이상으로 증가한 것이다. CB인사이트는 지난해에 110개의 유니콘이 추가돼 전 세계 유니콘은 한국의 6개를 포함, 309개가 됐다고 발표했다. 이들은 포춘 500대 기업이 20년 걸려 이룬 기업가치 1조원을 평균 6년 만에 달성하는 놀라운 성장 속도를 보여줬다.

왜 2012년 이후 유니콘이 폭증하고 있는가를 질문해 보자. 시계열적으로 유니콘의 등장 시기는 4차 산업혁명의 파괴적 혁신 기술의 등장 시기와 연동돼 있다. 2008년 아이폰을 필두로 스마트폰이 클라우드·사물인터넷과 더불어 O2O Online to Offline 융합의 새로운 블루오션 세상을 열어, 2012년 유니콘의 1차 붐을 주도하기 시작했다. 2010년 인공지능 기술이 처음으로 고양이와 개를 구별한 후 혁명적 진화를 거듭한 결과 O2O 융합의 가치창출이 급증해 2014년 2차 유니콘 붐을 뒤받침했다. 4차 산업혁명의 파괴적 기술이 유니콘이란 새로운 기업군을 탄생시킨 것이다.

유니콘 기업의 70%는 O2O 융합 기업이다. 4차 산업혁명으로 불과 10년 만에 미국 10대 기업 중 O2O 플랫폼 기업의 비중이 10%에서 70%로 증가했다. 이는 유니콘 현상과 동일한 DNA를 가진 4차 산업혁명의 쌍둥이 심볼이다. 아직도 4차 산업혁명은 실체가 없다고 주장하는 분들에게 10년도 걸리지 않아 이뤄진 거대 기업과 유니콘 기업의 혁명적 변화를 O2O 융합 이외에 다른 요인으로 설명하라고 묻고 싶다.

1, 2차 산업혁명은 오프라인 혁명이고, 3차 산업혁명은 온라인 혁명이었다. 4차 산업혁명은 단순한 기술의 융합이 아니라 오프라인과 온라인 세상의 융합인 O2O 혁명으로 필자는 정의한다. 4차 산업혁명은 현실과 가상의 융합에 필요한 디지털화와 아날로그화의 양방향 기술이 인공지능과 더불어 발전하며 구현되고 있다. 이제 O2O 융합 경제는 공유경제라는 이름으로 2030년 세계 경제의 50%를 차지할 것으로 전망되고 있다. 일자리와 산업의 절반이 창조적 파괴된다는 것을 의미한다. O2O 융합의 블루오션에서 초연결의 에너지가 기업의 성장을 가속화하는 유니콘을 등장시킨 것이다. 유니콘의 본질적 의미는 4차 산업혁명의 올바른 개념 이해에서 정립될 것이다.

한편, 국가별로 유니콘의 활약상을 살펴보자. 309개의 유니콘의 절반인 151개가 미국 기업이고, 나머지의 절반 이상인 82개가 중국 기업이다. 그리고 영국 기업 16개, 인도 13개 독일과 한국이 6개다. 한국의 유니콘 6개는 한국의 경제 규모가 세계의 1.2%라는 점에서 생각만큼 적지는 않다. 그러나 글로벌 유니콘의 70%가 한국에서는 불법일 수 있다는 점을 고려하면 6개 유니콘의 두 배 이상의 유니콘의 등장 기회를 한국의 제도가 가로막았다고 보아야 할 것이다.

유니콘 4대 천왕인 미국·중국·영국·인도의 공통점을 분석하면 유니콘 육성 전략의 핵심 시사점을 도출할 수 있다. 이들 국가는 ▶거대 시장 ▶네거티브 규제 국가 라는 공통 요소를 가지고 글로벌 벤처투자가들을 끌어들이고 있다. 거대 시장과 네거티브 규제 문제 극복이 대한민국 유니콘 전략의 화두다. 여기서 거대 시장은 우리의 희망이나, 노력한다고 얻어지는 것은 아니다. 규제 문제는 다르다. 우리가 하기 나름이다. 그래서 정부의 유니콘 전략은 규제개혁과 테스트베드 제공에 집중해야 한다. 정부가 직접 유니콘을 육성한다는 정책은 또 다른 규제를 낳고 자원 왜곡을 초래하고 기업가정신을 위축시킬 수 있다.

한국의 규제개혁 문제를 들여다보자. 4차 산업혁명의 본질인 O2O 융합을 가로막는 데이터와 클라우드 규제가 금융·의료 분야의 이해관계와 더해져 유니콘 탄생을 가로막고 있다. 개인정보의 안전한 활용, 공공 데이터 개방과 클라우드 규제를 돌파하기 위해 벤처인과 과학자들은 지난해 1월 '데이터 쇄국주의 타파' 운동을 전개했다. 그 결과 지난해 8월 31일 대통령의 '데이터 고속도로' 선언을 이끌어냈다. 여기에는 국회 4차 산업혁명 특위의 규제개혁 보고서가 이론적 기반으로 역할한 바 있다. 그에 따라 개인정보보호법과 클라우드 특별법 개정안이 국회에 제출됐다. 물론 아직 법 통과와 세부 시행령 마련 등 갈 길은 멀지만 큰 물꼬는 튼 것이다.

4차 산업혁명은 ▶데이터화 ▶정보화 ▶지능화 ▶스마트화라는 4 단

게로 구현된다는 것이 다양한 유니콘을 분석한 결론이다. 유니콘 탄생에 필요한 데이터화와 정보화는 지난해 창조경제연구회의 '데이터 쇄국주의 타파' 운동으로, 늦었지만 비정상의 정상화의 길로 들어서게 됐다. 지능화에 필요한 100만 현장 인력 양성은 미진하나, 규제 샌드박스 등 규제개혁 4법의 통과로 가능성을 열고 있다. 이제 문제는 마지막 스마트화 단계의 규제로 집약된다.

스마트화 단계는 O2O 융합 신사업의 시장 진입이 관건이다. 새로운 융합 기술의 품목 허가 규제는 규제 샌드박스로 우선 돌파할 수 있다. 그러나 기득권의 지대地代 추구를 제어하지 못해 마지막 진입 규제에서 카풀과 원격의료 등 분야의 핵심 유니콘이 고사하고 있다. 소비자 후생 증대를 최우선으로 삼는 공유경제의 원칙 정립이 유니콘 육성의 첫번째 시금석이다. 고부가 산업이 저부가 산업을 창조적으로 파괴하면서 발전을 이룬다는 것은 역사의 교훈이다. 공급자 간의 공정한 경쟁의 심판은 소비자인 시민이 돼야 하는데, 한국은 정부가 공급자 간의 협상을 강제한 결과 파행으로 가고 있다. 시민들의 표 집결 능력이 조직화된 공급자보다 취약하다는 것이 근본적인 문제다. 스마트폰 기반의 리빙랩으로 시민의 힘을 집결해 기득권의 진입장벽을 돌파하는 것이 유니콘 확산의 인프라다.

한국의 유니콘과 유니콘 후보들은 기득권이 없는 O2O 플랫폼쿠팡·옐로모바일·배달의 민족·비바리퍼블리카·야놀자·다방·쏘카과 즐거움엘앤피코스메틱·크래프톤·

스마일게이트·빅히트엔터테인먼트 분야로 집약된다. 한국 유니콘의 특이점은 공유차량 · 원격의료 · 공유숙박 등과 O2O 플랫폼 분야의 제약과 K-뷰티와 K-팝, K-게임 등 한국 홍 산업의 약진이라는 것이다. 규제개혁과 홍 산업 전략이 유니콘 강국으로 가는 지름길이라고 본다.

중앙이코노미스트 19-03-11

한국 유니콘의
공통분모와 교훈

한한국 유니콘의 공통 분모는 ① 실패를 바탕으로 기회 포착, ② 귀인과의 만남, ③ 위기 대처 능력, ④ 글로벌 벤처 투자, ⑤ 착한 리더십이다.

한국은 O2O 융합 영역의 강력한 포지티브 규제에도 글로벌 5위의 유니콘 강국으로 등장했다. 바람직한 미래 유니콘 정책을 위해 현 유니콘 기업들의 공통분모를 개별 인터뷰를 통해 다섯 가지로 정리해봤다.

첫 번째, 실패로 획득한 도메인 지식을 바탕으로 기회를 포착했다. 장병규 크래프톤 의장은 '배틀그라운드'의 성공 전까지 많은 실패를 거듭하면서 게임 산업의 본질을 봤다. 그리고 서바이벌 게임이라는 새로운 게임 영역에서 최초의 본격적 제품인 '배틀그라운드'를 출시하게 된 것이다. 권오섭 엘앤피코스메틱 회장은 프랜차이즈를 포함한 화장품 산업에서 실패를 거듭했다. 그런데 당시 끼워 파는 곁다리 품목인 마스크팩의 고급화에서 새로운 기회를 포착해 붙이는 고가 화장품 영역을 최초로 본격적으로 개척한 것이다. 김봉진 우아한형제들 배달의민족대표는 네오위즈라는 모태 기업의 경험을 바탕으로 사업 감각을 키워 전단지 사업의 온라인화 기회를 포착했다. 모두 직접 혹은 간접적인 실패 경험으로 획득한 도메인 지식을 바탕으로 새로운 기회를 포착했다는 공통점이 도출되는 것이다. 실패를 지원하고 공유하라는 것이 유니콘 정책의 첫째 교훈이다.

두 번째, 성공으로 가는 길목에서 귀인을 만났다. 모든 산업에는 그 분야의 '이너서클'이 존재한다. 이너서클에 들어갈 수 있는 귀인을 만나는 것은 행운에 가까울 정도로 쉽지 않은 일이다. 장 의장은 미국 시장에 들어가는 데 리처드 개리엇을 만난 것이 행운이었다. 김 대표는 장 의장과 네오위즈에서의 인연으로 초기 창업에 큰 도움을 받게 된다. 권 회장은 중국의 레전드 투자를 한국 최초로 받게 되면서 탄탄한 중국 시장 네트워크를 구축하게 됐다. 꿈과 끼와 깡이 창업의 핵심이라면 귀인이라는 끈이 성장의 핵심이라는 공통분모가 도출되는 것이다. 청년들에게 글로벌 네트워크 형성의 기회를 제공하는 정책이 필요하다.

세 번째, 위기 대처 능력이 탁월했다. 모든 유니콘의 성공 과정은 결코 탄탄대로가 아니다. 계곡과 절벽이 곳곳에 도사리고 있다. 큰 시장에서는 강력한 경쟁자들이 추격해온다. 엘앤피코스메틱은 중국 관광객인 유커들로 인해 급성장했으나 고고도미사일방어체계THAAD·사드 여파로 매출이 절반 이하로 급락하는 위기에 봉착했다. 권 회장은 이를 내부 신사업과 중국 현지화 합작으로 돌파했다. 김 대표는 독일 딜리버리히어로의 풍부한 자금을 등에 업은 경쟁사와의 힘겨운 싸움을 창조적 광고 전략으로 돌파했다. 장 의장은 거듭되는 실패를 자회사의 자율적 창조성을 바탕으로 돌파했다. 실제로 크래프톤 매출의 대부분은 모기업이 아니라 자회사인 펍지PUBG에서 창출되고 있다

네 번째, 글로벌 벤처 투자가 결정적이었다. 한국 유니콘 중 엘앤피코스메틱을 제외하고는 대부분 알토스벤처스의 투자를 받았다. 심지어 대부분의 예비 유니콘들도 알토스벤처스의 투자를 받고 있다. 알토스벤처스의 대표인 한 킴이라는 걸출한 벤처 투자가가 없었다면 한국의 글로벌 유니콘 5위는 불가능했다는 것이 투자 업계의 솔직한 진실이다. 참고로 알토스벤처스는 한국의 벤처 투자 규제를 피하기 위해 모태 펀드 출자를 받지 않았다. 초기 투자를 알토스벤처스가 담당했다면 유니콘 등극에 필요한 최종 투자는 싱가포르와 사우디와 손정의 비전펀드 등 국부펀드의 역할이 결정적이었다. 유니콘의 투자 분석에서 한국의 벤처 모태 펀드와 국부펀드인 국민연금의 문제가 적나라하게 드러난다. 규제를 풀고 자율을 강화하라.

다섯 번째는 착한 리더십이다. 엘앤피코스메틱은 피트니스클럽 등 최고의 복지로 직원의 자부심이 크다. 배달의민족에는 뜻하지 않은 재미가 넘쳐난다. 크래프톤은 자율적 문화를 함양하고 있다. 기업 비전은 공유되고 기업 정보는 개방되고 이익은 배분된다. 유니콘의 리더들은 착하고 재밌다. 기업가정신을 함양하라.

서울경제 19-03-20

'유니콘 강국' 3가지 조건

첫 번째는 카피캣(copycat) 전략이고, 두 번째는 탈 갈라파고스 규제 전략이고, 세 번째는 게임과 한류와 같은 흥(興)산업 전략이다.

한국의 스케일 업과 유니콘 정책을 위하여 현상을 분석하고 대안을 제시해 보고자 한다. 글로벌 유니콘 현상을 시간, 공간, 조건인간의 3가지 관점에서 분석하고 도출한 정책 대안을 공유하고자 한다.

첫 번째로 시간적 분석을 해 보자. 2010년 유니콘은 20개월에 한 개 등장했다. 이후 2011년부터는 4개월에 한 개, 2014년부터는 1개월에 한 개, 2015년에는 1주에 한 개를 거쳐 이제 1주에 두 개의 속도로 급증하고 있다. 2008년 스마트폰 시대가 열리면서 O2O 플랫폼과 2011년부터 1차 유니콘 붐 촉발의 인과 관계에 주목할 필요가 있다. 또한 2010년도에 인공지능의 실용화와 2014년 2차 유니콘 붐의 인과 관계도 분석할 필요가 있다. 유니콘의 대부분은 O2O 플랫폼의 효율성과 인공지능의 맞춤 역량을 바탕으로 개인적 욕망을 해결하는 서비스 제공 기업이다. 유니콘의 등장 시기와 4차 산업혁명이 직접 연동되어 있다는 시간적 관점의 가설을 제시해 본다.

두 번째, 공간적 분석을 해 보자. 유니콘의 4대 강국인 미국, 중국, 영국, 인도의 공통점은 네거티브 규제의 거대 시장 국가라는 것이다. 여기서 '유니콘의 등장과 유효 시장의 규모와 비례한다'는 이영달 교수의 주장을 확인할 수 있다. 유효시장 규모는 국가의 전체 시장 규모와 규제의 곱으로 추산된다. 시장 규모와 규제 강도의 2×2 매트릭스로 국가별 분석을 해 보면 다음과 같은 해석이 가능해진다. 시장 규모는 크나 포지티브 규제가 강한 독일과 일본은 유니콘이 현저히 적은 반면, 네거티브 규제 국가인 영국과 인도는 유니콘 강국이 되었다는 것이다. 작은 시장과 포지티브 규제 국가인 한국이 유니콘 7개로 공동 5위를 기록하고 있는 것은 한국 벤처산업의 대단한 선전이라는 것이 임정욱 스타트업 얼라이언스 센터장의 주장이다.

세 번째, 조건 분석을 해 보면 글로벌 유니콘의 70%는 O2O 융합 영역에서 등장하고 있다는 것을 알 수 있다. 글로벌 시가총액 상위 10대 기업의 70%가 플랫폼 기업이라는 현상과 유니콘의 70%가 O2O 융합 기업이라는 현상은 4차 산업혁명의 쌍둥이 심볼이라고 해석된다. 4차 산업혁명은 스타트업에서 유니콘을 거쳐 글로벌 대기업에 이르기까지 전 산업 생태계 구조를 짧은 시간에 공유플랫폼 경제로 완전히 바꾸고 있다. 이러한 여러 현상들을 설명하는 마땅한 다른 대안이 없다면 이제는 현실과 가상을 융합하는 4차 산업혁명의 도래를 인정해야 할 수밖에 없다는 생각이다.

시간, 공간, 조건 분석의 결론은 다음과 같다. 시간적으로는 4차 산업혁명의 기술과 공간적으로는 유효 시장의 크기에 조건으로는 O2O 융합에 연관되어 있다는 것이다. 이로부터 우리의 정책은 크게 기술에서는 스마트 트랜스폼 기술전략과, 시장에서는 글로벌 유효 시장의 확보라는 양대 방향을 수립할 수 있을 것이다.

한국의 시장 규모 확대 전략인 글로벌화는 국가를 넘나드는 글로벌 기업가 정신의 함양과 청년들의 글로벌 네트워킹의 기회 제공이 중요하다고 보여진다. 특히 한국의 유수 대학에서 다국적 창업 교육이 중요하다. 유니콘을 배출한 전 세계 10대 대학이 거의 다 스탠포드, 하버드 등 유명 대학이고 MBA 출신 참여가 70% 정도 된다는 유효상 교수의 조사 결과를 첨언한다.

한편 규제 혁파 전략은 스마트 트랜스폼의 4 단계인 데이터화, 정보화, 지능화, 스마트화를 가로막는 규제개혁에 집중해야 한다. 그 동안 데이터와 클라우드 규제 개혁은 논의를 거쳐 국회에 개정법이 상정되어 있으나, 공유 차량과 원격의료와 같은 시장 진입 규제는 기득권의 장벽에 가로막혀 있다. 글로벌 유니콘의 70%는 한국에서 불법일 수 있다는 구태언 변호사의 분석을 주목해야 하는 이유다.

이상의 논의로부터 크게 세 가지 한국의 유니콘 정책을 제안하고자 한다. 첫 번째는 카피캣copycat 전략이고, 두 번째는 탈 갈라파고스 규제 전략이고, 세 번째는 게임과 한류와 같은 흥興산업 전략이다. 유효상 교수는 전세계 유니콘의 1/3은 카피캣 전략에 기반한다고 분석하고 있다. 한국의 카피캣을 '카피타이거copy-tiger'라 명명하고 이를 확산하기 위한 대대적인 비즈니스 모델 학습과 해커톤 등을 제안하는 이유다. 글로벌 성공 유니콘 벤치마킹의 최대 걸림돌인 한국의 갈라파고스적인 규제 혁파로 유니콘이 지금의 3배인 20개로 증가될 것이다. 마지막으로 한국의 독특한 유니콘 분야인 흥산업을 미래 먹거리로 삼는 게임과 한류의 전략자산화를 강력히 촉구한다.

디지털타임스 19-03-10

한류 - 신기술 융합서비스 키워야

4차 산업혁명에서는 개인의 자기표현 욕망이 거대한 서비스 산업을 창출한다. 4차 산업혁명의 기술로 한류 콘텐츠, 관광, 보건과 물류가 융합하는 미래 산업을 육성해보자.

4차 산업혁명은 지능기술과 개인의 욕망이 융합해 구현된다. 산업혁명은 인간의 미충족 욕망이 충족되는 과정이었다. 1·2차 산업혁명에서 물질 단계의 생존과 안정의 욕구 충족이 기계와 전기기술로 구현됐다. 3차 산업혁명에서는 사회적 연결 욕구가 정보기술IT로 가능해졌다. 이제 4차 산업혁명에서는 개인의 자기표현 욕망이 거대한 서비스 산업을 창출하고 있다. 과거에는 엄청난 인력과 자원의 한계로 개인의 다양한 욕망의 충족이 불가능했다. 이제 플랫폼으로 자원을 공유하고 인공지능AI으로 개인화된 맞춤 서비스를 제공하는 4차 산업혁명에서는 저비용·맞춤 서비스의 길이 열리게 됐다.

'반도체 이후 한국의 미래 산업은 무엇인가'라는 화두를 서비스로 풀어보자. 단순 제조업은 중국은 물론 베트남과 인도에도 뒤처지고 있다. 불철주야 일하는 연구개발R&D의 경쟁력도 중국과 인도에 뒤지고 있다. 주 52시간 근무 제한은 시간 경쟁으로 승리해온 반도체와 스마트폰·게임 산업에 괴멸적 타격을 가하고 있다. 적게 일하고 더 많은 급여를 제공해야 하는 산업의 탈출구는 이제 노는 서비스 산업이 될 수밖에 없다는 결론에 도달한다. 관광·보건·콘텐츠·물류가 융합하는 신산업에서 활로를 구해보자.

K팝·K드라마·K무비·K뷰티·K컬처·K푸드 등 한류가 전 세계로 확산하고 있다. 한류 자체가 창출하는 부가가치는 결코 크지 않다. 그런데 한류는 거대 산업을 형성하는 촉매 역할을 할 수 있다. 한류로 형성된 전 세계의 팬덤은 분명 한국의 거대한 잠재 자산이다. 이들을 끈끈하게 묶어 글로벌 인적 플랫폼을 형성하는 것이 잠재 자산의 서비스 산업화의 시작일 것이다. 전 세계의 팬들을 온라인과 오프라인으로 연결하는 과정은 '엠넷아시안뮤직어워드MAMA' 등을 통해 이미 부분적으로는 성공적으로 진행되고 있다. 이제 한류의 성공을 산업으로 확산하는 노력이 필요하다.

이제 관광 산업이 한류 콘텐츠의 물결을 타고 융합하는 거대한 융합 서비스 산업이 될 수 있다. 한국의 관광 산업은 경제협력개발기구OECD회원국 국내총생산GDP 대비 평균의 절반인 5% 수준에 불과하나 이를 이탈리아와 프랑스 규모로 끌어올리면 연간 100조 원의 거대한 고부가가치 산업이 창출된다.

관광은 개인 경험의 공유 과정이다. 한국인에게 내재된 노마드

DNA가 4차 산업혁명의 자기표현 욕망과 결합해 거대한 문화관광 산업을 창출할 수 있다.

관광 산업이 개인화된 경험의 콘텐츠 산업으로 재구성되기 위해서는 AI, 증강현실AR, 가상현실VR, 지도 기반 서비스 등 4차 산업혁명의 기술과 융합해야 한다. 자신을 나타내는 크리에이터와 프리랜서들이 마음껏 뛰어놀 수 있는 긱Gig 경제의 제도가 전제조건이다. 구글 맵과 공유차량 규제 등은 당장 풀어야 스마트 시티에서의 글로벌 스마트관광이 가능하다.

관광에 한류의 스토리라는 옷을 입히면 '겨울연가'를 통한 거대한 일본관광객 유치 이상의 획기적 성과를 거둘 수 있을 것이다. 예를 들어 K팝 스타가 한국의 13곳에 달하는 세계 문화유산 등 관광 명소를 배경으로 드라마와 영화를 찍으면서 K푸드와 K뷰티를 융합해보자. 그러면 물류도 새롭게 탄생한다. 스타들의 패션이 상품화되면서 글로벌 직구가 산업화된다. 개인화된 제품은 지속적인 서비스와 융합하기 위해 제품-서비스 융합PSS으로 진화해야 한다. 예를 들어 스타의 피규어에 내장된 챗봇은 팬덤을 강화하고 추가적인 구매를 유도하게 된다.

보건의료는 PSS를 통해 본격적으로 원격의료화된다. 한국의 우수한 의료기술을 원격으로 글로벌 산업화할 수 있다는 것이 올해 세계경제포럼WEF·다보스포럼의 글로벌 4.0의 개념이다. 전 세계의 당뇨 환자와 천식 환자들에게 원격으로 서비스하는 세상이 멀지 않다. 내가 좋아하던 스타로봇이 스타의 목소리로 간병을 할 수 있다.

4차 산업혁명의 기술로 한류 콘텐츠, 관광, 보건과 물류가 융합하는 미래 산업을 육성해보자.

서울경제 19-03-13

대한민국의
미래 먹거리

과거와 같이 미래 먹거리가 정부의 의지만으로 만들어지지는 않는다. 미래 먹거리의 주역은 기업이고 정부의 역할은 기업의 혁신을 뒷받침하는 규제개혁과 테스트베드 제공 같은 제도개혁에 있다.

미래에 도전하는 국가는 발전하고 과거에 집착하는 국가는 추락한다는 것이 역사의 교훈이다. 전 세계 최빈국이던 대한민국을 일곱 번째 3만 달러 소득에 5,000만 인구 국가의 반열로 끌어올린 역사에서 미래 먹거리 비전을 도출해봐야 할 때다.

과거와 같이 미래 먹거리가 정부의 의지만으로 만들어지지는 않는다. 이제 미래 먹거리는 기회 포착과 경쟁우위를 만들 핵심 역량의 결합으로 만들어진다. 즉 미래 먹거리의 주역은 기업이고 정부의 역할은 기업의 혁신을 뒷받침하는 규제개혁과 테스트베드 제공 같은 제도개혁에 있다. 정부가 수조 원을 투입해 특정 산업을 키우겠다는 식의 미래 산업정책 발표는 그만하라는 뜻이기도 하다. 자금 투입으로 미래 먹거리를 만들 수 있다는 것은 지금 한국의 발전단계에서는 환상이다.

미래 먹거리는 기업가정신으로 촉발된다는 것이 진실이다.

그렇다고 국가가 미래 산업정책에서 손을 떼라는 것은 아니다. 주요 국가들도 기업들의 기회 포착에 도움을 주고자 미래 중장기 전략을 발표하고 있다. 그렇다면 우리도 특정 산업을 키우겠다는 자원 투입 전략에서 미래 비전 제시로 산업정책을 대전환해야 할 것이다. 이를 위해 미래 예측과 국가 핵심 역량을 검토해보기로 하자.

우선 미래 예측의 경우 숱한 미래 예측 보고서를 활용해 한국의 상황을 감안한 다양한 예측 보고서를 만들어보자. 여기에서 미래학의 본질은 미래를 예측하는 것이 아니라 바람직한 미래를 만들어가는 데 있음을 강조하고자 한다.

기술·사회의 공진화로 미래를 예측해보자. 사회의 욕망을 기술이 해결한 것이 산업 발전사다. 4차 산업혁명에서는 기술보다 다양화된 욕망이 사회 변화를 주도하고 있다. 미래 사회의 새로운 욕망을 이해하는 데서 기회의 창이 열린다. 1~3차 산업혁명에서는 각각 생존·안정·연결의 욕구를 충족시키면서 일자리의 창조적 파괴로 국부가 증대되어 왔다. 이제 4차 산업혁명에서는 자기표현과 자아실현의 욕망이 창조적 파괴를 통한 성장을 주도할 것이다.

자기표현의 일자리인 K뷰티·K컬처·K푸드가 한류의 물결을 타고 급성장하는 산업이 될 수 있다. 한국인의 노마드 DNA가 자기표현 욕망과 결합해 거대한 문화관광 산업을 창출할 수 있다. 한국의 관광산업은 경제협력개발기구OECD 평균의 절반에 미치지 못하는 2% 규모에 불과하다. 이를 이탈리아와 프랑스의 규모로 끌어올리면 연간 60조 원의 거대한 고부가가치 산업이 창출된다. 문화 산업이 개인화된 경험의 콘텐츠 산업으로 재구성되기 위해 인공지능AI, 증강현실AR, 가상현실VR, 지도기반 서비스 등 4차 산업혁명의 기술과 융합해야 한다. 자신을 나타내는 크리에이터와 프리랜서들이 마음껏 뛰어놀 수 있는 긱Gig 경제의 제도가 전제조건이다. 절대로 정부가 직접 육성하려는 시도는 하지 말고 구글 맵과 공공 데이터 개방 같은 관광 저해 규제는 당장 풀어야 스마트 시티의 스마트관광이 가능하다.

자아실현의 욕망을 충족시키는 대표적 일자리가 기업가적 창업이다. 새로운 일자리는 새로운 기업에서 창출된다. 전 세계 스타트업의 70%가 한국에 오면 불법이 되는 규제 혁파에 매진해야 한다. 그리고 자아실현은 불확실성에 대한 도전이다. 게임을 하듯 가볍게 창업할 수 있는 생태계 조성이 관건이다.

한국의 급격한 고령화는 위험인 동시에 기회다. 일본과 더불어 4차 산업혁명의 고령화기술 선진국이 될 기회다. 평생 현역을 뒷받침할 각종 의료기술과 신체 보조기구기술들이 한국의 정보기술IT과 의료기술의 융합으로 산업화가 가능하다. 문제는 역시 첩첩산중의 규제들이다.

기술 측면에서는 한국의 강점인 IT · 반도체 · 게임 · 바이오가 클라우드 · 빅데이터 · AI 등과의 융합을 저해하는 문제를 해결해야 할 것이다. 바이오, 에지 컴퓨팅, 배터리 등 아직도 우리에게 기회의 문들은 열려 있다.

서울경제 19-02-13

유니콘 비즈니스 모델과 기업의 미래

거대한 유니콘 대부분은 연결, 선택, 가입 3가지 요소로 구성되어 있다.
플랫폼과 인공지능을 활용한 커뮤니티 구축이 4차 산업혁명의 주된 비즈니스 모델이다.
기업의 이익은 목표가 아닌 과정이다.
기업이 창출한 가치를 사회와 선순환될 수 있는 가격으로 분배하면 기업도 크고, 사회도 큰다.

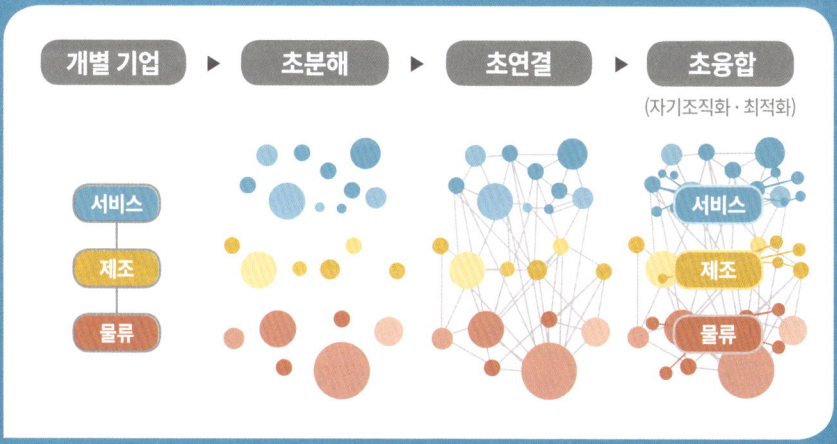

〈기업의 목적은 '이윤 창출'에서 '가치 분배'로 이동한다〉

유니콘 비밀코드는 'O2O 대융합'

지속적으로 가치를 인정받는 유니콘들은 대체로 O2O 사업 영역에 속한다. 본격적인 O2O 혁명은 이제 시작하고 있다. 그리고 거대한 유니콘들이 계속 등장할 것이다.

2013년말 미국 카우보이벤처스의 에일린 리는 테크크런치 기고에서 '유니콘'이라는 단어를 정의했다. 알려진 것처럼 유니콘은 비상장기업으로 기업가치가 10억 달러, 즉 1조 원이 넘는 기업을 의미한다. 그런데 2013년 에일린이 소개할 당시 38개에 불과하던 유니콘들이 불과 5년 만에 309개를 넘어서고 있다. 미국 스타트업 정보업체 CB Insight에 따르면 유니콘의 절반인 151개가 미국이고, 나머지 절반 이상인 82개가 중국이다. 그리고 영국 16개, 인도 13개, 독일과 한국이 6개로 분포되어 있다. 데이터와 클라우드에 대한 정부의 강력한 규제에도 불구하고 한국이 전세계 유니콘 5위라는 것은 한국 경제규모가 전세계의 1.2% 규모인 점을 감안하면 '발군의 실적'이라 할 수 있다.

물론 유니콘 모두가 승승장구하지는 않는다. 핀테크의 대표인 온

덱과 렌딩클럽의 주가는 상장 이후 반 토막이 났고, 에버노트와 드롭박스의 가치는 급락하고 있다. 소위 유니콘 거품론도 대두되고 있다. 그러나 확실한 것은 유니콘들은 인류 역사상 가장 빠른 속도로 증가하고 있다는 것이다. 유니콘 순위 1위 우버는 이동, 2위 샤오미는 홈IoT, 3위 에어비앤비는 여행이란 개념으로 기존 오프라인 사업체들을 압도하고 있는 중이다. 그렇다면 이들 유니콘들의 사업 비밀 코드를 제대로 분석해 볼 필요성은 분명하다고 보여진다.

우선 글로벌 유니콘들에 대한 질문을 해 보자. 우버, 샤오미, 에어비앤비, 핏빗, 고프로 등은 하드웨어 기업인가 소프트웨어 기업인가. 그들은 사물을 다루는가 정보를 다루는가. 그들 사업 영역은 오프라인인가 온라인인가. 여기에 대한 대답으로 등장하는 용어들이 PSS제품서비스결합, CPS현실사이버결합, 그리고 O2O일 것이다. 지속적으로 가치를 인정받는 유니콘들은 대체로 O2O 사업 영역에 속한다. 이제는 O2O의 비밀 코드를 열어 볼 필요가 있다.

서로 다른 두 개의 세상이 만나 완전히 새로운 O2O 세상을 열어가고 있다. 물질Atom로 구성된 오프라인의 세상은 소유가 원칙이고, 자원의 제약으로 80:20의 파레토 법칙이 지배한다. 정보Bit로 구성된 온라인 세상은 공유가 원칙이고, 무한대로 관계가 확장되는 롱테일Longtail의 법칙이 지배한다. PC 네트워크 시대에는 서로 분리되었던 두 세계가 모바일 네트워크로 만나기 시작했다.

이제 IoT사물인터넷와 IoB생체인터넷의 등장으로 두 개의 세상은 융합되기 시작했다. 그리고 두 세계의 충돌은 일대 혼돈을 야기하며 세상을 뒤집기 시작했다. 역사상 거대기업들은 신대륙 발견과 서부 개척 시대에 다수 등장했다. 혼돈은 항상 생명 탄생의 근원이 된다.

흔히들 O2O를 배달의 민족과 같은 온·오프라인 혼합 선택 및 오프라인 유통으로 오해하고 있다. 이는 거대한 O2O 혁명의 서막의 시작에 불과하다. 본격적인 O2O 혁명은 이제 시작하고 있다. 그리고 거대한 유니콘들이 계속 등장할 것이다. 그렇다면 O2O 혁명의 본질은 과연 어떻게 정의할 것 인가.

미치오 카쿠는 그의 저서 '평행우주'에서 우리가 살고 있는 우주와 완전히 동일한 또 하나의 우주가 존재한다고 했다. 필자는 O2O 혁명을 각각의 오프라인 세상과 1:1 대응이 되는 평행 우주 온라인 세상을 통하여 오프라인이 최적화된다는 것으로 정의하고자 한다. 내비게이터를 보면, 실제 도로와 대응된 온라인 지도가 있고, 실제 차량과 온라인 차량 위치정보가 대응되고 있다. 이러한 평행 모델 상의 빅데이터와 인공지능을 통해 내비게이터는 안 가본 길을 맞춤 해주고 최적의 출발 시간을 예측해준다. 즉 평행 우주 온라인 대응 모델을 통하여 오프라인 실제 세상을 '예측과 맞춤'이란 가치를 제공하고 최적화하여 시간 절약, 에너지 절약, 도로 인프라 투자 절약을 가능하게 하고 있는 것이다.

이러한 교통 최적화와 공장 운영 최적화, 병원 설비 최적화 등은 수학적으로 동일선상에 위치한다. 적절한 평행 우주 대응 모델만 구축하면 O2O 최적화가 가능해지는 것이다. 그런데 왜 이제야 O2O 유니콘들이 대거 등장하고 있는가? 그 답은 O2O 평행 모델 구축 비용의 급감 때문이다. IoT, IoB, LBS는 데이터 수집 비용을 급격히 감소시켰다. 데이터 저장 비용과 처리 속도는 30년 사이에 각각 1억배와 100만배가 향상되었다. O2O 평행 모델 구축 비용보다 최적화 가치가 커지는 분야마다 유니콘들의 탄생이 예고되고 있는 것이다. 글로벌 유니콘의 비밀코드는 바로 4차 산업혁명의 본질인 O2O 융합에서 비롯되고 있는 것이다.

디지털타임스 19-02-24

플랫폼·인공지능에 올라타라

거대한 유니콘 대부분은 연결, 선택, 가입 3가지 요소로 구성되어 있다. 플랫폼과 인공지능을 활용한 커뮤니티 구축이 4차 산업혁명의 주된 비즈니스 모델이다.

4차 산업혁명에 대한 다양한 정의 중에서 '현실과 가상의 융합'으로 정의하는 것이 가장 단순하면서 가장 많은 질문에 대한 답을 제공할 것이다. 현실에서 불가능한 시공간 초월의 욕망을 구현하기 위하여 가상 세계를 만든 것이 3차 산업혁명이다. 3차 산업혁명의 온라인 세상 경제 비중은 5% 규모였다. 그런데 가상세계를 현실화하는 기술들이 등장하면서 현실과 가상이 융합하는 4차 산업혁명이 가시화되면서 2025년이면 세계 경제의 50% 규모가 될 것으로 예측된다. 일자리의 절반이 바뀐다. 한국의 초고령화 시기와 맞닿는 4차 산업혁명의 임계점인 2025년 이전에 한국이 4차 산업혁명을 완수해야 한다는 의미다.

그런데 산업혁명을 기술의 관점에서만 바라보면 대응전략을 제대로 수립할 수가 없다. 인간의 욕망을 새로운 기술이 구현할 때 산업혁명이 새롭게 진화했다. 1차 산업혁명은 생존의 욕구와 기계 혁명이, 2차 산업혁명은 안정의 욕구와 전기 혁명이, 3차 산업혁명은 연결 욕구와 정보혁명이 공진화한 혁명이라고 볼 수 있다. 이제 자기표현이라는 개인화된 욕망을 충족시킬 기술들이 무엇인가 생각해 보자. 개개인의 맞춤 교육, 맞춤 여행, 맞춤 음악, 맞춤 미디어 등은 막대한 돈과 인력이 소모되기에 과거에는 극소수 부유 계층만이 누릴 수 있는 작은 산업이었다. 그런데 무선 인터넷에 의해서 촉발된 O2O 플랫폼이 공유비용을 급감시켰다.

인공지능 등장으로 개인 취향에 맞춘 컨시어지 서비스가 저비용으로 가능해졌다. 결과적으로 4차 산업혁명의 초연결과 초지능 기술들이 과거에는 불가능했던 개인화된 욕망 충족이란 거대한 신 산업을 만들어내게 된 것이다. 글로벌 유니콘 320개 대부분은 인간의 미충족 욕망을 4차 산업혁명의 기술로 충족시키는 기업들이다. 지난 20년간 미국에서 등장한 새로운 직업의 70%는 이러한 미충족 욕망을 충족시키는 산업들이다.

초생산, 초연결, 초지능의 4차 산업혁명의 키워드는 융합이다. 현실과 가상이 융합하는 O2O 세상에서 하드웨어와 소프트웨어 기술이 융합하고, 제품과 서비스가 융합하고[PSS], 생산과 소비가 프로슈머로 융합하고, 개인과 집단이 집단지능으로 융합하고, 일과 놀이가 새로운 형태의 워라밸인 호모파덴스로 융합하고, 대기업과 중소벤처기업들이 개방 플랫폼에서 융합한다.

초연결망에 의한 대외연결 비용 감소는 개별 기업을 분해하고 개방 협력을 촉진시킨다. 기업의 연구, 개발, 생산, 영업, 관리 등 과거 기업의 필수 요소들이 분해되어 핵심역량 이외 분야는 외부와 협력하는 개방생태계로 전환되고 있다. 혁신생태계는 오픈소스, 클라우드, 메이커 스페이스를 기반으로 하는 공유혁신 생태계에서 '린 스타트업lean startup'이란 가벼운 창업이 일반화되고 있다. 과거 기업의 가장 큰 비용을 차지했던 개별 마케팅은 시장 플랫폼 기업을 활용한 최소비용의 글로벌 마케팅으로 대체되고 있다.

개별기업 경쟁을 넘어 글로벌 기업 생태계 경쟁으로 시대 정신이 진화하고 있다. 대표적인 심볼이 평균 6년 만에 기업가치 1조를 달성하는 유니콘의 대거 등장이다. 인터넷의 발달에 따라 축적된 데이터는 클라우드에서 초연결 빅데이터가 되어 연결 비용을 극소화했다. 빅데이터로 학습하는 인공지능이 맞춤과 예측의 큐레이션 서비스를 제공하면서 선택 비용이 극소화되고 있다. 너무 많은 검색 결과로 인한 선택의 혼란을 큐레이션 서비스는 극복하게 해준다. 시장경제의 양대 기능은 연결과 선택이다. 인터넷과 인공지능이 연결과 선택의 비용을 축소시키면서 시장경제는 새로운 차원으로 발전하게 된 것이다. 유니콘 등장이 일상화된 이유다.

생산자와 소비자가 인터넷으로 연결되고 인공지능으로 선택되면서 글로벌 초연결 시장이 등장하여 혁신은 가속화되고 다양화되고 거대화된다. 그리고 드디어 생산자와 소비자가 융합하게 된다. 프로슈머

prosumer 시대가 열리면서 소비자가 생산에 참여한다. 페이스북을 비롯한 소셜 미디어는 이미 소비자가 만들고 있다. 연결과 선택과 프로슈머의 융합 서비스가 가입subscription 서비스다. 가입 서비스는 동일한 물건을 동일한 시간 간격으로 보내는 신문배달과 같은 진부한 서비스가 아니다. 개인의 취향에 맞는 제품과 서비스를 최적의 시간에 배송하는 공유 서비스다. 거대한 유니콘 대부분은 연결, 선택, 가입 3가지 요소로 구성되어 있다. 바로 플랫폼과 인공지능을 활용한 커뮤니티 구축이 4차 산업혁명의 주된 비즈니스 모델이다.

디지털타임스 19-03-24

생산·소비 융합이
4차 산업혁명

O2O 융합의 지능화는 산업혁명으로 분리되었던 생산과 소비를 재결합시킨다. 유니콘들의 대부분은 생산 기술이 아니라 생산과 소비의 융합에서 발생한다.

4차 산업혁명은 생산과 소비가 융합하는 소셜 이노베이션Social Innovation이 대세다. 물질이 지배하는 현실 세계에서 제품과 서비스로 인간의 생존과 안정의 욕구를 충족한 1, 2차 산업혁명에 이어, 인간의 연결 욕구를 충족하기 위한 온라인 세계를 만든 3차 산업혁명이 등장했다. 오프라인의 현실세계는 시간, 공간, 인간으로 분산되어 있어 연결 비용이 크나, 온라인의 가상세계에서는 시간, 공간, 인간이 융합되어 연결 비용이 제로화된다. 대표적인 사례가 각종 온라인 플랫폼이다.

온라인의 가상 세계가 만들어지면서 인간은 현실 세계에서 불가능했던 포토샵으로 얼굴 주름살을 없애고 실시간 정보 검색이 가능해졌다. 그러나 가상세계에서의 포토샵은 현실의 나를 바꾸지는 못하고 검색은 실물을 배송해 주지 않는다. 그런데 가상세계의 예측과 맞춤을 현실화하는 아날로그화 기술들이 등장하면서 현실과 가상이 융합하는 새로운 혁명, 즉 4차 산업혁명이 시작된 것이다.

3차 산업혁명이 현실에서 분리된 작은 가상세계를 만든 것이라면, 4차 산업혁명은 현실과 가상이란 거대한 두 세계의 융합이다. 전체 경제 규모의 5%에 불과했던 온라인 경제가 2025년이 되면 현실과 가상의 O2O 융합 경제가 되면서 전 세계 경제의 50%를 차지할 것으로 예측된다. 세계 경제의 절반이 바뀌고 기업의 절반과 일자리의 절반이 '창조적 파괴'가 된다는 거대한 혁명을 의미한다. 3차 산업혁명에서는 경쟁 관계가 아니었던 네이버와 현대자동차가 4차 산업혁명에서는 자율자동차에서 경쟁하게 된다. 3차 산업혁명이 새로운 온라인 세계를 만들었다면 4차 산업혁명은 기존의 오프라인 세계를 창조적 파괴하고 있는 것이다.

이제 연결의 욕구를 충족한 인간은 자기 표현 욕망이란 미충족 욕망을 충족하기 위한 기술 혁신을 기다리고 있었다. 그리고 드디어 O2O 플랫폼, 예측과 맞춤을 제공하는 인공지능이 등장하면서 4차 산업혁명의 기술과 욕망의 공진화가 시작된 것이다. 구글, 애플, 아마존 등의 글로벌 기업 가치 10대 기업의 70%와 330개에 달하는 글로벌 유니콘의 70%가 바로 O2O 융합 영역에서 활동하고 있다. 4차 산업혁명을 대표하는 쌍둥이 심볼이라고 할 수 있을 것이다. 10년도 안되는 기간동안 산업 전체의 70%의 급변은 산업혁명이 되어야 한다.

O2O 융합을 통하여 창출되는 가치는 바로 예측과 맞춤이라는 스

마트화다. 3차 산업혁명은 인간의 신경을 확장한 자동화 혁명이었다면, 4차 산업혁명은 인간의 뇌를 확장하는 지능화 혁명이다. 인간 뇌의 역할은 예측이다. 뿌리의 생장점에는 예측을 위한 작은 뇌가 존재하기는 하나, 예측이 필요없는 식물에는 원칙적으로 뇌가 존재하지 않는다. 지능화는 현실에서 불가능했던 도착 시간과 최적 경로를 내비게이터를 통하여 예측하고 맞추어 준다. 4차 산업혁명의 지능화는 생산 역량의 극대화가 아니라 생산과 소비의 최적화를 만든다. 스마트 시티는 현실도시와 가상도시의 융합으로 예측과 맞춤의 시민가치를 창출하는 것이다. 현실과 가상의 O2O 융합을 통한 예측과 맞춤이 생산과 소비를 결합하는 4차 산업혁명의 본질이다.

O2O 융합의 지능화는 산업혁명으로 분리되었던 생산과 소비를 재결합시킨다. 4차 산업혁명의 총아인 유니콘들의 대부분은 생산 기술이 아니라 생산과 소비의 융합에서 발생한다. 이들은 인간의 미충족 욕망Unmet needs을 포착하여 플랫폼과 지능기술로 구현 가능하다는 개념 증명PoC을 한 후 대규모 자본을 유치하여 산업의 임계량을 돌파하는 사업 방식을 채택하고 있다. 과거 기술에서 출발하여 시장으로 점진적으로 진행하는 선형 혁신 모델은 급속히 축소되고 있다. 시장에서 기회를 포착하여 제품-서비스 융합으로 시장과 상호작용을 하면서 급속 성장하는 소셜 이노베이션이 대세가 되고 있다. 기술이 아니라 소비자와 시장이 혁신을 주도하는 시대가 된 것이다.

이제 시장 세분화와 공급망 관리와 점진적 혁신이라는 전통적인 기업의 상식이 파괴되고 있다. 아디다스의 스피드 공장은 아라미스 앱으로 주문받아 6시간만에 3D 프린터와 봉제 로봇으로 맞춤 제조하여 24시간 안에 배송을 완료하는 온-디맨드 On-demand 와 온-서플라이 On-supply 체제를 갖추고 있다. 과거 시장을 세분화하여 제품을 디자인하고 대량 원자재 공급망 관리를 하여 개발도상국에서 대량 생산하여 소비지에 컨테이너로 운송하여 물류 관리와 세일즈를 하던 복잡한 경영 시스템이 단순화되고 있는 것이다.

디지털타임스 19-05-12

인간은 왜 게임을 좋아할까?

인간의 동기부여가 시장경제와 계획경제의 성공과 실패를 갈라놓았다. 4차 산업혁명은 기술보다 욕망이 주도하게 된다. 인간의 욕망을 디자인하고 욕망을 지속시키는 것이 4차 산업혁명의 성공전략이다.

인간은 왜 게임을 좋아할까? 4차 산업혁명의 성패를 가르는 질문이다.

인간의 동기부여가 시장경제와 계획경제의 성공과 실패를 갈라놓았다. 4차 산업혁명의 성공과 실패는 현실과 가상이 융합하는 미래 사회의 동기부여 혁신에 달려 있다. 오프라인 현실의 동기부여 방식인 당근과 채찍은 4차 산업혁명에서 온라인과 창조적 도전이라는 두가지 한계에 부딪혔다. 이제 새로운 4차 산업혁명의 동기부여 방식으로 게임의 기법을 이용한 '게임화gamification'가 대부분의 유니콘 기업에서 채택되는 이유를 알아보기로 하자.

인간의 뇌는 게임과 같은 방식으로 진화해 왔다. 뇌의 존재이유는 계산이 아니라 예측이다. 이동하는 동물은 예측해야 하므로 뇌가 있으나, 이동하지 않는 식물은 뇌가 없다. 말미잘 유충은 이동하므로 뇌가 있으나, 붙박이 성충은 정착해 이동하지 않으므로 뇌가 사라진다. 뇌는 매우 비싼 비용을 요구한다. 몸 무게의 2%인 뇌는 20% 이상 최대 40%까지의 산소와 에너지를 소모한다. 그럼에도 불구하고 뇌를 키운 동물이 예측능력 때문에 진화경쟁에서 우위를 점했다.

인간은 생존경쟁 과정에서 더 잘 예측을 하도록 진화했다. 미래를 예측하고 최적의 맞춤을 해야 살아남는다. 예측 결과가 맞으면 뇌의 모델을 강화하고, 틀리면 수정하는 인간이 생존의 기회를 높였다. 즉, 환경에 대해 최적의 적응 뇌를 확보한 인간이 성공했다.

게임의 퀘스트quest와 리워드reward는 예측과 보상의 압축과정이다. 인간이 오랜 진화과정에서 익숙해 왔던 패턴이 짧은 시간에 이뤄지는 것이다. 예측이 맞을 경우 엔돌핀과 같은 물질보상이 제공된다. 개인에게 보상으로 재미를 주는 이 과정에서 중독현상이 발생한다.

도전과 예측과정이 없이 엔도르핀의 보상만을 추구하는 것이 마약중독이다. 재미와 의미가 분리되면 타락하거나 삭막해진다. 의미 없는 재미는 타락이고, 재미없는 의미는 삭막이다. 의미 없는 재미의 극한이 마약중독이다. 그런데 예측 즉, 도전의 퀘스트가 의미 있는 결과를 만들면 재미는 의미와 순환해 세상을 이롭게 하는 게임화가 된다.

4차 산업혁명의 동기부여는 재미가 중심이 될 수밖에 없다. 개인의 재미가 전체의 의미가 되도록 하는 것이 미래 조직의 성공비결이다.

게임과 같은 방식으로 개인에게 동기를 촉발하고 그 결과로 사회가 발전하면 모두에게 좋은 일이 된다. 칸아카데미는 분명 온라인 교육기업이다. 그런데 작동방식은 애니팡과 같은 게임과 거의 동일한 과정으로 구성돼 있다. 즉, 도전에 성공하면 게임 포인트를 얻고 개인들간 리더보드로 경쟁을 부추기고 배지로서 명예욕을 자극한다. 핏빗과 같은 디지털 헬스케어 기업도 아마존과 같은 커머스업체도 대동소이하다. 게임의 기술과 인간의 미학을 순환시키는 게임화가 미래 동기부여 방식이 될 것이다.

4차 산업혁명은 기술보다 욕망이 주도하게 된다. 인간의 미충족 욕망이 새로운 산업을 만들어 일자리를 창출한다는 것이다. 인간의 욕망을 디자인하고 욕망을 지속시켜야 한다는 것이 4차 산업혁명의 성공전략이다. 현실과 가상을 융합해 욕망을 디자인하는 'O2O 서비스디자인'이 주목받아야 하는 이유다. 그리고 인간의 욕망을 통해 동기부여를 촉진하는 게임화를 4차 산업혁명의 핵심 기술 중 하나로 선정한 이유다.

다행스러운 것인 한국이 아직은 게임강국이라는 점이다. 한국인의 도전과 열정을 게임화로 승화시켜 4차 산업혁명에 대비할 때다.

헤럴드경제 19-02-13

유니콘 경영의 화두,
고객 가치가 기업 존재의 이유

기업의 존재이유는 내부 프로세스인 가치사슬이 아니라 고객의 가치다. 사회적 가치 창출이 기업의 필요조건이고 이를 고객과 나누는 가치분배가 충분조건이다.

4차 산업혁명에서 기업이 재구성되고 있다. 불과 10년 만에 글로벌 산업 지형은 완전히 변모했다. 글로벌 선도기업과 창업 선도기업의 70%가 과거에 없던 O2O 융합기업이다. 글로벌 유니콘 중 기술 주도 기업의 비중은 10%가 채 되지 않는다. 기업가치 1조원인 유니콘에 도달하기까지 채 5년이 걸리지 않는다. 기업의 닫힌 가치사슬은 이미 붕괴해 열린 가치 네트워크로 이전되고 있다. 혁신은 기술에서 이제 소셜social로 변하고 있다. 기업은 프로세스가 분해되고 고객 중심으로 재융합하고 있다. 생산·마케팅·재무·조직을 포함한 기존 경영의 전 분야는 완전히 재탄생하고 있다.

격변의 시기에는 기본으로 돌아가야 한다. 기업의 존재이유는 내부 프로세스인 가치사슬이 아니라 고객의 가치다. 사회적 가치 창출이 기업의 필요조건이고 이를 고객과 나누는 가치분배가 충분조건이다. 기업은 비용을 투입해 고객가치를 만들어 가치창출을 하고 가격을 경계로 고객 이익과 기업 이익을 나누는 순환의 역할을 한다. 기업이 가치의 선순환을 통해 우리 사회의 지속 가능한 발전을 이루는 핵심 역할을 하는 것이다.

기업 가치는 혁신의 질과 효율의 곱에서 발생한다. 예를 들어, 연구소에서 신제품을 개발하고 공장에서 생산하는 전통기업의 연구소와 마케팅은 혁신의 역할을 담당하고 공장과 세일즈는 효율의 역할을 담당했다. 그리고 생산과 영업이 더 많은 가치를 창출하는 소위 '찌푸린 커브frown curve'의 룰이 지배했다. 그런데 4차 산업혁명에서 생산공장의 차별화와 부가가치가 급속히 축소되고 혁신이 중요해지는 소위 '스마일 커브smile curve' 룰로 변화하고 있다.

기업의 본질적 가치가 혁신과 마케팅에 있음은 고故 피터 드러커 교수가 이미 설파한 바 있다. 반복되는 효율이 자동화하면서 효율을 담당하는 생산과 세일즈 간 차별화는 급속히 사라지고 있다. 앞으로 인공지능AI과 로봇이 이를 더욱 가속화할 것이다. 이제 4차 산업혁명에서 제품 혁신과 시장 혁신으로 기업의 차별화가 집중되고 있다. 그리고 혁신 자체도 이제 공정 혁신인 기술 혁신을 넘어 제품과 시장 혁신인 소셜 혁신으로 근원적 변화를 하고 있다. 기술 혁신은 기술경영의 방법론이 존재했으나 소셜 혁신은 사실상 기업가정신 외에 대안이 거의 없다. 경영학이 기업가정신을 중심으로 재편돼야 하는 이유다.

산업혁명으로 기업이 등장하면서 공급과 수요는 분리됐다. 분업과 기계화로 공급의 생산성이 급격히 증가해 고품질·저가격 제품이 소비자의 삶을 윤택하게 바꿨다. 그런데 산업혁명이 인간의 욕망과 공진화하면서 이제 소비자들은 규격화를 넘어 개인화된 욕망 충족을 요구하게 됐다. 4차 산업혁명에서 기업의 경쟁 우위가 공급의 생산성 향상에서 소비의 욕망 포착으로 급속히 이전하게 된 이유다.

실제로 글로벌 유니콘 성공의 양대 축은 미충족된 욕망 파악과 개인화된 욕망 충족 기술이다. 이제는 공급 주도에서 공급과 소비의 맞춤으로 기업의 역할이 바뀌고 있다. 자동화의 3차 산업혁명과 지능화의 4차 산업혁명의 차이는 저가의 대량생산에서 예측과 맞춤의 생산·소비 융합에 있다. 산업혁명으로 분리된 공급·생산이 이제 지능맞춤형으로 재융합되는 것이다.

4차 산업혁명에서 기업 혁신은 공급과 소비가 융합하는 소셜이노베이션으로 진화하고 있다. 기술 혁신은 통제와 보안의 닫힌 혁신에서 열린 공유의 개방 혁신으로 진화한다. 개방 혁신의 3대 대안인 개방 플랫폼, 상생형 인수합병M&A, 사내벤처가 대세가 된 이유다. 디자인과 기술과 시장이 상호작용하면서 공진화하는 개방혁신의 복잡계적 대응이 미래 유니콘 경영의 화두가 된 것이다.

서울경제 19-05-22

유니콘은 플랫폼에 달려있다

유니콘은 시장 중심의 기업들이다. 유니콘 비즈니스 분석에서 중요한 점은 성공한 유니콘이 플랫폼 기반으로 확산하는 생태계 모델에 대한 이해다

인간의 미충족 욕망을 신기술 융합으로 공진화하는 시점에서 새로운 산업혁명이 발현된다. 4차 산업혁명의 미충족 욕망은 개인화된 욕망이다. 개인화된 인간의 욕망 충족은 시공간의 제약으로 현실세계에서는 불가능했다. 복잡한 서울시내에서 도착 시간과 최적의 길을 예측하는 것은 불가능하지 않은가. 그런데 가상의 시공 간의 한계를 극복하는 내비게이터가 도착 시간을 예측해 주고 최적의 길을 맞추어 준다. 그 결과 개인의 시간을 줄이고 비용을 줄여준다. 현실과 가상이 융합하는 '디지털 트윈의 세계'에서 예측과 맞춤의 최적화 가치를 창출하여 세상을 스마트화하는 것이 4차 산업혁명의 본질적 함의다.

따라서 4차 산업혁명의 대표 기업인 유니콘 비즈니스들은 현실을 넘어서 가상세계에서 인공지능을 활용해야 한다. 그러나 가상세계만으로는 인간의 욕망이 충족될 수 없어 거대 사업이 만들어지기 어렵다. 결국 가상세계의 예측과 맞춤을 현실화하는 O2O 융합이 유니콘 기업들에게 필연적으로 요구된다. 가상세계에서 시공간을 융합하는 빅데이터와 인공지능으로 획득한 예측과 맞춤을 현실세계의 개인화된 욕망을 구현하도록 하는 서비스가 유니콘들의 비즈니스 패턴이다.

깃허브Github는 소프트웨어를 융합한다. 깃허브에서 오픈소스 소프트웨어들이 리믹스re-mix되면서 거대한 소프트웨어 생태계를 구축하여 저비용 고효율의 소프트웨어 구현이 가능해졌다. 소프트웨어들이 상호연결되면서 기업의 혁신 비용은 획기적으로 축소되고 새로운 혁신의 탄생은 가속화되었다. 공유 소프트웨어 유니콘 비즈니스 모델이다.

위워크WeWork는 공간을 인간과 시간에 맞추어 최적화한다. 수시로 사무실을 이동할 수 있도록 유연성을 제공하고, 자주 접촉하는 그룹이 가깝도록 공간을 재배치한다. 공간의 비용을 줄이고 기업간 네트워크 효과를 통하여 새로운 혁신의 가치를 창출한다. 결과는 위워크 입주기업 전체의 최적화이다. 20조가 넘는 공유 오피스 유니콘 비즈니스 탄생 모델이다.

태스크래빗Taskrabbit은 전문 역량을 시간으로 쪼개 타인과 공유한다. 하나의 조직에 귀속되었던 개인의 역량이 모두와 공유되는 구조로 진화하는 공유 역량 유니콘 비즈니스 모델이다. 한국의 숨고, 위시캣 등도 유사한 사업 모델을 제공하고 있다.

과거에는 나의 집과 차라는 공간은 혼자만의 것이었다. 공간은 가장 비싸고 가장 공유가 쉽다. 에어비앤비와 우버는 공간을 시간과 인간에 맞추어 분해하고 재조합했다. 물질의 현실 세계가 정보의 가상세계와 디지털 트윈으로 융합되면서 공간을 공유하는 유니콘 비즈니스 대표 모델이 탄생한 것이다.

유니콘 비즈니스 모델은 이동, 물류, 업무, 생활, 자원, 금융 등 인간의 삶의 각 영역에 걸쳐 시간과 공간과 인간을 분해하고 융합하는 스마트 기술로 구현되고 있다고 할 수 있다. 이러한 유니콘 비즈니스 모델의 공통 인프라는 시장에서 이기심의 승화가 이루어지도록 정보의 비대칭과 협상력의 불균형을 해소한 것이다. 평판 시스템으로 착한 사람이 승자가 되는 구조를 만들었고, 집단 지능으로 협상의 균형을 이룩한 것이다.

4차 산업혁명의 글로벌 비즈니스는 Closed Value Chain의 단순계에서 Open Value Network의 복잡계로 진화한다. 복잡계는 부분의 창조적 파괴를 통한 전체의 최적화 과정에서 발생하는 필연적인 현상이다. 부분이 죽으면서 전체가 진화한다. 과거 복잡했던 이노베이션과 마케팅의 프로세스들은 자기조직화되는 복잡계 네트워크로 분해·융합되고 있다. 제품과 서비스를 만든 프로세스의 가치 사슬들이 분해되어 개별 고객 중심으로 재융합하고 있는 것이다.

재융합의 단계는 플랫폼 기반의 연결 비즈니스 모델에서 인공지능 기반의 추천 비즈니스 모델을 거쳐 커뮤니티를 이룩하는 구독 비즈니스 모델로 진화하고 있다. 이제 이동, 물류, 업무, 생활, 자원, 금융 등 주요 공유경제 분야에 걸쳐 연결, 추천, 구독이라는 세 가지 형태의 유니콘들이 확산되고 있으며 연결의 인터넷 기술과 추천의 인공지능 기술이 쌍끌이 역할을 하고 있다.

유니콘은 시장 중심의 기업들이다. 즉 시장 플랫폼이라는 양면 플랫폼 사업 모델로 진화하게 된다. 그 결과 성공한 유니콘들은 플랫폼을 활용하여 3rd Party 비즈니스를 확산하게 된다. 예를 들어 우버는 우버풀, 우버 이츠 등으로 비즈니스를 확산하고 있다. 유니콘 비즈니스 분석에서 중요한 점은 성공한 유니콘이 플랫폼 기반으로 확산하는 생태계 모델에 대한 이해다.

디지털타임스 19-05-26

연결·추천을 넘어 구독으로

글로벌 유니콘의 비즈니스는 플랫폼 기반 연결 서비스에서 인공지능(AI) 기반 추천 서비스를 거쳐 이를 커뮤니티화하는 구독 서비스로 진화하고 있다.

글로벌 유니콘의 비즈니스는 플랫폼 기반 연결 서비스에서 인공지능AI 기반 추천 서비스를 거쳐 이를 커뮤니티화하는 구독 서비스로 진화하고 있다. 이러한 진화상은 산업혁명의 변화와 궤를 같이한다. 산업혁명이란 기술과 욕망의 공진화 과정이다. 1·2차 산업혁명에서는 기계와 전기 기술로 생존 욕구와 안정 욕구를 충족시킬 수 있었다. 3차 산업혁명에서는 인간의 연결 욕구가 정보기술로 충족됐다.

4차 산업혁명에서는 개인화된 미충족 욕망을 플랫폼과 인공지능이 충족시켜 데이터에 기반한 지능화 개인 서비스가 가능해지고 있다. 플랫폼에서 공통요소를 공유해 저비용 서비스를 가능하게 하고 인공지능이 개별 예측과 맞춤의 컨시어지 서비스를 제공하게 됐다.

이러한 유니콘 비즈니스의 패턴은 1·2차 유니콘 붐과 맥락을 같이한다. 2008년 스마트폰이 촉발한 온오프라인 연계O2O 플랫폼 활성화는 연결 비즈니스를 가능하게 했으며 2010년 인공지능의 실용화는 추천 비즈니스를 가능하게 했다.

올해 상장된 거대 유니콘인 우버는 O2O 플랫폼을 중심으로 승객과 기사를 단순 연결하는 비즈니스로 시작했다. 이후 빅데이터가 집적됨에 따라 교통량 분산, 시간대별 요금제 부과, 기사 필터링 매칭 및 평판 관리 등 자체 AI 알고리즘을 적용해 추천 비즈니스로 진화했다. 에어비앤비 역시 호스트와 게스트 간 단순연결 비즈니스로 시작해 현재는 전 세계 어디에서나 특별한 여행경험을 제공하는 추천 비즈니스로 변화했다.

최근에는 플랫폼의 네트워크 효과를 활용하기 위해 연결과 추천을 융합한 맞춤과 예측의 회원제 서비스인 구독 비즈니스가 등장하고 있다. 즉 개인화된 서비스를 실시간으로 쉽고 편하고 정기적으로 이용하기를 원하는 고객의 미충족 욕구를 충족시키는 구독 비즈니스가 탄생한 것이다. 플랫폼의 성공은 규모의 경제에 달려 있다. 새로운 서비스마다 쉽게 임계량에 도달할 수 있다는 점이 구독 서비스의 장점이다. 이러한 구독 서비스의 3대 요소를 3C Communication, Curation, Community인 연결, 선택, 커뮤니티로 제시하고자 한다.

구독은 커뮤니케이션과 큐레이션에 기반한 개별맞춤 서비스를 넘어 커뮤니티를 구성하는 단계의 서비스를 의미한다. 유니콘의 구독 서비스는 기존 신문의 구독 서비스처럼 동일한 제품과 서비스를 공급하는 효율적 서비스가 아니다. 유니콘의 구독 서비스는 개별고객에게 맞춤 서비스를 제공하는 것이다. 예를 들어 넷플릭스와 유튜브와 스포티파이는 각각 개별 고객의 취향에 맞춘 콘텐츠를 제공한다. 이를 오프라인으로 확대하면 O2O 구독 서비스가 구현된다. 예를 들어 개별고객에게 맞춤 셔츠와 맞춤 음식재료를 제공하는 서비스로 발전하는 것이다. 구독 서비스가 유니콘의 미래형 모델이 돼야 하는 것은 대부분의 유니콘 비즈니스가 플랫폼 기반이기 때문이다.

구독 비즈니스는 능동적인 고객의 시대가 도래했음을 의미한다. 이제 고객은 관리해야 하는 물리적인 제품이 아닌 개인화된 맞춤 경험을 향유할 수 있는 '멀티채널+맞춤서비스'를 원한다.

대표적인 구독 비즈니스 사례로는 구독형 홈피트니스 시장을 개척한 펠로톤Peloton이다. 펠로톤은 자전거 운동기구에 운동과 건강식단 등의 콘텐츠를 송출해 원격 트레이닝 강의를 하는 유니콘이다. 신규 등록자의 96%가 3개월 이상의 구독료를 지불하고 있으며 회원 수는 전 세계에서 30만 명에 이른다. 스스로 실내 자전거 제조업체가 아닌 미디어 회사를 표방하며 총 1만개에 달하는 피트니스 전문강사 수업을 정기구독 서비스로 만들어내며 2019년 기준 기업가치는 42억 달러에 달한다.

4차 산업혁명의 유니콘 비즈니스 모델이야 말로 한국 스타트업들이 참고할 만한 훌륭한 교과서다. 카피캣을 넘어 카피타이거 전략을 제안하는 이유다.

서울경제 19-05-29

4차 산업혁명 시대 기업의 재탄생

기업의 의미는 뭘까. 기업의 이익은 목표가 아닌 과정이다. 기업이 창출한 가치를 사회와 선순환될 수 있는 가격으로 분배하면 기업도 크고, 사회도 큰다.

4차 산업혁명에서 기업은 분해되고 재융합되고 있다. 초연결의 인터넷 혁명은 거래비용의 극소화가 전체를 최적화한다는 코즈1960년 노벨상 수상자의 이론에 따라 기업을 최적화시키고 있다. 기업들은 과거와 달리 분야별로 핵심 역량만 남기고 비핵심 역량은 외부와 개방 협력하고 있다. 고객의 욕망을 파악해 개방·협력으로 최적화하는 기업이 생존 경쟁에서 승자가 되는 세상이 됐다.

경제가 복잡계적 환경으로 변화해 계획경제 시스템이 붕괴하고 시장경제 시스템이 진화한 것과 같은 국가 차원의 현상이 기업 차원에서도 일어나고 있다. 이제 복잡적응계Complex Adaptive System적인 부분이 전체를 반영하는 홀론Holon적 관점으로 기업을 바라보아야 한다. 홀론 구조의 생명조직 구현은 특히 클라우드와 스마트폰 에지로 대표되는 '디지털 트윈현실세계의 기계나 장비, 사물 등을 컴퓨터 속 가상세계에 구현한 것'이 바로 전체와 부분을 반영하는 기술로 등장했다. 4차 산업혁명의 홀론화된 디지털 트윈 조직이 애자일Agile, 부서 간의 경계를 허물고 필요에 맞게 소규모 팀을 구성해 업무를 수행하는 것 조직을 넘어 생명기업으로 가는 출발점이다.

4차 산업혁명의 분해·융합을 거친 자기조직화 현상은 애자일 조직을 비롯한 모든 분야로 확장되고 있다. 세상은 오프라인과 온라인이 융합하는 온·오프라인 연계O2O의 디지털 트윈화가 되고 있다. 사업은 제품과 서비스라는 양대 축이 PSSProduct Service System로 융합해 소비자의 가치 중심으로 재편되고 있다. 시장은 생산과 소비를 융합하는 프로슈머Prosumer 형태로 진화하고 있다. 사회는 개인과 집단이 융합하는 집단지능으로 발전된다.

개인은 의미와 재미가 융합되는 워라밸의 삶으로 이전되고 있다. 진정한 워라밸은 일과 놀이가 분리된 것이 아닌 일이 놀이이자 놀이가 일이 되는 융합 구조가 되는 것이다. 독일의 노동4.0은 신성한 노동을 축소하는 것을 목적으로 하지 않는다. 산업은 대기업과 중소·벤처기업이 융합되는 개방 생태계로 조직화되면서 반복되는 효율은 거대 플랫폼 기업이, 새로운 혁신은 벤처기업이 역할을 분담하는 구조가 되고 있다.

제조업의 융합 사례를 구체적으로 살펴보자. 제조업의 가치사슬value chain은 전통적으로 협력사의 부품과 원재료를 공급망supply chain을 통해 획득해 최적화된 생산 공정을 만든다. 제품은 마케팅과 세일즈

과정을 거친다. 기업의 복잡한 가치사슬 구조였다. 이런 전통적인 제조업의 가치사슬에서 제조 과정은 스마트 팩토리로 융합된다. 융합의 매개체는 데이터이며, 융합의 핵심 매개는 인공지능이다.

아디다스의 스피드 팩토리를 보자.

과거 신발 산업은 매우 복잡한 가치사슬로 구성돼 있었다. 원재료 발주 18개월 이전 단계에 여러 차례의 디자인 회의를 통해 내년에 유행할 패션디자인을 선정하고, 해당 디자인에 입각해 다양한 사이즈와 색깔에 따른 원재료를 대량 발주한다. 그리고 개발도상국의 거대한 공장에서 효율적인 공장 생산관리 시스템으로 신발을 생산해, 다시 컨테이너에 실어 미국과 유럽, 일본 등 선진국의 물류 창고에 입고한다. 그리고 대규모 마케팅을 통해 제품을 판매한 후, 재고는 세일로 처리하는 구조였다. 각 단계별로 정교한 관리 시스템이 작동하고, 전체를 통제하기 위한 경영관리 시스템이 필요했다. 대규모 창고와 공장, 그리고 거대한 물류 관리 시스템이 요구됐다.

스피드 팩토리는 완전히 다르다. 스마트폰에서 아라미스라는 애플리케이션앱의 모션캡쳐 기술로 개인에 최적화된 신발 패턴으로 디자인을 주문하면, 스피드 팩토리에서 카본의 3D프린터와 쿠카의 로봇 봉제 시스템으로 5시간 만에 생산을 완료한다. 이후 개별 배송시스템으로 24시간 내에 배송을 끝낸다. 재고는 없다. 과거 경영관리 시스템이 사라져버린 것이다. 경영학이 새롭게 탄생해야 하는 대표적 사례이다.

이제 기업의 재탄생을 살펴보자.

기업의 활동은 가치value · 가격price · 비용cost의 순환과정이라고 피터 드러커는 선언했다. 최저의 비용으로 최고의 가치를 만들어 고객과 최적의 순환 가능한 가격을 통해 가치를 분배하는 것이 기업 활동의 본질이다. Value-Cost란 가치창출 과정과 V-P-C라는 가치 분배 과정이 기업의 순환과정이다. 이런 기업의 활동에서 과거에는 비용 최적화가 승부처였고, 이를 구현하기 위한 기술혁신이 기업의 핵심 역량이었다. 1, 2차 산업혁명까지 기술기업이 좋은 기업이었다.

그러나 기업의 경쟁우위가 개인화된 욕망이 경쟁력을 좌우하는 4차 산업혁명에서 기술에서 시장으로 이동하고 있다. 개인화된 욕망을 파악하는 능력이 더 중요해진 것이다. 문제를 푸는 기술보다 문제를 찾는 욕망의 포착이 기업의 경쟁력으로 부상했다. 더 나아가 오픈소스화가 진행되면서 95%의 기술은 외부에서 획득할 수 있는 개방생태계로 변모하고 있다. 이에 따라 고객의 욕망을 포착해 제품과 서비스를 구현하는 과정이 기술개발 과정보다 혁신의 중점으로 부상했다.

이런 형태의 혁신이 '소셜 이노베이션social innovation'으로 등장하고 있다. 개방 혁신이 기술 중심의 혁신이라면, 소셜 이노베이션은 욕망 중심의 혁신이다. 욕망 중심의 소셜 이노베이션은 1차원적인 선형 혁신 과정으로는 구현할 수 없다. 제품과 서비스를 만들어보고, 고객에게 욕망 테스트를 해서 불일치점을 보완하고 다시 테스트하는 순환 학습 과정을 반복해야 다양한 인간의 다층적 욕망을 확인할 수 있다.

그 결과 애자일 프로세스라는 소셜 이노베이션의 프로세스가 일반화되기 시작한 것이다. 이런 스타트업들을 '린 스타트업lean startup'이라 부르고 있다. 이제 제품과 서비스가 개방생태계의 프로세스와 시장의 소셜 이노베이션과 상호작용하면서 기업은 사회와 공진화하고 있다.

그렇다면 기업의 의미는 뭘까. 기업의 이익은 기업의 최종 목표가 아닌 선순환의 과정이다. 기업이 창출한 가치를 사회와 선순환될 수 있는 가격으로 분배하면 기업도 크고, 사회도 큰다. 실제로 반복되는 투명한 시스템에서는 고객 가치와 임직원의 가치와 기업의 이익은 정(+)의 비례관계를 갖는 것이 속속 입증되고 있다. 라젠드라 시소디어는 〈행복한 기업〉에서 장기적인 기업의 성과는 사회적 가치와 순환된다는 것을 입증했다. 불투명한 일회성 거래에서는 배신하는 기업이 이익을 얻지만, 반복되는 투명한 거래에서는 호혜적 이기심을 보이는 기업이 승자가 된다. 이는 소프트웨어 게임에서도 입증되는 죄수의 딜레마 게임의 최종적 결론이다. 아담 스미스가 말한 '보이지 않는 손'이 바로 그것이다.

4차 산업혁명에서 반복성과 투명성은 증대된다. 이를 통해 4차 산업혁명의 승자는 이기심의 추락자가 아닌 이기심의 승화자라고 예측할 수 있다. 시장경제의 양대 걸림돌이었던 정보의 비대칭과 협상력의 불균형이 평판의 누적과 집단지능으로 해소되는 것이다. 우버와 에어비앤비의 성공은 호혜적 이기심을 가진 자를 승자로 만드는 반복되는 투명성에 바탕을 둔다. 시대적 패러다임에 최적화된 기업이 성공하는 미래 기업이 될 것이다. 고객 만족과 임직원의 만족은 기업의 성과와 투명하고 반복되는 기업 환경에서 비례 관계를 가지게 된 것이다. 기업은 재탄생하는 중이다.

중앙이코노미스트 19-07-01

공장에서 도시로 간 기업가정신

기업가정신의 발현 형태가 기술기반 창업에서 욕망 기반 벤처로 대 전환하고 있다. 인간의 욕망이 무한하면 일자리도 무한하고, 기업가정신은 영원할 것이다.

노르웨이의 쿡 교수와 같은 유럽의 일부 학자들은 글로벌 기업가정신의 쇠퇴를 주장하고, 일자리가 사라지는 암울한 미래를 예측하고 있다. 2008년 금융위기부터 주춤하던 기술 기반 창업이 지난 2년 간 주요 국가에서 15% 이상 줄어들고 있다. 미국의 구즈만 교수와 아이젠버그 교수 등은 스타트업과 국가 성장과는 큰 관계가 없음을 통계적으로 입증하고 있다. 과연 혁신의 시대인 4차 산업혁명에서 혁신의 리더십인 기업가정신은 쇠퇴하고 있는가. 그런데 역사상 주목받은 대부분 비관론은 인간의 지혜로 극복되어 왔음을 감안하면, 이번에도 예측이 빗나갈 가능성이 커 보인다.

이러한 기업가정신 쇠퇴를 주장하는 학자들은 기업가정신을 기술 기반 창업으로 좁게 정의하고 이러한 기준에서 통계를 해석해 기업가정신 전체가 쇠퇴하고 있다는 성급한 결론을 내린 것이다. 그들은 4차 산업혁명에서 생산성의 패러독스로 성장은 정체되고, 인공지능 등이 일자리를 빼앗아 갈 것이라는 주장을 하고 있다. 그런데 기업가정신은 쇠퇴하는 것이 아니라 오히려 부흥하고 있다. 시대정신이 혁신이기 때문이다. 단지 기업가정신의 발현이 기술에서 욕망으로 대 전환되고 있을 뿐이다. 혁신의 리더십인 기업가정신은 여전히 혁신을 새로운 패러다임으로 이끌고 있는 것이다.

사실은 이러하다. 산업은 본질적으로 공급과 수요의 순환 과정이다. 그 동안 공급을 좌우하는 기술이 산업혁명을 주도해 왔으나, 4차 산업혁명에서는 수요를 좌우하는 욕망에 주도권을 넘겨주고 있다. 그 결과 기업가정신의 발현 형태가 기술기반 창업에서 욕망 기반 벤처로 대 전환하고 있다.

지난 10년 사이에 200배 증가한 글로벌 유니콘이 대표적 사례다. 유니콘에서 테크 기업의 비중은 10% 미만이다. 유니콘의 대부분은 인간의 미 충족 욕망에서 기회를 포착하고 있다. 욕망을 공유하는 플랫폼과 개인화된 맞춤 욕망을 충족하는 인공지능을 활용하여 욕망을 디자인하는 디자인 기반 벤처가 급속히 증가하고 있다. 배달의 민족의 창업자인 김봉진 대표도 디자이너다. 애플은 디자이너 조나선 아이브가 개발 전체를 이끌었다.

이제 기업가정신의 발현지가 실리콘밸리에서 뉴욕·런던과 같은 인간의 욕망이 꿈틀대는 대도시로 이동하고 있다. 개인화된 미 충족 욕망이 혁신의 새로운 원천이다. 이제 제품을 생산하는 공장이 아니라 수요를 창출하는 도시가 기업가정신이 구현되는 혁신의 공간이 되었다. 스마트 시티는 이제 환경 차원의 문제 해결에서 미래 성장의 주역으로 개념이 바뀌어야 한다. 기술이 일상화되면서 나타나는 사회 패러다임 변화는 기술이 수요를 중심으로 분해되고 재 융합되는 거대한 변화다. 결과적으로 공급 주도의 기술에서 수요 주도의 시장으로의 변화를 소셜 혁신이 이끌고 있는 것이다.

기술이 더 이상 국내총생산GDP 증가에 기여하지 않는다는 생산성 패러독스는 물질 경제의 가격 기반 GDP 개념의 한계일 뿐이다. 기술 기반의 물질 경제에서 욕망 기반의 경험 경제로 이동하면서 부가가치의 총합인 GDP는 인간의 궁극적 행복의 척도가 될 수 없다. 4차 산업혁명의 경험 경제에서는 개인의 욕망 충족의 가치가 중심인데 이는 GDP에 반영되지 않고 있다. 인간의 욕망 충족이라는 관점에서 사회의 행복도 총합인 소비자 후생은 분명히 나아지고 있다.

4차 산업혁명의 지능화로 초래될 것이라는 일자리 감소 주장은 현재 전 세계에서 나타나는 최저 수준의 실업률을 설명하기 어렵다. 4차 산업혁명의 기술이 파괴하는 일자리보다 더 많은 일자리가 등장하고 있기 때문이다. 기술이 파괴한 일자리를 미 충족 욕망이 만들어내고 있다. 개인화된 경험 서비스 산업이 일자리 창출을 주도하고 있음이 미국의 지난 20년간 일자리 변화에서 확인되고 있다. 맞춤 뉴스, 맞춤 교육, 맞춤 여행, 맞춤 동영상, 맞춤 배송 등이 대표적인 사례다.

인간의 욕망이 무한하면 일자리도 무한하고, 기업가정신은 영원할 것이다.

이데일리 19-07-10

산업 플랫폼을
구축하라

과거 '기업'은 분해되고 핵심역량을 결합한 '기업간 생태계'로 4차 산업혁명의 산업 진화가 이루어지고 있다. 가장 잘하는 핵심 역량을 중심으로 외부와 개방 협력하는 기업이 4차 산업혁명의 승자가 될 것이다.

　인터넷과 인공지능으로 촉발된 4차 산업혁명은 기업을 분해시키고 있다. 인터넷이 연결 비용을 줄이면서 연구, 개발, 생산, 영업, 관리 등 과거 기업이 닫힌 가치사슬이 파괴되고 있다. 기업간 연결 비용의 한계로 내부화된 기능들이 개방되고 핵심역량 중심으로 재편되고 있다. 이제 경쟁력이 뒤처지는 분야는 외부의 경쟁력 보유 기업과의 제휴로 대체되고 있다. 가장 잘하는 핵심 역량을 중심으로 외부와 개방 협력하는 기업이 4차 산업혁명은 승자가 되는 것은 자명하다. 과거 기업은 분해되고 핵심역량을 결합한 기업간 생태계로 4차 산업혁명의 산업 진화가 이루어지고 있는 중이다.

　이제 기업 간 협력 강화로 어떻게 기업 경쟁력이 강화되는지 살펴보자. 기업 경쟁력은 하던 것을 잘하는 운영 역량과 새로운 것을 잘하는 혁신 역량의 두 축으로 구성된다. 기업의 운영 역량은 제품과 서비스의 생산과 판매를 통하여 구축된다. 결혼 중매와 같이 한 기업이 가진 역량과 다른 기업이 가진 역량을 매칭하면 새로운 가치가 발생하고 산업은 발전한다. 협력 기업을 쉽게 찾아야 되고 선택하고, 협상 비용과 계약 체결 비용을 절약하면 산업이 발전한다는 것은 자명하다. 자원 조달 등과 같이 동일한 목적을 가진 기업들의 구매와 구인과 구직 정보가 플랫폼을 만들면 네트워크 효과로 인하여 산업 전체 비용은 줄어든다. 혁신 역량은 기술거래와 M&A 등 개방혁신으로 강화된다.

산업 생태계 문제를 요약하면 제품과 서비스와 기술과 인력의 미스매치 문제다. 교통 내비게이터를 통하여 현실 세계에서는 불가능했던 도착 시간 예측과 최적의 경로 맞춤이 가능하듯이, 가칭 산업 내비게이터에서는 제품, 서비스, 기술, 인력의 미스매치를 예측하고 맞춰줄 수 있다. 그 비결은 내비게이터와 같이 현실의 교통과 1:1 대응되는 가상의 교통 세계인 디지털 트윈을 만드는데 있다. 현실과 가상이 융합하는 디지털 트윈으로 예측과 맞춤의 가치를 만드는 스마트화가 4차 산업혁명의 기본 법칙이다. 그렇다면 산업생태계의 디지털 트윈을 구축하고 이를 산업 플랫폼이라 명명하기로 하자.

개별 기업은 내비게이터의 개별 자동차와 같이 분산되어 있다. 개별기업이 데이터가 되어 가상세계에서 융합되면 산업플랫폼이 된다. 산업플랫폼에서 예측과 맞춤으로 거래와 인력과 자원의 미스매치를 최소화할 수 있다. 바로 4차 산업혁명의 지능화의 결과다. 그렇다면 기업이 데이터화되고 가상 세계에서 융합되어 정보화되는 과정을 살펴보자.

산업 생태계는 점과 선으로 표현될 수 있다. 기업은 내부 활동과 외부와의 활동으로 구성되고, 각각은 다시 혁신 활동과 운영 활동으로 나누어진다. 즉 모든 기업은 프로파일profile과 오픈 비즈니스 네트워크open business network와 오픈 이노베이션 네트워크open innovation network로 표현될 수 있다는 것이다. 기업 내부 활동은 홈페이지를 통해서 데이터화가 가능하다. 운영 활동은 세금계산서 혹은 카드매출전표로 데이터화 된다. 기업의 혁신 활동은 산학협력과 기술 제휴 활동으로 데이터화 된다. 기업 내부 활동과 외부 운영과 혁신 활동의 데이터가 클라우드에 모여 빅데이터가 되면 산업 플랫폼이 구축이 시작된다. 기업 활동에는 소셜네트워크, 언론 보도, 구인 데이터 등 정형과 비정형 데이터가 혼재되어 있다. 대부분의 빅데이터 플랫폼들은 80% 이상이 비정형 데이터로 구성되어 있다. 미래 기업 활동을 처음부터 완벽하게 정리하는 것은 어렵다. 따라서 산업 플랫폼은 정형과 비정형을 포함하고 확장 가능성을 바탕으로 설계되어야 한다. 개방 협력 촉진을 위하여 반드시 퍼블릭 클라우드에서 다차원의 유연하고 확장 가능한 정형 및 비정형 데이터베이스 기술이 요구된다.

기업의 다양한 스펙트럼을 고려하여 다음과 같은 데이터 획득 센터들이 구축될 필요가 있다. 우선 중소기업과 벤처기업과 대기업의 데이터 수집 센터들이 필요하다. 한편 산학 협력 데이터 센터가 혁신활동 분석을 위해 요구된다. 글로벌 기업과의 협력을 뒷받침할 글로벌 데이터 센터도 당연히 필요하다. 그리고 인터넷의 개방 데이터를 획득할 소셜 데이터 센터가 뒷받침해야 한다. 이를 데이터센터는 데이터 획득과 품질 보장을 책임지고 활용을 통해서 지속 가능한 수익을 창출해 나가야 할 것이다.

각 데이터센터에서 얻은 데이터는 산업플랫폼이라는 거대한 호수에 모이게 된다. 산업플랫폼에 축적된 기업의 내부, 외부 운영, 외부 혁신 활동 데이터를 활용하여 궁극적으로 산업 전체 경쟁력을 30%까지 끌어올리는 것을 목표로 하고자 한다. 실제로 중국의 알리바바가 B2B 연결망을 통해서 30%의 성과를 도출한 바 있다. 모든 플랫폼 사업이 그러하듯 기업 데이터의 호수인 산업 플랫폼은 임계량을 넘어서면 가치가 급격히 증가할 것이다. 따라서 최소한 3년 간은 수익성보다는 플랫폼 참여자 확산에 주력해야 할 것이다. 이를 위하여 매력적인 서비스와 신뢰있는 데이터가 제공되어야 한다.

플랫폼의 속성상 산업플랫폼의 거버넌스 문제는 대단히 중요한 화두가 된다. 플랫폼 사업자의 독단적인 운영이 되지 않도록, 데이터센터와 데이터를 활용할 3rd Party 등 이해관계자들의 참여가 보장되는 거버넌스 구조가 확립될 필요가 있다. 다음으로 데이터 거래 원칙이 정립되어야 한다. 데이터 품질관리, 데이터의 유료화 기준, 3rd 파티의 조건, 회원 등급제, 수익 배분 구조, API 개방 정도 등등이 주요 화두가 될 것이다.

데이터를 활용하여 각종 예측 및 맞춤 서비스를 위해서는 인공지능 활용이 필수적이다. 최적의 인력 맞춤, 최적의 거래 대상 추천, 최적의 연구 개발 파트너 추천, 특허와 기술거래, 기업의 M&A 등 각종 기업 협력에 수반되는 탐색 및 선택 비용을 줄이기 위해서는 인공지능이 필수다. 대세가 되어버린 구글과 아마존과 마이크로소프트 등의 인공지능을 제대로 활용하기 위해서는 글로벌 클라우드 서비스와 어떤 형태로든 연계가 되어야 한다. 인공지능 이외에도 시각화 도구와 품질 분석 도구 등 수많은 서비스들이 클라우드에서 마이크로 서비스 형태로 제공되고 있다. 퍼블릭 클라우드에서 필요에 따라서 뷔페식으로 마이크로 서비스를 골라 사용할 수 있어야 경쟁력있는 산업 플랫폼으로 진화할 것이다. 그리고 산업플랫폼은 다른 산업 플랫폼과 연계되어야 가치가 배가되므로, 국가 차원의 빅데이터 협력체를 통한 시너지 창출이 필수다.

이젠 산업 플랫폼을 활용한 구체적인 가치 창출 방안을 강구해 보자. 알리바바 사례에서 산업 플랫폼으로 기업 거래비용의 30%인 300조의 미래가치가 예상된다. 구인 구직 정보의 불일치 해소로 30조의 가치창출을 기대한다. 시장 개척과 국가 R&D비용의 10% 절감 효과는 3조는 된다. 추가적으로 투자와 M&A, 블록체인 활용 스마트 계약 등에서 새로운 가치 창출이 기대된다.

3년 내에 산업 플랫폼의 임계량으로 추정하는 30만 개 기업을 넘어서면 플랫폼의 가치는 급격히 증가한다. 최대한의 무료 데이터 제공으로 저변을 확대하고 일부 유료 데이터와 서비스로 지속가능한 수익을 얻는 전형적인 플랫폼 전략이 요구된다. 등급제 유료회원과 활용 수익의 부분 배분으로도 지속가능성은 보장된다. 가치를 만들면 수익은 당연히 따라온다.

중앙이코노미스트 19-04-29

過경쟁 혁신을 죽인다

4차 산업혁명에서 전세계 경쟁은 개별 기업간 경쟁을 넘어 산업 생태계 간의 경쟁으로 변모하고 있다. 개별 기업들의 공통적인 자원은 공유하고 혁신적인 아이디어에 집중하는 국가가 경쟁 우위에 선다.

지나친 경쟁이 혁신을 죽이고 있다. 대한민국은 경쟁으로 추격형 경제에서 성공했다. 과거 우리의 목표는 미국, 일본과 유럽과 같은 선진국이 이룩한 성과를 재빨리 따라잡는 것이었다. 명확한 목표를 향하여 빨리 달리기 경쟁이 한국의 초고속 발전 비결이었다. 그러나 성공은 실패의 어머니라는 역사의 진리에서 한국도 예외가 아니다. 초고속 성장을 이룩한 개별적 경쟁이 초래한 비극이 혁신의 걸림돌이라는 것이다.

한국의 대기업들은 내부 협력이 대단히 어렵다. 부서간 경쟁을 통한 상대평가의 결과다. 부서에 이어 팀간 협력도 어렵다. 주변을 도와주는 것은 부서와 팀의 상대 평가에서 감점을 의미하기 때문이다. 혁신은 창조적 연결에서 시작되는데, 지나친 경쟁은 기업간은 물론 기업 내부의 연결도 단절하여 창조적 혁신을 저해한다. 예를 들어 통신사들의 '스마트 시티' 사업을 보자. 네트워크 운영부서와 응용 사업부서와 플랫폼 관리 부서는 상이하다. 이들 부서간 협력 부재는 융합을 통한 스마트 시티 사업의 총체적 경쟁력을 저해하고 있다.

한편 단기 실적 경쟁은 부서내 혁신을 저해한다. 혁신은 현재와 미래의 갈등이다. 오늘 뿌린 혁신의 씨앗은 내일이 아니라 가을에 거두게 된다. 결국 부서장의 임기보다 긴 혁신의 씨앗은 뿌려지지도 않고 발아되기도 어렵다. 재임기간과 혁신은 비례한다. 혁신 주도 기업의 특징 중 하나는 책임자의 재임 기간이 긴 이유다. 단, 장기 재임에 따른 유착관계는 업무의 투명성 강화로 극복할 필요가 있다. 대기업의 혁신이 이루어지는 분야가 오너의 관심 분야로 국한되고 있는 이유다.

기업 컨설팅 업체들은 목표관리MBO 자문을 통하여 상당한 수익을 거두고 있다. 목표보다 실적이 상회하면 승진과 보상에 인센티브를 제공한다는 것이 일견 당연해 보인다. 목표관리를 시행하면 첫해에는 그런대로 긍정적 효과가 나타난다. 그런데 연말에 정량적 목표를 낮게 잡은 부서가 높은 평가를 받는 것을 보면 그 다음 해부터는 목표 낮추기 경쟁에 돌입하게 된다. 결국 도전적 목표는 사라지고 쉬운 목표 설정 게임에 돌입하게 된다. 결국 기업에는 기업가정신이 위축되고 안정적 관료주의가 판치게 된다. 그리고 기업은 서서히 침체되어 간다.

목표는 필요하나, 기업의 혁신을 위한 도전적 목표가 되어야 한다. 불확실한 목표를 달성하여 혁신을 이룩하는 것이 사내기업가정신이다. 이제 기업은 사내혁신의 리더십인 사내기업가정신을 중심으로 재구성되어야 한다. 수익성ROI 중심의 숫자 위주 관리는 경쟁의 효율은 촉진하나, 혁신의 기업가정신을 억압한다. 파괴적 혁신을 통한 기업의 진화는 지나친 숫자 위주의 경쟁과 단기 실적 위주의 조직 관리를 벗어나야 한다는 것을 의미하고 있다. 바로 피터 드러커 교수가 주창한 진정한 자율적 목표관리MBO의 정신이다.

연결에서 창조적 혁신의 씨앗이 뿌려지고, 실패를 지원하는 자율적 목표관리에서 혁신의 씨앗이 발아하게 된다. 그리고 기존 조직과의 개방협력을 통하여 혁신은 효율과 융합하여 비로소 기업의 성장에 기여하게 된다. 이제 기업내 닫힌 조직의 벽이 허물어지고 신뢰에 기반한 협력이 확산되어야 한다. 바로 탈추격형 대한민국 기업의 미래 조직의 모습이다.

이제 기업 내부보다 더욱 힘든 기업간 협력 문제를 짚어 보기로 하자. 한국 기업간의 협력 사례는 찾아보기 어렵다. 추격형 경제 구조에서 비슷비슷한 기업들 간의 경쟁에서 우위를 점하는 방법은 비개방 구조를 공고히 하는 것이었다. 우리 기업에는 비밀이 많아도 너무나 많다. 그 중에서는 물론 순수한 기업 비밀로 보호될 부분도 존재하나, 대부분은 관성적으로 보안 조치를 하고 있다. 그 결과 기업간의 벽은 높고 협력은 어렵다. 예를 들어 기업들의 소프트웨어는 엄격하게 기업비밀로 보호되고 있다. 그런데 실리콘 밸리 기업들의 경우 95%의 소프트웨어는 오픈소스를 통하여 공유되고 있다. 국가 전체로 보아 공통적인 소프트웨어를 공유 재활용하는 국가와 각개 약진으로 소프트웨어를 개발하는 국가의 경쟁력은 비교할 필요조차 없을 것이다.

 4차 산업혁명에서 전세계 경쟁은 개별 기업간 경쟁을 넘어 산업 생태계 간의 경쟁으로 변모하고 있다. 개별 기업들의 공통적인 자원은 공유하고 혁신적인 아이디어에 집중하는 국가가 경쟁 우위에 선다는 것이다. 글로벌 경쟁 우위 전략은 개별 경쟁이 아니라 상호 협력이라는 것이다. 실리콘 밸리 성장의 3대 비밀이 오픈소스를 통한 소프트웨어 공유, 클라우드를 통한 데이터 공유와 메이커스페이스 등을 통한 설비 공유였다.

디지털타임스 18-12-16

공유형 혁신전략으로
승부하라

자신이 가장 잘하는 핵심역량에 집중하고 비 핵심 역량은 남들의 성과를 공유해야 살아남을 수 있다. 타 기업들과 개방혁신을 할 수 있는 열린 문화와 API와 표준을 지켜나가야 한다.

기업들은 낮은 원가와 높은 가치로 시장확보 경쟁에 매진하고 있다. 마이클 포터는 기업의 경쟁전략을 원가·차별화·틈새 전략으로 구분한 바 있다. 지금까지 기업들은 원가 절감을 위하여 피나는 내부 노력과 값싼 공급처를 찾아 외주를 확대했고, 구매력 강화를 위하여 더 큰 시장을 확보하는 경쟁에 주력해 왔다. 그런데 효율보다 혁신이 주도하는 4차 산업혁명에서 기업들의 경쟁 전략은 근본적인 변화를 맞이하게 되었다. 4차 산업혁명에서 기업 경쟁 전략 변화의 본질을 살펴보기로 하자.

4차 산업혁명의 원가 절감 전략의 핵심은 경쟁을 넘어선 공유로 이동했다. 소프트웨어를 공유하고, 데이터를 공유하고, 설비를 공유하고, 인력을 공유하는 것이 원가 경쟁력이다. 과거 기업들에게 소프트웨어 소스 코드와 데이터 정보는 초 일급 비밀이었다. 그런데 놀랍게도 4차 산업혁명의 엔진인 인공지능의 급격한 진화는 소스 코드와 데이터의 공유에서 비롯되었다. 구글, 아마존, 마이크로소프트 등 주요 기업들은 인공지능 소스 코드를 깃허브GITHUB에 공개하고 있다. 데이터 공유를 위한 클라우드는 이미 전세계 인터넷 트래픽의 90%를 넘어섰다. 한 명이 삽질한 결과를 모두가 공유하면 산업 전체의 원가가 급격히 절감된다는 것은 너무나 자명하지 않은가.

실리콘 밸리 기업들은 소프트웨어의 95%를 공유하고 있다. 즉 대부분이 오픈소스이고 자체 개발은 5% 규모에 불과하다. 5%만 개발하면 되는 기업과 95%를 개발해야 하는 기업의 경쟁 결과는 물어볼 필요조차 없을 것이다. 실리콘 밸리 평균 창업 비용이 2000년에 비하여 1/1000로 감소한 것은 소프트웨어를 공유하는 오픈소스, IT 자원을 공유하는 클라우드, 설비를 공유하는 개방 플랫폼이라는 공유경제의 산물이다. 피나는 임직원의 노력으로 절감할 수 있는 원가가 10% 규모라면, 공유를 통한 원가 절감은 무조건 100% 이상이다. 궁극적으로 한계비용 제로에 수렴하여 플랫폼이 된다. 이제 경쟁이 아니라 공유 협력이 기업 원가 절감의 중심 전략이 된 것이다.

공유경제의 확산은 인터넷에 의한 공유 플랫폼의 연결 비용 축소에 있다. 오프라인에서의 연결은 이동과 만남이라는 높은 비용을 지불해야 하기에 2차 산업혁명까지 공유 플랫폼은 경제 규모의 1% 미만에 불과했다. 3차 산업혁명에서 온라인 세상이 만들어 지면서 정보를 공유하는 온라인 공유경제는 국가 총생산의 5% 수준으로 증가하게 된다. 이제 4차 산업혁명에서 온라인과 오프라인이 융합하는 O2O 플랫폼으로 공유경제는 물질과 정보를 같이 공유하게 되면서 국가 총생산의 20% 수준에 도달했다. 2030년까지 50%를 넘어설 것으로 예상되고 있다. 이제 공유경제는 틈새가 아니라 경제 그 자체를 의미하게 된 것이다.

그런데 한국에서는 지금까지 원격의료, 카풀 등 가장 기초적인 공유경제조차 제대로 허용되지 못하고 있다. 아산재단 연구에 의하면 70%의 공유경제 기업들은 한국에서 불법이 된다고 한다. 개인정보와 클라우드 법적 규제는 한국의 클라우드 트래픽을 세계 평균의 1/10 수준인 4차 산업혁명 후진국으로 추락시켰다. 제도의 장벽에 이어 기업들도 아직도 오프라인 경제 패러다임에 입각하여 과도한 보안과 폐쇄적 경영 구조를 고집하고 있는 중이다. 그 결과 한국 미래 산업의 원가경쟁력은 초고속으로 추락하고 있다.

반복적 효율은 공유하고 창조적 혁신으로 경쟁하는 기업이 4차 산업혁명의 승자가 된다. 이제 원가를 넘어 혁신적 가치창출 경쟁력에 대하여 생각해 보자. 인간과 침팬지의 유전자 차이는 1.2%에 불과하다. 소프트웨어 1% 차이로 기업은 충분한 차별화를 이룩할 수 있다. 실리콘 밸리 기업들이 5%의 소프트웨어 혁신으로 충분한 차별성을 확보할 수 있는 이유다. 혁신은 가볍고 유연해야agile 한다. 반복되는 자원은 공유해야 가벼운 혁신의 길이 열린다. 세계 최대 숙박공유업체인 에어비앤비와 세계 최대 차량공유업체인 우버는 자체 보유 방과 차량은 없고 공유할 뿐이다.

효율을 공유하는 방법은 플랫폼과 표준이다. 자체 완결적 서비스를 제공하려는 기업들은 급격히 무너지고 있다. 무겁기 때문이다. 자신이 가장 잘하는 핵심역량에 집중하고 비 핵심 역량은 남들의 성과를 공유해야 살아남을 수 있다. 독불장군의 시대는 종언을 고했다. 타 기업들과 개방혁신을 할 수 있는 열린 문화와 API와 표준을 지켜나가야 한다. 5%의 차별화 혁신과 95%의 공유 효율이 미래 경쟁 전략이다.

디지털타임스 19-02-10

협력이 경쟁력이다

닫힌 경쟁의 파이프라인형 기업 시대는 막을 내리고, 열린 협력의 개방 플랫폼 시대가 열린다는 것이 4차 산업혁명의 산업 패러다임이다. 이러한 산업플랫폼 조성이 국가경쟁력이다.

이제 산업 경쟁은 개별 기업 차원의 경쟁에서 산업생태계 차원의 협력으로 변모하고 있다. 개별기업의 폐쇄적 경쟁 시대는 막을 내리고, 공통요소를 공유하는 개방 플랫폼의 협력 시대가 개막된 것이다. 한국 산업 경쟁력의 근본 문제는 지나친 경쟁에 의한 기업간 협력의 부재라고 할 수 있다.

실리콘밸리 소프트웨어의 95%는 오픈소스 형태로 이루어진다. 5%만 개발해도 되는 기업과 95%를 개발해야 하는 기업 간의 경쟁력 차이는 물어볼 필요도 없다. 개별 개발자의 역량이 문제가 아니다. 이들이 협력할 수 있는가, 그렇지 않은가의 문제다. 즉 표준과 플랫폼의 경쟁력이 국가의 경쟁력이 되었다. 개별 요소 소유에서 공유 생태계 형성으로 산업 경쟁의 본질이 이동한 것이다. 닫힌 경쟁의 파이프라인형 기업 시대는 막을 내리고, 열린 협력의 개방 플랫폼 시대가 열린다는 것이 4차 산업혁명의 산업 패러다임이다. 이러한 산업플랫폼 조성이 국가경쟁력이다.

그런데 기업간 공유 협력은 오프라인에서는 한계가 있다. 만나는 데 돈과 시간이 들고 물질의 공유는 한계가 있기 때문이다. 내비게이터가 없는 현실의 교통 세계에서 도착 시간을 예측하고 최적 경로를 맞추는 것은 불가능하다. 그러나 내비게이터가 등장하여 시간을 예측하고 공간을 맞추어 준다. 기업간 협력도 현실세계만으로는 한계가 있다. 기업의 가상화인 디지털 트윈을 통하여 기업간 최적의 예측과 맞춤이 가능해진다.

예를 들어 새로운 신제품 개발 과정에서 최적의 파트너를 구하는 것이 현실에서는 쉽지 않다. 그러나 기업들의 데이터가 내비게이터와 같이 가상화 세계에서 클릭 한 번으로 접속이 가능하면 연결 비용이 줄어들고, 인공지능이 추천해 주면 선택 비용이 줄어든다. 거래 비용이 축소되면 전체 산업 생태계는 최적화된다는 것이 노벨상을 받은 코즈의 법칙이다.

신제품 협력을 넘어 인력 매칭과 기술 교류 및 기업 인수·합병 등 기업 전 영역에 걸쳐 협력이 경쟁력이 되었다. 협력은 공유이고 플랫폼이다. SAP의 산업 클라우드와 지멘스의 마인드 스피어 등이 대표하는 공유 산업 플랫폼이 필요한 이유다. 이러한 산업 플랫폼을 위한 한국이 경쟁 전략으로 다음과 같은 5가지 전략을 제안하고자 한다.

첫째, 선도 생태계의 법칙이다. 리딩 기업을 중심으로 다수의 참여자들이 산업별로 참여하여 생태계를 조성하는 전략이다. 지멘스, SAP 등은 기존의 파이프라인 비즈니스에서 산업플랫폼으로 전환할 수 있도록 산업인터넷 생태계를 조직하고 운영하여 새로운 산업플랫폼 생태계를 조성하고 있다.

둘째, 개방·협력의 법칙이다. 기업들의 데이터가 온라인에서 공유되어야 한다. 공유 플랫폼의 데이터는 다양한 API 개방 매쉬업으로, 다른 기업들과 공유협력하면 산업 경쟁력이 생긴다. 월마트가 오프라인 물류를 최적화하는 동안 아마존은 결제, 전자상거래, 클라우드 서비스, 메시징, 작업 할당 등 온라인의 영역에서 API를 개방하여 제3자로 하여금 자사 모듈화 서비스에 가치를 창출케 하는 협력 관계를 구축하여 성공한 것이다.

셋째, 공유 확산의 법칙이다. 공유하기 위해서는 서로 연결하여 소통해야 한다. 이를 위해서는 글로벌 호환성이 핵심이다. 한국정보화진흥원NIA에서 개발한 개방형 클라우드 플랫폼 파스-타는 국내 기업들에게 클라우드 플랫폼 진입 문턱을 낮추는 데만 기여하는 것이 아니라 글로벌 진출의 발판을 제공하는 것이므로 상당히 의미가 있다.

넷째, 수익 분배의 법칙이다. 플랫폼은 창출된 가치에 수수료 등을 부과하여 수익을 창출할 수 있다. 그러나 섣부른 단기 수익 창출 전략은 플랫폼 참여자의 이탈을 초래할 수 있다. 데이터 플랫폼은 당장의 나의 이익을 넘어 미래의 전체 이익을 도모할 때 성공한다. 약탈적 플랫폼은 오래가지 않는다. 플랫폼은 이해 관계자들의 이익 선순환 구조가 되어야 지속가능하다.

마지막으로 소비자 우선의 분배 법칙이다. 산업플랫폼 분배의 룰은 소비자가 우선이며, 그 다음이 가치를 창출하는 생산자, 마지막으로 플랫폼을 제공하는 공급자 순으로 분배되어야 한다. 과도한 플랫폼 사업자의 단기 이익 추구는 플랫폼 몰락의 가장 중요한 원인이다. 한국 산업의 미래 경쟁력은 산업 플랫폼에 달려 있다고 해도 과언이 아니다. 제조, 자동차, 조선 등 주요 산업 분야에서 산업 플랫폼으로의 전환은 산업이 재도약할 수 있는 기회이기도 하다. 산업플랫폼을 바탕으로 한 공유와 효율과 혁신의 경쟁, 지금 당장 시작해 보자. 이제 협력이 경쟁보다 중요하다.

디지털타임스 19-04-07

혁신성장의
3대 조건과 3대 요소

확률 전략은 실패를 없애는 사전 규제와 개별 평가로,
기댓값 전략은 성공의 기댓값을 높이기 위한 사후 평가와 전체 평가로 이루어진다.
효율에서 혁신으로의 패러다임 전환이 국가의 최대 당면 과제이다.

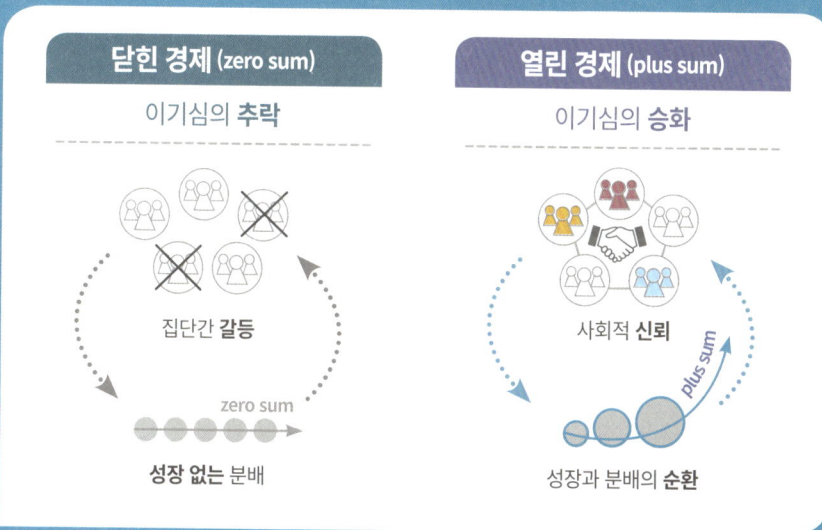

〈혁신성장은 PLUS SUM〉

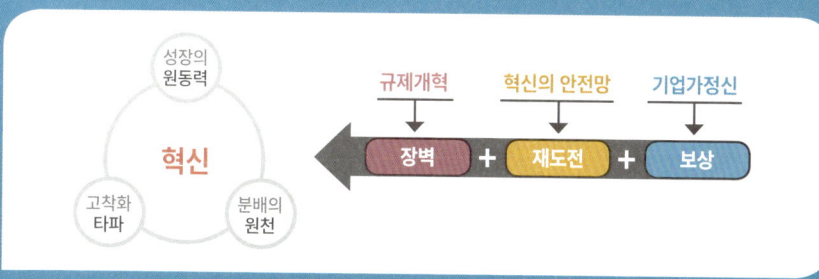

〈한국의 혁신성장 전략〉

효율에서
혁신으로

확률 전략은 실패를 없애는 사전 규제와 개별 평가로, 기댓값 전략은 성공의 기댓값을 높이기 위한 사후 평가와 전체 평가로 이루어진다. 효율에서 혁신으로의 패러다임 전환이 국가의 최대 당면 과제이다.

국가는 효율 성장의 단순계를 지나면 혁신 성장의 복잡계로 들어서게 된다. 단순계와 복잡계는 달라도 너무 다르다. 숱한 국가가 패러다임 전환 단계에서 실패하는 이유다.

효율성장은 단순한 기계적 과정이다. 성공은 좋은 것이고 실패는 나쁜 것이다. 성공의 확률을 높이는 것이 중요하다. 혁신성장은 창조적 파괴 과정이다. 성공과 실패가 혼재되어 있어 실패를 없애면 성공도 사라진다. 성공의 기댓값을 높이는 것이 중요하다.

확률 전략과 기댓값 전략은 달라도 너무 다르다. 확률 전략은 실패를 없애는 사전 규제와 개별 평가로 이루어진다. 기댓값 전략은 성공의 기댓값을 높이기 위한 사후 평가와 전체 평가로 이루어진다.

기업의 경우를 비유해 보자. 효율전략은 기계적 생산과정에 해당하는 전략이다. 생산 과정에서는 실패의 불량품을 걸러내어 결과가 동일해야 한다. 더 좋은 것을 만드는 것이 아니라 나쁜 것을 없애는 것이 생산의 목표다. 혁신전략은 창조적 연구개발에 해당하는 전략이다. 연구의 결과는 동일하지 않아야 하고 실패는 성공으로 가는 길이다. 실패는 나쁜 것이 아니라 학습의 과정인 것이다.

기업과 같이 국가도 추격형 효율 전략에서 실패는 나쁜 것이었다. 학생들은 틀리면 안 되고, 정책은 불확실성을 배제해야 하고 연구과제는 성공해야 했다. 이러한 추격 전략으로 한국은 전 세계에 비교할 대상이 없을 정도로 압도적인 성공을 이룩했다.

그런데 세상이 바뀌었다. 추격형 효율전략으로는 중국을 당해낼 수 없게 되었다. 탈 추격의 혁신전략으로의 전환은 과거 성공의 관성으로 벽에 부딪혔다. 그 결과 국가 경쟁력의 급속한 추락이 야기되었다.

이제 효율에서 혁신으로의 패러다임 전환이 국가의 최대 당면 과제라고 할 수 있다. 감사원의 정책감사는 이제 득보다 실이 커진 지 오래다. 기업의 배임죄는 기업 혁신을 가로막는 걸림돌이 되었다. 국가연구개발 성공 평가는 쌀로 밥하는 연구의 온상이 되었다. 안정 위주의 엄마들의 욕구는 청년들의 도전 의욕을 꺾고 공무원 시험에 올인하게 만들었다. 그 결과는 일자리의 상실이다.

이제 혁신의 방정식을 만들어 보자. 성공의 기댓값에서 실패의 비용을 빼면 혁신의 기댓값이 나올 것이다. 즉 기댓값 $E=aX-(1-a)Y$ (a=성공 확률, X=성공의 보상, Y=실패 비용)이 된다. 예를 들어 벤처창업의 성공 확률이 50%이고 성공시 10억을 벌고 실패시 1억의 비용이 든다면, 벤처창업의 기댓값은 4.5억이 된다.

실패를 없애려는 사전규제는 성공의 보상을 제약해 혁신을 저해하는 역할을 한다. 정직한 실패를 용인하고 이를 통해 학습을 하는 사회에서 성공의 기댓값은 증가하게 된다. 문제를 없애는 것이 아니라 문제를 통해 배워 나가는 것이 시장경제가 계획경제를 압도한 이유다. 90%이상 성공하는 국가 연구과제는 결국 그저 그런 연구를 양산해 성공의 보상을 낮추는 결과를 초래했다.

국가의 혁신은 기업 혁신의 합이다. 불확실한 혁신은 근본적으로 기업의 역할이다. 국가가 직접 혁신을 하려는 정책이 성공한 사례는 지난 20년간 찾아보기 어렵다. 산업혁명사를 살펴보면 창조적 도전의 기업가정신이 살아있는 국가는 발전하고 기업가를 대우하지 않는 국가는 추락했다. 기업가정신은 성공의 기댓값에 비례하므로 성공의 성과를 키우고 실패 비용을 줄여주는 것이 국가의 역할이 된다. 즉 인수합병M&A과 기업공개IPO와 같은 회수 시장을 활성화하고 공유경제와 창업 플랫폼을 통한 투입비용을 줄이고 신용불량과 같은 실패비용을 최소화하는 것이 국가의 혁신정책이다.

여기에서 성공한 기업인들이 성공의 기댓값을 독식하면 양극화로 인한 사회 갈등이 야기된다. 성공한 기업인들이 다시 후배 기업인들이 성공할 수 있도록 사회적 기여를 할 때 국가는 성장과 분배의 선순환을 지속할 수 있게 된다. 성장과 분배의 선순환이 바로 포용적 성장으로 가는 길이다. 여기에서 중요한 건 방점이 '포용'이 아니라 '성장'에 있다는 것이다.

틀리지 않는 전략에서 다르게 성공하는 전략으로의 대전환이 대한민국에 주어진 과제다. 효율에서 혁신으로 국가 패러다임을 바꾸자.

이데일리 18-11-05

혁신의 3대 조건:
기업가정신, 시장경제 그리고 포용

'기업가정신'은 혁신의 리더십이다. 기업가정신은 '시장경제'라는 토양에서만 꽃피운다. 기업가정신과 시장경제가 지속 가능하기 위해서는 포용적 제도가 뒷받침돼야 한다.

4차 산업혁명에서 혁신이 가속화하고 있다. 반복되는 일을 잘하는 효율과 새로운 일을 잘하는 혁신 중에서 혁신의 비중이 급속히 늘고 있다. 효율의 패러다임에서 혁신의 패러다임으로 국가 가치관이 재정립돼야 한다는 의미다.

농업혁명 이후 만년 동안 정체했던 소득이 18세기 중반의 산업혁명 이후 불과 250년 만에 100배 증가했다. 대략 농업이 2배 증가하고 농업 외 산업이 50배 증가한 소위 '대분기great divergence'라는 수직 상승의 동력은 혁신이었다. 정체됐던 중세 사회가 성장하는 근현대 사회로 혁신한 것이다. 혁신을 뒷받침하는 기업가정신·시장경제·포용적 제도가 산업혁명 이후 사회 변화의 3대 화두라고 할 수 있을 것이다.

국가 발전과 소득 증가의 주역은 혁신이다. 혁신의 리더십은 바로

'기업가정신'이다. 산업혁명은 창조적 도전을 통해 신기술을 개발하고 신시장을 개척하는 기업가정신 없이는 불가능했다. 기업가정신은 시장경제라는 토양에서만 꽃피운다. 시장경제가 작동하는 국가에서 절대 빈곤은 사라진다. 아직도 하루 소득 1.9달러 이하라는 절대 빈곤에 허덕이는 10%의 국가는 자유시장의 결여가 공통점이다. 혁신은 시장에서 기업가들의 경쟁을 통해 자라기 때문이다.

기업가정신과 시장경제가 지속 가능하기 위해서는 포용적 제도가 뒷받침돼야 한다. 승자 독식의 약탈적 제도에서는 빈곤층 증가에 따른 사회 불안이 시장을 저해하는 세력을 키우게 된다. 노블레스 오블리주가 작동하는 포용적 제도가 기업가정신과 시장경제를 지속 가능하게 한다. 지난 1820년 이후 영국의 1인당 소득이 100배 증가하는 동안 상위 10%의 부는 50%에서 20% 내외로 평준화됐다. 소득 증가와 부의 분배가 동시에 진행된 것이다. 반면 포용적 제도가 정착하지 못한 아프리카와 남미 일부 국가에서는 소득이 정체되고 부의 불균형은 증가했다.

자유시장의 혁신 사회와 통제 보호의 정체 사회는 달라도 너무 다르다. 정체 사회는 단기적 평등인 결과 평등을 지향한다. 혁신 사회는 장기적 평등인 기회 평등을 지향한다. 혁신은 결과보다 과정을 의미한다. 시간이라는 변수가 활약하는 사회는 진화한다. 과거 공산체제의 동유럽을 방문했을 때 경악한 사실은 생산 자동차 모델이 30년을 넘었다는 것이었다. 잠자는 숲 속의 공주와 같이 정체된 사회에는 통제와 보호라는 안정된 질서가 자리 잡고 있었다. 그러나 혁신이라는 돌연변이가 없어 사회 진화는 멈췄다.

혁신 사회는 단기적으로 불균형을 초래한다. 불확실한 도전에 보상이 없으면 혁신은 사라진다. 기업가적 혁신에 보상하면 그 결과는 당연히 부의 불균형을 초래하게 된다. 그런데 적절한 불균형이 사회 혁신의 동력이 돼 반복되면 사회 전체의 부는 증가하는 플러스섬plus sum 사회가 된다. 반면 약탈적 사회는 사회 전체의 부가 감소하는 마이너스섬minus sum 사회가 되고 혁신이 없는 사회는 사회 전체의 부가 정체된 제로섬zero sum이 된다. 산업혁명의 승자는 플러스섬의 열린 사회였고 패자는 제로섬과 마이너스섬의 닫힌 사회였다. 승자는 포용적 제도를 통해 성장의 열매를 나누는 제도를 확립해간 것이다. 혁신으로 성장하고 포용으로 지속하라는 것이다.

결과를 평등하게 만드는 제도는 일회성 게임에서만 작동할 수 있었다. 단기적 평등이다. 기회의 평등하에 혁신으로 경쟁하는 시장은 반복되는 게임에서 진화했다. 장기적 평등이다. 혁신은 반복되는 게임에서의 승리 법칙이다. 혁신은 과정이다. 패자에게 재도전의 기회가 제공돼야 한다는 의미다. 불공정한 혁신 게임 룰이 진입 장벽이다. 혁신가에게 진입 장벽이 보상으로 제공되면 지대추구rent seeking의 정체 사회가 된다. 대기업의 특권과 중소기업 업종 과보호와 과도한 노조 권력 등이 바로 혁신을 저해하는 지대 추구들이다.

서울경제 19-05-08

혁신의 본질은
실패다

실패는 나쁜 것이 아니다. 부분의 실패를 통하여 전체는 진화한다. 대부분의 돌연변이는 쓸모없으나, 돌연변이를 통하여 생명체는 진화해 왔다. 혁신과 실패는 돌연변이와 같이 기업 진화의 원동력인 것이다.

혁신과 실패의 관계는 손바닥의 앞뒤와 같다. 불확실성에 도전하는 혁신에는 실패가 이미 내포되어 있다. 혁신을 부르짖는 조직에서 실패를 징벌하면 진짜 혁신은 사라지고, '척'하는 가짜 혁신만 남게 된다. 가짜 혁신은 '쌀로 밥하는 혁신', 즉 실패의 위험성이 없는 혁신을 의미한다. 혁신과 실패의 관계에 대하여 깊이 있는 논의가 필요한 이유다.

필자가 글로벌 대기업들과 경쟁하는 벤처기업을 창업했을 때 내세운 구호가 '실패에 대한 지원'이었다. 벤처기업이 세계적 기업과 경쟁하려면 혁신적 도전이 유일한 돌파구라고 판단했기 때문이었다. 그런데 문제는 일부 신입사원들이 대충한 결과, 실패하는 경우들이 빈번하게 발생하기 시작한 것이다. 당연히 이러한 태만에 의한 실패를 지원하면 회사는 버티기 어려울 것이다. 그렇다면 실패는 지원하지 않아야 하는가? 고민이 시작된 것이다.

복잡계의 실패와 단순계의 실패는 본질적으로 다르다. 품질이 중요한 단순계의 생산 공장에서는 불량이라는 실패는 용납할 수 없다. 그런데 혁신이 중요한 복잡계의 연구소에서는 뻔한 연구는 용납할 수 없다. 복잡계에서 실패는 혁신으로 가는 길이다. 문제의 핵심은 좋은 실패와 나쁜 실패를 구별할 기준 정립에 있었다. 반복되지 않는 혁신의 성격상 나쁜 실패의 표준을 정하는 것은 불가능한 일이다. 여하튼 논의의 1차 결론은 '도전에 의한 실패는 지원하되, 태만에 의한 실패는 지원하지 않는다'는 것이었다.

문제는 도전에 의한 실패와 태만에 의한 실패를 어떻게 구별하느냐에 달려있었다. 맥아더 장군은 "전투에 실패한 군인은 용서할 수 있어도 경계에 실패한 군인은 용서할 수 없다"고 선언한 바 있다. 그런데 사업에서 전투와 경계의 구분은 불분명한 것이 현실적 한계였다. 결국 도전에 의한 실패는 배움의 가치가 있으나, 태만에 의한 실패는 배움이 적다는데 의견이 집약되었다. 그래서 학습 효과를 실패 지원의 기준으로 삼게 된 것이다.

학습 효과의 판단은 누가 할 것인가. 역시 표준 법칙을 만드는 것은 불가능하기에, 학습 효과는 집단지능으로 판단하는 방법이 거의 유일하다는 결론을 내리게 된다. 그런데 전제 조건은 조직내에 편가르기가 없어야 한다는 것이다. 조직 전체를 위한 공유가치가 있어야 집단

지능에 의한 학습효과 판단이 가능하게 된다. 결국 리더십과 공유가치의 문제로 혁신과 실패의 문제가 귀결된 것이다.

실패에 대한 지원은 도전을 장려하고 혁신을 가능하게 하는 긍정적 효과가 있다. 그러나 동시에 실패 비용이란 부정적 효과가 있다. 실패에 대한 무조건적 지원은 기업의 자원을 낭비하게 하고, 실패에 대한 과도한 징벌은 기업의 혁신을 가로막는다. 결국 실패 지원을 통한 긍정적 효과와 부정적 효과의 균형 감각이 실패 지원의 관건이라는 데 전체의 결론이 모아졌다. 기업의 혁신역량이란 실패 지원의 균형추에 달려있는 것이다.

도전에 대한 실패를 지원하면서 직원들은 자발적 동기부여를 통하여 혁신에 과감히 도전하게 되었다. 실패를 통한 학습은 전체 집단지능을 공유하는 학습이 되었다. 도전적 목표를 설정한 직원들은 단기간에 급격한 역량을 배가해 갔다. 이러한 과정을 도전을 통한 인간과 업적의 통합이라는 이름의 목표관리mbo로 정리했다.

소문자의 목표관리mbo는 고故 피터 드러커 교수가 인간의 업적 통합의 대안으로 제시한 이론이나, 현재 컨설팅회사들의 대문자 목표관리MBO는 업적만을 반영하는 노르마Norma관리다. 진정한 목표관리는 상호합의를 통한 도전적 목표 설정이 가능해야 한다. 따라서 KPIKey Performance Index로 평가하는 결과 지향적인 목표관리는 직원들에게 낮은 목표를 설정하게 하는 수동적 기업문화를 야기한다. 실패하지 않는 수동적 목표를 설정한 타 회사에 비하여 3년 후에는 샐러리맨과 기업가만큼의 엄청난 차이를 보이게 되었다.

새로운 사업들이 여기저기서 봇물터지듯 탄생하여 일부는 실패하고 일부는 성공하여 스핀오프 창업으로 이어졌다. 그리고 100개의 기업들이 만들어지고 15개 이상이 코스닥 상장이 이루어졌다. 활기찬 기업의 에너지는 우수 신규 인력을 끌여 들이는 선순환 과정을 만들었다. 도전적 실패를 지원한 결과는 혁신을 통한 새로운 가치창출로 이어진 것이다.

그렇다면 실패는 나쁜 것이 아니다. 부분의 실패를 통하여 전체는 진화한다. 대부분의 돌연변이는 쓸모없으나, 돌연변이를 통하여 생명체는 진화해 왔다. 혁신과 실패는 돌연변이와 같이 기업 진화의 원동력인 것이다. 복잡계의 혁신에서 실패는 본질이 된다.

디지털타임스 19-07-21

마윈 8번, 트럼프 4번 좌절…
'실패'를 許하라

기업가가 혁신을 통하여 부를 창출하도록 하는 것이 필요조건이고 취약층을 포용하는 것이 충분조건이라는 것이다. 바로 포용적 성장의 올바른 개념이 지속가능한 기업가정신에 있다.

'혁신의 리더십'인 기업가정신의 의미를 되짚어 보자. 산업혁명 250년 역사상 증대한 부의 94%는 기업가에 의하여 창출되었다고 한다. 노동과 토지가 아니라 기업가의 혁신에 의하여 세상은 풍요로워진 것이다. 경제학자 대런 에스모글로우는 '국가는 왜 실패하는가'라는 방대한 책에서 혁신을 저해하면 국가가 실패한다는 단순한 명제를 제시하고 있다. 즉 기업가가 혁신을 통하여 부를 창출하도록 하는 것이 필요조건이고 취약층을 포용하는 것이 충분조건이라는 것이다. 바로 포용적 성장의 올바른 개념이 지속가능한 기업가정신에 있다.

필자는 혁신에만 치우친 서구의 기업가정신 이론들을 기업가정신 1.0으로 분류하고 혁신과 분배를 선순환하는 기업가정신을 기업가정신2.0으로 정의한 바 있다. 기업가들이 혁신하지 않는 사회는 분배도

악화된다는 것을 역사는 입증했다. 그러나 혁신 성장이 지속되기 위해서는 다수의 비혁신가와 괴리되어서는 안 된다는 것을 혁신의 선구자 슘페터가 얘기한 바 있다. 필자가 기업가정신 교육 도입을 위한 교사들과 토론에서 얻은 느낌은 학교에서 기업가를 천시하고 있다는 것이었다. 다수가 기업가란 다른 사람의 부를 가져가는 제로섬 게임 플레이어로 인지하고 있었다. 기업가는 혁신을 통하여 새로운 부를 창출하고 이를 사회에 선순환시킨다는 인식이 필요하다. 지속가능한 혁신은 지속가능한 기업가정신에 비롯된다는 것이 '부의 창출과 분배의 선순환 리더십'인 기업가정신2.0이 등장한 배경이다.

우선 부의 창출을 살펴보자. 고故 티몬스Timmons 교수는 기회Opportunity를 포착하면 자원Resource이 부족해도 기업가Entrepreneur적 도전을 하는 기업가정신의 ORE 모델을 제시한 바 있다. 과연 한국에서는 어떠한가. 기회만 있다고 도전하여 실패하면 평생 신용불량자가 된다. 단 필자가 주창한 창업자 연대보증 폐지 주장이 받아들여지면서 공공부문의 연대보증은 개선되었으나, 아직도 민간 금융은 변하지 않고 있다. 유한책임이란 주식회사의 원칙이 한국에서는 적용되지 않고 있는 것이다.

네덜란드가 발명한 유한 책임 주식회사는 기업과 개인을 분리한 자본주의 시장경제의 기본 전제였다. 그런데 불투명한 과거 경영 환경에서 기업인들은 기업의 부를 빼돌렸다. 그 결과 '기업은 망해도 기업인을 잘 사는 현상'이 발생했다. 이를 방지하기 위하여 기업의 책임을 기업가에게 무한 연대 보증하는 한국의 갈라파고스적인 무한주식회사 제도가 등장했다. 그 결과 유능한 청년들은 기업가적 길을 외면하고 공무원의 길을 밟게 된 것이다. 실패한 기업인은 결혼도 하지 못하는 것이 불편한 현실이다.

- **누가, 무엇을 해야 하는가…정부는 '공정', 대기업은 '효율'**

다시 기업가정신을 부양하기 위하여 각 부문의 역할을 살펴보기로 하자.

관료의 철학이 안정의 불패라면 기업가의 철학은 도전의 필승이다. 혁신성장에서 관료와 기업의 역할을 살펴보자. 국가 발전에서 정부와 대기업과 중소벤처의 역할은 공정, 효율, 혁신으로 나누어진다. 우선 정부의 역할은 공정이다. 정부는 결코 효율적이지도 혁신적이지도 않다. 따라서 혁신성장에서 정부의 역할은 제도를 만들고 심판을 보는 작은 정부가 되어야 한다. 대기업의 역할은 효율이다. 규모의 경제를 통하여 자본의 효율성을 극대화하여 국가 경쟁력을 강화하는 것이다. 그러나 대기업은 혁신적일 수 없다. 혁신은 조직의 규모에 반비례한다. 큰 조직에서의 복잡한 역학 관계는 혁신을 죽이는 독약이다. 그래서 구글과 아마존과 같은 대기업도 새로운 사업은 중소벤처의 혁신에서 획득하고 있는 것이다.

● 실리콘밸리는 어떻게 '기업가정신 메카'가 됐나…개방 플랫폼 확산이 성공 열쇠

이제 기회와 도전이라는 관점에서 기업가정신을 재조명해 보자.

하워드 스티븐슨 하버드 경영대학원 교수는 기업가정신은 기회의 포착이라고 정의한 바 있다. 혁신의 기회는 연결로 시작된다. 연결을 저해하는 각종 규제를 철폐하고 부처별 장벽을 철폐하는 것이 기회를 제공하는 첩경이다. 예를 들어 데이터 기반의 4차 산업혁명에서 통신사들의 데이터 독점은 새로운 벤처 창업을 가로막게 된다. 원격의료와 차량공유와 같은 진입장벽도 혁신의 기회를 없애고 있다. 소비자 후생을 중심으로 혁신의 기회를 최대한 제공하는 사회가 되기 위해서는 자격증과 같은 진입장벽도 최소화해야 한다. 세계는 지금 간판에서 평판으로 이동하고 있다. 학위가 중요한 것이 아니라 능력이 중요한 사회가 된다. 통제와 보호라는 기계적 패러다임에서 자율과 경쟁이라는 유기적 패러다임으로 전환되어야 기회가 제공된다.

4차 산업혁명은 인프라는 공유하고 혁신으로 경쟁하는 사회다. 인프라 공유를 위한 플랫폼이 중요한 이유다. 실리콘 밸리의 성공은 공유 플랫폼의 확산 과정이었다. 소프트웨어를 공유하고 데이터를 공유하고 클라우드를 공유하고 설비를 공유했다. 그리고 창조적 혁신으로 경쟁했다. 그 결과 세계를 앞서는 기업가정신의 메카로 부상했다. 개방 플랫폼의 확산이 모두를 살리는 길이다. 개방 혁신이 서로를 키우는 길이다. 대기업부터 개방 공유에 앞장서도록 각종 제도 혁신이 필요하다. 특히 대기업과 중소벤처의 M&A가 반드시 풀고 가야 하는 숙제다.

● **실패 기업인에 주홍글씨 붙이는 한국…실패 복원 '혁신 안전망' 세워라**

혁신에는 성공과 실패가 공존한다. 정직한 실패 기업인에게 주홍글씨의 신용불량 딱지를 붙이면, 청년들은 창업보다는 공무원을 선택하게 된다. 정직한 실패를 지원하는 혁신의 안전망이 기업가정신을 살리고 국가를 살리는 대안이다. 그렇다고 모든 실패를 지원하는 것은 국가 자원의 낭비를 초래한다. 소위 혁신의 딜레마를 살펴보기로 하자.

효율성장은 성공의 확률을 높이는 것이고, 혁신성장은 성공의 기댓값을 높이는 것이다. 확률 전략과 기댓값 전략은 달라도 너무 다르다. 확률 전략은 모두를 성공시키는 것이라면 기댓값 전략은 일부의 성공에서 얻은 성과가 나머지 실패 비용보다 크면 된다는 것이다. 예를 들어 샐러리맨 10명이 모두 열심히 일해서 1억을 벌면 전체 수익은 10억이 되는 것이 확률 전략이라면, 청년들 10명이 창업하여 2명은 성공하여 각각 10억씩 20억을 벌고 나머지 8명은 실패하는 것이 기댓값 전략이다. 여기에서 실패한 8명에게 실패자의 주홍글씨를 붙이면 청년들의 도전은 사라지고 공무원 시험에 몰입하게 된다.

그렇다고 도덕적 해이가 있는 실패도 지원하라는 것은 아니다. 대체로 도덕적 해이는 5% 미만이라는 연구가 있다. 이를 사전에 규제하는 것이 아니라 사후에 가중 징벌하라는 것이다. 정직한 실패는 지원하고 정직하지 않는 실패는 가중징벌해야 한다는 것이다. 마치도 KTX 표의 사전 검사는 하지 않으나, 사후 발각시 30배 벌금을 무는 것과 같은 논리다. 필자가 1,000명의 청년들 대상으로 설문조사를 한 결과 불과 3%만이 창업의지를 표명했다. 그런데 신용불량이 없도록 보장한다는 조건에서는 무려 20%로 창업의지가 6.6배 폭증했다. 이는 미국과 유사한 수치였다. 기업가정신은 정직한 실패에 대한 지원이 필수 조건인 이유다.

그러나 모든 실패를 지원하면 안된다. 실패에 대한 지원의 전제 조건도 당연히 있다. 우선 기업가적 도전을 통한 성공의 기댓값이 투입 자원보다 많아야 한다는 것이다. 다음으로 기업가정신 함양에 가장 중요한 제도는 바로 혁신의 안전망이라 명명한 정직한 실패에 대한 지원이다. 알리바바의 마윈은 8번 실패를 했고 트럼프도 4번 실패했다. 실패는 나쁜 결과가 아니라 성공으로 가는 길이다.

정부의 혁신도 실패에 대한 무차별 징벌로 사라지고 있다. 공무원들은 감사원의 정책 감사가 두려워 혁신을 회피한다. 감사원의 정책감사가 과거 정책의 실패 감사는 지양하고 미래 혁신을 촉진하는 감사로 전환되어야 한다. 기업의 감사도 마찬가지다.

기업가정신은 연구소와 대학의 혁신에도 필수 불가결하다. 한국의 연구 개발 성공률은 95%라는 세계 최고 수준인데 정작 획기적인 사업화 사례는 드물다. 문제는 실패로 판정된 연구 책임자는 다음 연구를 맡을 수 없는 평가 구조에 있다. 결국 혁신성이 결여된 연구는 산업화로 이전되기 힘들다. 부분의 실패를 통하여 전체가 성공하는 대안이 바로 혁신의 안전망이다.

● **기업가정신 교육이란······장사꾼 아닌 '혁신가' 만드는 과정**

그렇다면 이러한 기업가가 기업가정신 교육으로 꽃피울 수 있는가에 대해 의문을 갖는 사람도 많다. 연애학을 가르친다고 연애를 잘하는 것은 아니지 않는가 하는 논리의 연장이다. 그런데 미국의 애리조나 대학에서 13년간 추적 연구한 기업가정신 연구 결과는 우리에게 시사하는 바가 크다. 기업가정신 교육을 받은 집단과 그렇지 않은 집단의 창업이 무려 3배 차이를 보인다는 결과였다. 더욱 놀라운 것은 창업을 하지 않은 그룹에서도 기업가정신 교육을 받은 쪽이 연 수입이 27% 많고, 자산은 62%가 더 많다는 것이었다. 이와 유사한 유럽의 실험에서는 취업률도 2배 높다는 결과를 얻었다.

결론은 명백하다. 창업을 하든 안 하든 기업가정신에 대해 교육을 하는 것이 모두에게 유리하다는 것이다. 미국과 유럽의 주요 국가들이 기업가정신 교육을 중심으로 교육 혁신을 추진하고 있는 이유다. 기업가정신은 '혁신의 리더십'이다. 혁신이 주도하는 세상이 되면서 기업가정신이 세상의 변화를 주도하는 것은 너무나도 당연하다. 혁신을 통해 가치를 만들어 분배하면 윈-윈win-win의 선순환 구조를 만들 수 있다. 혁신 없는 부는 양극화를, 혁신 없는 분배는 황폐화를 초래한다. 지속가능한 혁신은 가치창출과 가치분배의 선순환 리더십인 기업가정신으로 가능해진다. 기업가정신 교육은 장사꾼이 아니라 혁신가를 만드는 교육인 것이다. 기업가정신 교육은 윤리교육과 인성교육을 승화시킨다.

필자가 2009년부터 카이스트에서 중학생 대상으로 시작한 기업가정신 교육 실험인 IP-CEO의 결과는 놀라울 정도다. IP-CEO 교육은 'less teaching, more learning'의 프로젝트 교육PBL을 중심으로 진행되었다. 그 결과 중학생들은 평균 연간 사업계획과 특허 4건을 포함한 놀라운 성장을 보여주었다. 이제 이 교육체계의 전국 확산을 필요하다.

● **4차 산업혁명은 마지막 기회……대한민국, 기업가정신으로 무장해야**

4차 산업혁명은 하늘이 대한민국에 제공한 마지막 기회다. 2025년 초고령화 사회 진입 이후에 한국의 혁신 역량은 한계에 봉착할 것이기 때문이다. 4차 산업혁명은 인공지능과 더불어 살아가는 세상이 된다. 반복되는 효율에서 창조적인 혁신으로 국가 패러다임의 변화를 의미한다. 반복되는 효율을 담당할 인공지능과 창조와 협력을 담당할 인간의 협업 세상에서 미래의 인재상은 '협력하는 괴짜'가 된다. 닫힌 효율에서 열린 혁신으로 가는 4차 산업혁명의 미래 세상은 기업가정신이 이끌어 가는 세상이 될 것이다. 모든 교육은 기업가정신을 바탕으로 재구성되어야 한다. 모든 사회 조직도 기업가정신을 바탕으로 혁신해야 한다.

이데일리 19-01-01

혁신의 3대 요소:
창조성, 플랫폼 그리고 선순환

창조성 발현을 위한 '연결성의 강화'와 도전을 장려하는 '혁신의 안전망', 혁신성과를 확산시키는 '선순환 제도'가 혁신의 3대 요소가 된다.

혁신은 성장을 이끌고 고착화를 타파하며 분배의 원천이 된다. 모든 국가와 기업이 혁신을 부르짖는 이유다. 그러나 성공적 혁신에 이르는 과정은 험난하기에 대부분의 조직에서는 혁신이 아니라 혁신하는 척을 하고 있다. 이제 기업가정신, 시장경제, 포용적 제도라는 혁신의 3대 조건에 이어 혁신의 3대 핵심요소를 정리해보려 하는 이유다.

혁신은 '창조적 아이디어가 도전의 열매로 사회를 진화시키는 과정'이다. 창조성 발현을 위한 '연결성의 강화'와 도전을 장려하는 '혁신의 안전망', 혁신성과를 확산시키는 '선순환 제도'가 혁신의 3대 요소가 된다. 이를 하나씩 살펴보자.

'창조성은 연결이다'라는 것은 스티브 잡스가 자주 인용한 오래된 상식이다. 창조성은 기존 지식의 나열이 아니라 지식의 낯선 연결로 발현된다. 연결을 저해하는 장벽의 철폐와 연결을 촉진하는 플랫폼 구축이 창조성 발현을 위한 양대 과제다. 장벽에는 진입장벽·부처장벽·규제장벽이 있다. 신산업의 진입을 막는 장벽이 산업의 연결성을 저해한다. 정부 부처 간 장벽이 국가 전체의 연결성을 저해한다. 규제장벽이 새로운 생각을 저해한다. 전문성이라는 이름으로 쌓아 올려진 각종 장벽이 우리 사회의 창조성을 저해하고 있다. 전문성은 중요하나 창조성을 가로막는 장벽이 돼서는 안 된다. 효율과 안전이라는 명목으로 만든 규제장벽이 혁신과 반비례한다는 것은 프레이저 연구소 등에서 일찍이 확인된 바 있다.

연결을 저해하는 장벽이 철폐되면 연결을 촉진하는 플랫폼을 구축해야 한다. 인터넷의 등장으로 활성화된 온라인플랫폼은 지식을 연결하면서 새로운 창조성을 촉발했다. 오프라인의 연결비용은 비싸고 시간이 걸리나 온라인의 연결비용은 저렴하고 실시간 연결이 가능하다. 개방 플랫폼은 연결을 촉진해 사회 전체의 창조성을 높인다. 개방을 통한 데이터의 안전한 활용이 4차 산업혁명의 출발점이다.

낯선 연결을 통해 발현된 창조성의 씨앗들은 모두 열매를 맺지 못한다. 잘 알려진 혁신의 로저스 곡선에 따르면 불과 0.7%의 창조적 아이디어만이 실질적 성과를 낸다고 한다. 대부분의 창조성 구현의 도전은 실패로 끝난다. 통상적으로 80%의 도전은 실패한다. 그런데 실패한 도전을 징벌하면 그 사회와 조직에서 혁신은 더 이상 자라지 못한다. 혁신 대신 '혁신하는 척'만이 자리 잡게 된다.

모든 혁신은 실패와 손바닥의 앞뒤 같다. 실패를 없애면 혁신도 없어진다. 혁신을 위한 창조적 도전은 혁신을 지원하는 조직문화에서 지속 가능해진다. 바로 '혁신의 안전망'이 창조적 도전을 성공시키는 인프라인 이유다. 그런데 실패를 지원하면 혁신의 안전망을 악용하는 도덕적 해이가 우려된다. 혁신조직의 문화적 역량은 '도전에 의한 실패'는 지원하되 '경계에 의한 실패'는 징벌하는 실패로부터의 학습역량이라고 할 수 있다.

그런데 연결성과 혁신의 안전망으로 창조적 도전에 성공한 사회는 지속 가능한가를 질문해야 한다. 창조적 도전에 성공한 기업가를 찬양하고 보상하면 사회의 부는 불균형을 이루게 된다. 삼성의 이병철 창업자와 현대의 정주영 창업자가 이룬 부를 모두가 찬양하지는 않는다. 일부는 게임의 법칙이 불공정하다고 주장하고, 일부는 과정은 공정해도 결과는 불공평하다고 주장한다. 그 결과 다수 국민의 뜻에 부응한 규제정책들이 발동해 국가 혁신을 저해하게 된다. 성장과 분배를 선순환시키는 제도가 필요한 이유다. 혁신을 지속 가능하게 하려면 혁신가들이 진입 장벽을 쌓지 않아야 한다. 혁신가들이 노블레스 오블리주를 실천해야 혁신은 지속된다.

국가는 혁신의 리더십인 기업가정신 교육을 강화하고 기업가에 대한 인식을 제고해야 하며 벤처창업을 촉진해야 한다. 혁신의 주역은 기업가이고 그 바탕에 선순환 기업가정신이 있다. 혁신은 결과가 아니라 지속적인 도전의 과정이다.

서울경제 19-05-15

혁신은
창조적 파괴다

혁신의 본질은 '창조적 파괴'다. 기존의 저(低)부가가치 일자리를 파괴하고 새로운 고(高)부가가치 일자리를 만드는 과정이다.
파괴를 두려워하면 혁신은 사라진다.

    대한민국의 성장은 이제 혁신에 달려 있다. 한강의 기적 시대에 유효했던 요소와 자본에 의지한 성장은 한계에 도달했다. 모두가 혁신성장을 부르짖으나 대부분은 혁신성장의 의미를 잘 모르고 있다. 구호와 흉내 내는 '척'하는 혁신은 진정한 혁신을 저해한다. 규제 개혁하는 척이 아니라 진실한 규제 개혁을 위해 혁신의 의미부터 되짚어보자.

    혁신의 본질은 조지프 슘페터의 말대로 '창조적 파괴'다. 기존의 저低부가가치 일자리를 파괴하고 새로운 고高부가가치 일자리를 만드는 과정이다. 농업의 일자리를 파괴해 제조업을 만들고 단순 제조업을 파괴해 지식 서비스업을 만들면서 사회가 발전했다는 것이 산업혁명 250년 역사의 교훈이다. 파괴를 두려워하면 혁신은 사라진다.

    금융위기 과정에서 실업률 증가는 일자리 보호 규제와 정비례했다. 하르츠 개혁으로 노동 시장의 유연화를 달성한 독일보다 프랑스가 실업률이 높고 프랑스보다 경직화된 일자리 보호 국가인 스페인과 포르투갈이 직격탄을 맞았다. 일자리를 보호하면 실업률이 증가한다는 일자리 패러독스가 창조적 파괴의 의미를 대변한다. 현대자동차 등 대기업의 경직화된 노동 보호는 지난 20여년간 한국에 새로운 자동차 공장이 만들어지지 않는 결과를 초래해 국내 일자리 창출을 가로막았다.

기술혁신과 시장혁신이라는 혁신의 두 얼굴을 이해하는 것이 일자리 패러독스 해소의 비밀 코드이자 규제 개혁의 출발점이다. 기술혁신은 생산성 향상을 통해 일자리를 줄이거나 노동시간을 줄인다. 1811년 영국에서 기계 파괴의 러다이트 운동이 등장하고 1961년 타임스가 컴퓨터 도입으로 인한 사무직 일자리 파괴를 경고하고 지금 인공지능 AI으로 인한 일자리 상실을 우려하고 있다. 그런데 놀랍게도 산업혁명 250년 역사상 실업률은 거의 변화가 없었고 평균 소득은 100달러에서 1만 달러로 증가하고 노동시간은 80시간에서 40시간으로 줄어들고 소득 집중도는 3배 이상 개선됐다. 기술혁신이 일자리를 파괴했으나 알 수 없는 무엇이 일자리를 창출하면서 사회가 발전한 것이다.

일각에서는 기술혁신 과정에서 창출되는 일자리가 파괴되는 일자리를 상쇄한다고 주장한다. 그러나 상식적으로 로보어드바이저가 만드는 일자리는 파괴되는 일자리보다 적고 반드시 적어야만 의미가 있다. 한편 혁신은 가죽을 벗기는 과정 혹은 팔을 자르는 과정이라고 혁신의 어려움을 은유적으로 강조하나 파괴의 아픔을 능가할 창조의 환희가 있어야 혁신의 존재의미가 있음을 잊지 말아야 할 것이다. 파괴를 넘어 창조로 가는 힘의 원천을 찾아봐야 하는 이유일 것이다.

일자리 창조의 비밀이 인간의 욕망에 있다는 것을 전 세계 학자들이 인지하지 못하고 있었다는 사실은 놀라운 일이다. 인간의 미충족 욕망을 충족시키는 과정에서 새로운 고부가가치 일자리가 등장해왔다는 것을 필자가 산업혁명의 재해석과 최근 미국의 일자리 분석을 통해 입증한 바 있다. 산업혁명은 기계-생존, 전기-안정, 정보-연결을 거쳐 자기표현-지능이라는 기술-욕망의 공진화로 인해 기술이 파괴한 일자리보다 좋은 일자리를 욕망이 창조한 '창조적 파괴' 과정이었다.

인간의 미충족 욕망을 찾아 새로운 사업의 기회로 포착하는 것이 기업가의 역할이다. 기술혁신의 부분적 성공에도 불구하고 기업가정신의 함양에 실패한 구소련 공산 국가들이 몰락한 것은 역사의 당연한 귀결이었다. 혁신의 리더십인 기업가정신을 무시하는 혁신성장은 원초적 오류다. 기업가는 위험하나 일자리를 창출하고 혁신은 위험하나 성장의 본질이다. 혁신과 기업가정신은 손바닥의 앞뒤와 같이 분리할 수 없다.

기술과 시장이라는 혁신의 두 얼굴은 기업가정신을 기술형 기업가정신과 시장형 기업가정신이라는 두 그룹으로 발전시킨다. 기술개발과 기회 포착에 창조적 도전을 하는 기업가정신의 최대 저해 요소는 규제의 장벽과 실패에 대한 과도한 징벌이다. 혁신성장을 위한 규제 개혁은 이제 선택이 아니라 필수다.

서울경제 19-06-05

혁신의
갈등 해소 전략

'기술혁신'으로 저부가 산업을 파괴하고, '시장혁신'으로 고부가 산업을 창출하는 과정에서 국가는 발전한다.

국가의 발전은 기술혁신으로 저부가 산업을 파괴하고 시장혁신으로 고부가 산업을 창출하는 과정으로 이룩된다. 4차 산업혁명은 소유의 가치관인 오프라인 현실세계와 공유의 가치관인 온라인 가상세계의 융합이다. 4차 산업혁명 혁신의 대부분은 온·오프라인 연계O2O 융합 영역에서 발생한다. 이들은 데이터를 활용한 예측과 맞춤으로 연결·선택·구독의 4차 산업혁명 사업 모델을 진화시키고 있다. 데이터 융합으로 스마트혁신을 이룩한 O2O 기업과 전통적인 오프라인 기업이 충돌하고 있는 것이 4차 산업혁명의 현실이다. 이러한 충돌 과정에서 국가가 취할 수 있는 시나리오들을 살펴보자.

#1 기존 산업 보호 시나리오: 로보어드바이저가 증권 트레이더의 일자리를 파괴하고 공유차량이 택시사업자를 위협하고 자동요금징수

기가 요금징수원의 일자리를 파괴하는 것은 당연히 사회적 갈등을 유발한다. 그런데 갈등을 없애기 위해 기존 산업을 보호하는 국가는 고부가가치 산업의 혁신을 저지한다. 바로 한국에서 일어나고 있는 일련의 현상이다. 카카오 같은 공유차량이 불허되고 도심의 공유숙박이 제한되고 심지어는 공유부엌조차 법적 규제에 가로막혀 있는 것이 한국의 불편한 현실이다. 그 결과 공장자동화를 저지하고 사무자동화를 저지한 국가들이 글로벌 경쟁에서 추락한 것과 같이 4차 산업혁명의 지능화 경쟁에서 추락하게 될 것이다. 저부가 일자리를 보호하면 고부가 일자리는 사라진다. 전 세계는 기존 산업과 혁신 산업의 갈등 대응 원칙을 다음과 같이 설정하고 있다. '소비자의 후생을 우선하라.'

#2 소비자 선택 시나리오: 혁신 산업과 기존 산업의 경쟁을 시장 기능에만 맡기면 그 결과는 대부분 혁신 산업의 승리로 끝난다. 혁신 산업은 고생산성을 바탕으로 총노동시간을 축소시켜 일자리가 감소하거나 노동시간이 줄어든다. 부의 양극화가 발생하고 사회적 갈등이 심화한다고 노동경제학자들은 주장한다. 시장 기능에만 맡긴 정글 자본주의는 사회적 포용성 부족으로 막대한 사회적 갈등 비용을 치를 가능성이 있다. 포용 없는 국가는 혁신을 저지하는 포퓰리즘이 득세해 혁신을 파괴한다.

#3 선순환 시나리오: 혁신을 통한 국가 전체의 국부 창출이 포용적 분배로 선순환되면 지속 가능한 사회가 된다. 원격의료를 예로 들어보자. 혈당관리 하나로 3조원 이상의 국부가 만들어지고 원격의료 전체

로 국가 의료비 140조 원의 7%인 10조 원이 절감될 수 있다. 국가 전체의 이익이 되는 원격의료가 유독 한국에서만 허용되지 않는 것은 강력한 이익집단의 반대 때문이다. 바로 1·2차 의료기관들이다. 이들에게 원격관리 환자 수와 성과에 비례해 보상하는 구조를 만들면 반대할 이유가 사라진다. 보상 구조를 믿을 수 있는 방법으로 제도화하면 된다. 국가이익 10조원의 30%인 3조 원만 투입해도 구조조정이 가능할 것이다. 이같이 혁신을 통한 국가이익의 일부를 소수의 불이익집단의 구조조정에 투입하는 것이 선순환 혁신 시스템이다. 우리에게는 이익단체 간의 합의 방식에 대한 학습 경험이 너무나 부족하다. 사회가 복잡해지면서 거버넌스 문제를 해결하지 못한 사회적 비용이 국가를 옥죄고 있다. 극한 대립을 통한 치킨게임의 승자가 되는 과정에서 국가 전체의 이익은 훼손된다. 전체 이익의 일부가 구조조정으로 순환되는 규모와 방법에 대한 사회적 제도가 필요한 이유다.

또 한편으로는 로보어드바이저로 사라진 트레이더들이 새로운 금융의 사업 기회를 포착해 창업할 수 있는 기회를 제공해야 한다. 이를 위해 기회 포착을 전제로 하는 기업가정신이 활성화돼야 한다. 기업가정신이 취약한 국가에서는 새로운 일자리 창출이 어렵고 이는 기존 일자리 보호의 명분이 돼 국가 전체를 악순환의 고리에 머물게 한다.

혁신 산업을 규제하지 않되 혁신 수익의 일부는 구조조정에 투입하는 대원칙이 4차 산업혁명으로 가는 길이다.

서울경제 19-06-19

성장과 분배가 선순환하는 지속가능한 사회

성장과 분배를 분리하고 순환시켜야 한다.
성장과 1차 시장 소득은 공정한 시장에, 분배와 2차 가처분 소득은 효율적인 제도에 맡기고, 3대 안전망 구축을 통해 성장과 분배를 순환시켜야 한다.
포용적 성장은 소득주도 성장과는 전혀 다른 개념이다. 성장은 저해하지 않고, 분배는 안전망 구축으로 뒷받침해야 한다. 중요한 것은 선한 의도와 선한 결과가 아니라 건강한 이익의 선순환 고리이다.

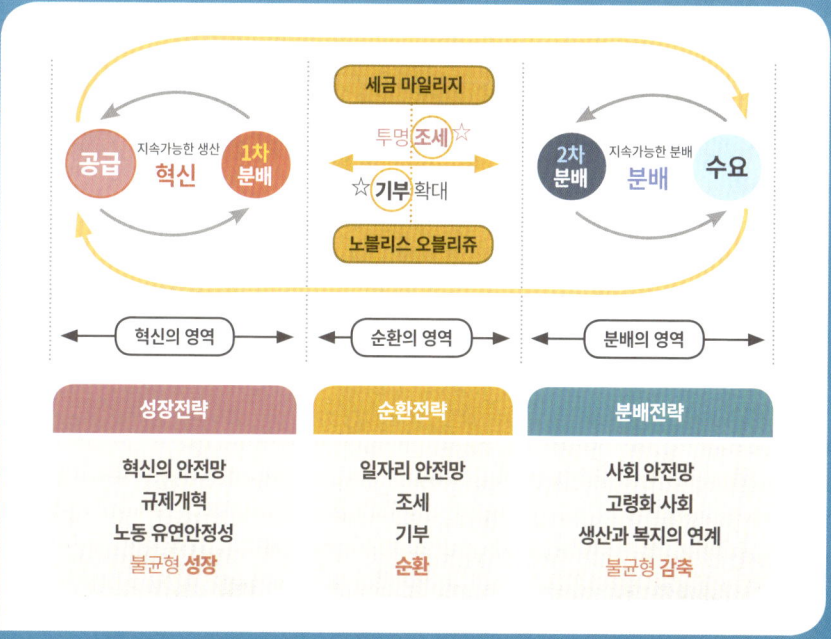

〈지속가능한 혁신성장 모델〉

혁신성장과
소득분배의 역설

혁신을 위해 규제를 개혁하고 노동유연성을 갖추고 혁신 안전망을 만들고, 분배를 위해 사회 안전망과 일자리 안전망을 만들고, 순환을 위해 조세와 기부의 경제 및 사회가치의 교환 구조를 만들면 된다.

    경제의 기본은 성장과 분배다. 파이를 키우는 문제와 파이를 나누는 문제는 둘 다 중요하다. 논쟁의 초점은 혁신과 소득이라는 두 요소가 어떻게 선순환 되는 균형을 만드느냐 하는데 있어야 한다. 과도하거나 과소한 최저임금 모두 문제다. 생산성보다 과격한 임금변화는 음식에 과다한 소금을 넣는 것과 같이 부정적 효과를 내게 된다.

    혁신성장과 소득분배는 본질적으로 패러독스역설 관계에 있다. 혁신은 기본적으로 창조적 소수에게서 나온다. 이러한 혁신을 촉진하기 위한 기업가정신은 강력한 보상체계로 활성화되는데, 이 과정에서 소득의 쏠림 현상으로 인한 양극화는 불가피하다고 할 수 있다. 빌 게이츠, 스티브 잡스와 같은 혁신가에게 혁신에 비례하는 큰 보상을 해 주면 당연히 양극화는 확대될 수밖에 없다. 균형화된 분배를 목적으로 하는 소득정책과 불균형 보상을 전제로 하는 혁신정책의 패러독스를 푸는 것이 우리가 처한 당면 과제인 셈이다.

혁신은 규제개혁과 노동유연성을 바탕으로 한 기업가정신 활성화로 구현된다. 혁신은 창조적 파괴다. 기존의 규제와 일자리가 창조적으로 파괴되어야 한다. 이러한 창조적 파괴를 이끄는 혁신의 리더십이 기업가정신이다. 파이의 몫을 키우는 혁신성장은 창조적 파괴 과정의 결과다. 파이의 몫이 고정되어 있다는 제로섬zero-sum의 공산주의가 실패한 이유는 모든 일자리와 모든 기업을 보호했기 때문이다. 포용적 성장을 주창한 대런 애쓰모글루의 결론은 창조적 파괴를 뒷받침한 사회는 발전했고 통제와 보호의 사회는 퇴보했다는 것이었다.

소득분배는 지속가능한 사회 발전을 위하여 반드시 필요하다. 소수의 혁신가가 부를 독점하는 사회에서 다수의 비 혁신가는 반드시 혁신가를 규제하게 된다는 것이 90년 전 조지프 슘페터의 주장이었다.

성장과 분배의 연결고리는 조세와 기부다. 우선 성장과 분배의 선순환 발전을 위한 연결 고리로서 노블레스 오블리주가 중요하다. 미국의 기부가 전 세계의 85%를 차지하고 있다는 점에 주목해야 하는 이유다. 기부가 명예라는 사회적 가치와 경제적 가치의 교환 체계가 되어야 한다. 고액 기부자가 존경받는 사회에서 노블레스 오블리주는 활성화된다.

조세도 마찬가지다. 사회적 가치, 경제적 가치와 교환되어야 한다.

고액 납세자와 납세 기업에 명예를 제공해야 한다. 조세와 기부는 강제적 규제가 아니라 자발적 교환 체계가 이뤄질 때 더욱 활성화된다. 특히 납세를 많이 한 기업가가 파산이후 끼니 걱정을 하지 않아도 되는 세금 마일리지 제도는 기업가정신 활성화를 위해 절실하다.

조세와 기부가 궁극적으로 기업 활동에 긍정적인 역할을 한다는 신뢰가 있어야 자발성이 고취될 것이다. 북유럽이 50%에 가까운 국민부담을 수용하는 이유는 조세를 통한 안전망이 결국 혁신성장의 기반이 된다는 신뢰가 전제되어 있기 때문이다. 제로섬의 사고가 아니라 플러스섬plus-sum의 선순환 사고가 성장과 분배의 연결 고리다.

착취와 쟁취라는 제로섬의 사고에서는 성장과 분배는 양립될 수 없다. 역사는 착취와 쟁취의 이념적 국가가 어떻게 몰락해 갔는지 극명하게 보여주고 있다. 혁신성장과 소득주도 성장(소득 분배)의 패러독스를 이해하지 못한 채 두 가지 모두 국가에 필요하다는 주장이 공허한 이유다. 경제가 가장 싫어하는 것은 이념이다. 북유럽은 안전망에 투자하고, 남유럽은 소모성 복지에 재정을 투입, 그 결과는 모두가 아는 바와 같다.

혁신성장과 소득 분배의 선순환을 위한 과제는 어렵지 않다. 혁신을 위해 규제를 개혁하고 노동유연성을 갖추고 혁신 안전망을 만들고, 분배를 위해 사회 안전망과 일자리 안전망을 만들고, 순환을 위해 조세와 기부의 경제 및 사회가치의 교환 구조를 만들면 된다.

한국의 규제개혁과 노동유연성은 글로벌 평가에서 최하위에 있고 기업가정신을 뒷받침하는 혁신의 안전망은 너무 취약하다. 혁신성장과 일자리 창출이 부진한 것은 당연한 결과다. 분배를 위한 일자리 안전망인 재교육과 재취업 시스템은 현실성이 없다. 혁신성장과 소득분배의 선순환이 문제다.

혁신성장과 소득주도 성장 논쟁의 핵심은 균형에 있다. 음식에 소금을 넣느냐 마느냐의 문제가 아니라 얼마나 넣느냐의 문제다. 혁신성장도 필요하고 소득분배(소득주도 성장은 소득분배로 대체되어야 한다)도 필요하다.

이데일리 18-09-04

혁신은 실패·성공·지속성 '3대 갈등' 속에서 꽃핀다

실패의 갈등: 실패를 결과로 인식하고 징벌하는 문화에서 혁신은 소멸한다.
성공의 갈등: 혁신에 성공하면 기존 산업과 갈등이 필연적이다.
지속성의 갈등: 혁신가들의 포용성 부족은 사회의 지속가능성을 어렵게 한다.

혁신의 열매는 달콤하나 혁신의 과정은 갈등의 가시밭길이다. 오죽하면 혁신이란 단어 자체가 가죽을 벗겨낸다는 의미이겠는가. 모두가 달콤한 혁신의 열매는 기대하나 갈등의 가시밭길은 외면하려 한다. 그 결과는 혁신이 아니라 혁신하는 '척'이 된다. 혁신과정의 3대 갈등인 ▷실패의 갈등 ▷성공의 갈등 ▷지속성의 갈등을 살펴봐야 하는 이유일 것이다.

혁신의 탄생과정은 한마디로 상처뿐인 영광이다. 숱한 실패를 통해 진정한 혁신이 태어난다. 모든 생명 탄생이 그러하듯 혁신의 탄생도 아픔으로 시작한다. 그래서 실패에 대한 지원이 혁신의 토양이 된다. 실패를 혁신으로 가는 과정으로 인정하고 지원하는 문화에서 혁신은 자라나고, 실패를 결과로 인식하고 징벌하는 문화에서 혁신은 소멸한다. 대부분의 조직들은 혁신이란 구호는 부르짖고 있으나, 실패는 가혹하게 징벌한다. 그 결과는 '쌀로 밥하는' 격의 즉, 혁신하는 흉내만 내는 구조가 된다.

미국의 벤처투자가 확대되는 이유는 위험감수에 대한 수익성이 높기 때문이다. 개별적으로 위험하나, 대수의 법칙에 의거해 포트폴리오로 구성하면 위험도는 제로0에 수렴하게 된다. 정작 중요한 것은 개별적 위험도인 확률이 아니라 투자 포트폴리오 전체의 기댓값이다. 혁신은 실패의 갈등 속에서 탄생한다.

혁신에 성공하면 기존 산업과 갈등이 필연적이다. 1811년 영국 러다이트 운동은 혁신 성공이 초래한 사회적 갈등이다. 혁신은 생산성을 향상시킨다. 생산성 향상은 필연적으로 총 노동시간을 축소한다. 그 결과는 노동시간의 감소 혹은 노동인력의 감소로 귀결된다.

이러한 혁신의 갈등은 산업혁명 때마다 반복돼 왔다. 컴퓨터 도입에 따른 사무직 감소를 우려한 타임지는 '자동화실업' 캠페인을 벌였다. 이제 공유경제 도입에 따른 갈등이 곳곳에서 빚어지고 있다. 혁신에 성공하면 기존 산업은 파괴된다. 그러나 저부가가치 산업이 파괴되고 고부가가치 산업이 창출되는 과정에서 국가가 발전해 왔다. 바로 이것이 산업혁명의 역사임을 상기하자. 혁신은 성공의 갈등 속에서 사회를 발전시킨다.

혁신의 세 번째 갈등은 지속성의 갈등이다. 혁신에 성공하면 부를 얻는다. 성공에 따르는 부와 명예가 기업가들에게 고난의 행군을 하도록 동기부여 하는 것이다. 이탈리아반도란 보상이 없었다면 한니발과 나폴레옹이 왜 그 험난한 알프스를 넘었겠는가. 혁신에 성공하면 사회 전체에 커다란 부를 창출하고 그 일부를 혁신가가 보상받는다. 이 과정에서 사회는 발전해 왔다.

그럼에도 불구하고 혁신가가 취득한 더 많은 부는 대중의 질시 대상이다. 대중은 과정보다는 결과를 중요시한다. 여기서 혁신가와 대중 사이에 지속성의 갈등이 초래된다. 대중에게 혁신가가 부를 분배했음에도 불구하고 불평등을 통해 표를 획득하는 정치세력이 등장해 혁신가를 옥죄게 된다. 지금 해외에서 대한민국의 부를 벌어들인 삼성전자와 현대차가 겪는 질시가 대표적인 사례. 그래서 혁신가들의 포용성 부족은 사회의 지속가능성을 어렵게 한다. 내 것을 지키려면 먼저 베풀어야 한다.

모든 혁신은 이런 3대 갈등 속에서 피는 꽃이다. 혁신 없는 사회는 갈등도 없으나 발전도 없다. 혁신은 기업가적 도전이 시장경쟁으로 발현된다. 경쟁이 없으면 혁신도 없다. 경쟁하는 혁신사회는 절대 빈곤층이 없으나 경쟁 없는 정체사회는 절대빈곤을 피하기 어렵다. 시장경제는 갈등으로 점철된 혁신으로 발전해 왔다. 갈등 없는 정체를 선택할 것인가, 갈등 속의 발전을 선택할 것인가?

헤럴드경제 19-07-03

선순환의 파괴자들, 극단세력

모든 민주국가들이 극우와 극좌 세력의 부상을 경계하는 이유는 국가발전의 선순환 과정을 파괴하기 때문이다. 극단세력은 결국 순환을 부정하고 결과지향적 단순한 이념에 편향돼 독재로 향하게 된다.

발전하는 국가와 정체되는 국가의 차이는 순환에 있다. 발전하는 국가는 성장과 분배가 순환하고, 정체되는 국가는 성장과 분배의 대립한다. 대립되는 가치의 순환으로 모든 조직은 진화 발전한다. 음과 양의 두 기운이 결합되는 우리 태극기의 모습이 바로 순환의 형상이다.

성장과 분배, 개인과 국가, 현재와 미래, 역량과 성과, 산업과 문화 중 어느 것이 중요한가 하는 우문愚問에 대한 현답賢答은 '대립하는 가치의 순환'이다. 성장만 주장하면 사회갈등이 극심해지고, 분배만 주장하면 사회는 정체된다. 바람직한 대한민국의 미래는 대립되는 세력간 선순환이라는 태극의 모습에 있다.

논란의 소지가 없진 않으나 성장론자를 보수우파로, 분배론자를 진보좌파로 일단 분류해 보자. 전 세계 최빈국이었던 대한민국을 7번째 30-50 국가에 진입시킨 한강의 기적을 이룩한 산업화세력을 우파로, 군사독재에서 단기간에 정치 개혁을 이룩한 민주화세력을 좌파라고 할 수 있다.

우파가 성장에 좌파가 분배에 기여해 지속가능한 포용적 성장국가로의 순환과정에 동참할 때 한국의 미래는 열릴 것이다. 그런데 현실은 어떤가. 산업화세력과 민주화세력은 각각 기득권화돼 혁신을 저해하는 지대地代추구를 우선하고 있다.

재벌의 기득권장벽과 노동조합의 과도한 이익추구가 국가의 혁신발전을 저해하고 있음을 부정할 순 없다. 조직화된 진영의 힘을 바탕으로, 기여한 부가가치보다 더 많은 분배를 요구하는 모든 세력들이 국가혁신을 가로막고 있다.

진짜 문제는 성장과 분배의 선순환이라는 국가발전의 대명제를 부정하는 세력, 바로 극우와 극좌 세력이다. 새가 양 날개로 날 듯 성장과 분배의 순환을 통해 국가는 발전한다. 그런데 한 쪽 날개로만 날 수 있다는 세력이 확장되면 다른 쪽 날개로만 날 수 있다는 세력도 동시에 확장된다. 결과는 양극화된 극심한 대립과 갈등뿐이다.

모든 민주국가들이 극우와 극좌 세력의 부상을 경계하는 이유는 국가발전의 선순환 과정을 파괴하기 때문이다. 극단세력은 결국 순환을 부정하고 결과지향적 단순한 이념에 편향돼 독재로 향하게 된다.

역사는 이런 이념의 독재가 인류에 미치는 악영향에 대해 몸서리칠 만큼 입증했다.

극단세력이 사회의 소금으로서 경각심을 일깨우는 규모를 넘어서면 위험해진다. 극우와 극좌의 극단세력보다 좌와 통하는 우, 우와 통하는 좌가 다수인 사회가 건전한 사회다. 극우와 극좌의 판별은 어렵지 않다.

상대 진영을 인정하지 않고 총체적으로 부정하는 세력이 극단세력이다. 한 쪽에서 극단세력이 등장하면 작용-반작용의 법칙에 따라 반대쪽에도 극단세력이 나타난다. 개별적 정책 논의를 통해 더 나은 국가발전을 모색하는 갈등은 선순환의 과정이다. 그러나 정책이 아닌 총체적 부정은 극단화의 시작이다.

지금 우리 사회는 미래지향적 국가비전은 사라지고 적폐청산이라는 정치캠페인에 몰두해 있다. 우리의 경쟁자는 내부가 아니라 우리 외부에 있는데, 우리는 국가 전체의 경쟁력 강화가 아니라 자기편 결집에 전념하고 있다.

좌와 우의 순환은 국가 미래비전과 역사라는 공유가치에 기반한다. 자랑스러운 역사의 자부심으로 세계를 선도할 국가비전을 공유해야 한다. 정당해산 청원, 특정 정당 대표의 지역방문에 대한 거부 등은 역사가 경고한 극단세력의 등장 신호들이다.

회복 복원력의 붕괴 이전에 파괴적 극단세력에 대한 국민의 견제가 대한민국을 백척간두의 위기에서 구할 수 있다.

헤럴드경제 19-05-29

지속적 혁신과 노블레스 오블리주

그런데 간판 위주의 사회보상이 과도한 입시경쟁을 촉발한다. 기회 평등의 충분조건은 간판이 아니라 역량에 의한 평가 시스템이다.

혁신은 기업가정신의 산물이다. 산업혁명은 기업가정신에 기반한 기술혁명으로 이해해야 할 것이다. 18세기 산업혁명을 계기로 1,000년 이상 정체된 소득과 인구가 급증했다. 산업혁명의 전후를 나누는 대분기 great divergence로 인간의 삶이 극적으로 개선됐다. 산업혁명 이전 90%에 달하던 극빈층은 이제 10% 이하로 축소됐다. 그런데 그 10%의 극빈층은 북한·아프리카 같은 시장경제가 자리 잡지 못한 독재국가에 남아 있다. 인도 출신 경제학자 아마르티아 센은 "민주국가는 단 한 번의 기근도 겪은 적이 없다"고 일갈한 바 있다.

그러나 기업가적 혁신을 이루는 소수는 대중으로부터 괴리된다. 결과의 불평등은 대중에게 질시의 대상이 된다. 기업가들이 불공정한 방법으로 부를 취득하면 대중의 공분을 초래하게 된다. 결국 애덤 스미스와 조지프 슘페터가 우려한 기업가정신을 억누르는 제도가 도입돼 국가 성장을 저해하고 국가는 뒷걸음치게 된다.

성장은 기업가정신에 기반하지만 그 결과 대중과 괴리돼 포퓰리즘이 발현하게 된다. 기회의 평등은 기업가적 혁신으로 성장을 촉발하나 결과의 불평등이 기업을 규제하게 해 성장을 가로막는다. 대중의 불평등 수용성이 국가 발전의 한계다. 성장은 지속하되 대중과 괴리를 막는 대안이 시장경제의 성공 열쇠인 이유다.

기업가정신의 근원은 이기심이다. 일회성 거래에서는 이기심이 남의 것을 빼앗는 제로섬 경제가 된다. 자본주의의 추한 면이다. 반복되는 거래에서는 이기심이 남의 이익을 챙겨주는 플러스섬 경제가 된다. 자본주의의 밝은 면이다. 투명하고 반복되는 시장경제는 모두에게 이익이 선순환될 수 있다. 기업가가 혁신을 통해 새로운 부를 만들고 그중 일부를 가져가면 사회 전체에 성장과 분배가 순환되는 이기심의 승화가 발생한다. 스미스가 얘기한 '빵집 주인의 이기심으로 우리가 빵을 먹는 것'이라는 의미가 바로 호혜적 이기심이다.

호혜적 이기심은 미래 가치인 기회의 평등과 현재 가치인 결과의 평등을 아우르는 대안이다. 오토 폰 비스마르크가 복지제도를 도입하고 미국 부자들이 세계 최대의 기부를 하는 이유가 바로 대중과 혁신가의 간극을 줄이기 위함이다. 물론 불공정거래 척결은 당연한 전제조건이다. 기회는 평등하고 과정은 공정하며 결과는 포용적인 사회가 지속가능한 시장경제의 3대 조건이다.

이제 포용의 대안을 살펴보기로 하자. 결과의 평등은 개인의 의욕을 저해하나 결과의 불평등은 집단의 갈등을 촉발한다. 직접적으로 결과의 불평등을 없애려는 모든 시도는 역사상 성공한 사례가 없으나 간접적으로 기회의 평등을 제공하는 시도는 역사상 성공한 사례가 너무 많다. 즉 포용적 사회란 기회의 창이 모두에게 열린 사회가 돼야 한다는 것이다. 성장은 본원적으로 불균형이고 분배는 원래 균형을 추구한다. 결과의 평등이 아니라 기회의 평등이 성장과 분배를 순환시키는 지속 가능한 사회다. 물고기를 주는 것이 아니라 물고기 잡을 기회를 제공하는 것이다.

기회 평등의 필요조건은 교육이다. 교육을 통한 사회참여 기회의 창이 열려 있어야 한다. 교육은 4차 산업혁명의 기술을 활용한 열린 교육으로 저비용의 고품질 교육을 제공해야 한다. 고비용 교육은 부의 대물림을 초래해 기회의 평등을 저해하게 된다. 그런데 간판 위주의 사회보상이 과도한 입시경쟁을 촉발한다. 기회 평등의 충분조건은 간판이 아니라 역량에 의한 평가 시스템이다. 즉 진입장벽이 낮아져야 한다는 것이다. 변호사·의사·박사·회계사 같은 자격 간판이 대표적 진입장벽이다. 사전 간판 따기 경쟁이 아니라 사후 지속적 평판 경쟁을 유도하는 것이 기회 평등을 제공하는 사회로 가는 길이다. 이러한 진입장벽 축소는 의사·약사·변호사 등 가진 자의 포용성이 관건이다. 성장과 분배, 기회와 결과 평등의 연결고리는 가진 자의 자발적 포용성인 '노블레스 오블리주'다.

서울경제 19-01-02

'지속가능함'을 이야기 할 때

우리는 지속가능한 혁신을 위해 1) 취약계층을 위한 사회 안전망 2) 노동유연성을 위한 일자리 안전망 3) 기업가정신 고취를 위한 혁신 안전망이 필요하다.

경제에는 제로섬zero-sum과 플러스섬plus-sum이라는 두 가지 시각이 있다. 제로섬의 닫힌 사회에서 부는 누군가의 부를 가져온 것이다. 우리가 못사는 것은 다른 사람들이 나를 착취한 결과라고 본다. 성장없는 분배는 필연적으로 갈등을 야기한다. 누군가의 부의 증가는 또 다른 누군가의 부를 감소를 의미하기 때문이다. 따라서 부자와 성공한 기업은 질시의 대상이 되고 기업가는 존경받지 못한다. 대한민국의 TV에서 보는 기업가의 이미지는 검찰 포토라인 앞에서 선 범죄자다. 이러한 제로섬의 사회에서는 새로운 국부가 창출되지 못하고 국가는 추락한다는 것이 거대한 공산주의 실험의 명백한 결론이다.

플러스섬의 열린 사회에서 부는 새로운 가치를 창출해 나눈 결과다. 우리가 잘 살게 된 것은 누군가의 창조적 도전의 결과로 본다. 기업가가 새로운 가치를 창출하고 이를 분배하여 경제는 성장하게 된다. 성공한 기업가들은 이 사회의 부를 만들고 일부를 가져간 것이므로 존중되어야 한다. 스티브 잡스나 빌 게이츠가 존경받는 이유다. 250년 산업혁명 역사상 부의 증대의 94%가 기업가의 역할이라고 하지 않는가.

국가 발전의 원동력은 명백하게 기업가정신에 기반한 혁신이다. 창조적 도전을 추구한 혁신을 뒷받침한 국가는 발전하고 혁신을 규제한 국가는 퇴보했다. 남미의 거대한 부를 착취한 스페인이 종교적 문제로 기업가를 억압하고 이들을 받아들인 네덜란드가 단숨에 전 세계 무역을 제패한 역사적 기록을 보라. 평등분배를 위하여 기업가정신과 혁신성장을 규제한 모든 시도는 실패했다는 것이 포용적성장을 주창한 에쓰모글루 교수의 결론이다.

그런데 왜 아직도 남미의 베네수엘라, 아르헨티나 등 자원 부국들에서는 혁신성장보다 평등분배 주장이 정치적 우위를 점하고 있는가에 대해 질문해야 한다. 혁신의 결과는 필연적으로 불평등하기 때문이다. 따라서 불평등을 축소하기 위해 혁신성장을 이끄는 창조적 도전을 규제하는 것이 정치적 표를 얻게 된다. 그리고 그 결과는 모두가 주지하는 바와 같이 국가의 몰락이다.

그렇다면 혁신성장이 지속가능하기 위해서는 무엇을 해야 하는가. 경제 발전의 주체로서 혁신을 주창한 슘페터는 이미 1940년대에 '자본주의, 사회주의, 민주주의'란 책에서 혁신은 혁신을 시기하는 사람들로 인하여 몰락할 것이라는 예언을 한 바 있다. 혁신은 혁신가에게 큰 보상을 해야 지속가능한데 그 결과 혜택을 받은 다수가 불평등에 적의를 품게 된다. 즉 삼성과 현대가 글로벌 시장에서 부를 창출해 전 세계 최빈국을 10위권의 부국으로 끌어 올렸다는 점은 간과되고 이들의 부의 창출과정에서 발생한 문제들을 공격하게 된 것이다. 노블레스 오블리주의 정신이 혁신성장을 지속가능하게 하는 인프라인 이유다. 다수의 국민들은 미래의 성과보다는 현재의 분배에 민감하다는 것은 만고불변의 진리다.

이제 혁신성장은 분배정의가 뒷받침돼야 지속가능하게 된다. 대한민국 한강의 기적은 혁신성장만으로 구현 가능했다. 세계 최빈국에서 OECD 가입까지의 질풍노도의 시기에 창조적 기업가정신과 더불어 착취도 혼재돼 있었다. 맛있는 된장에 구더기도 있었다. 그런데 본질은 구더기가 아니고 된장이다. 한국의 경제, 사회적 발전은 전세계 문화유산이라는 것이 기 소르망 교수의 평가다. 피터 드러커 교수는 전 세계 기업가정신 최강국으로 단연 한국을 선정한 바 있다. 한강의 기적의 주역을 존중하면서 구더기는 걷어 낸다는 것이 우리의 전략이 되어야 할 것이다.

시장 소득인 1차 분배의 지니 계수는 한국이 전세계 최상위권이나 가처분 소득인 2차 분배는 하위권이다. 우리는 지속가능한 혁신을 위한 안전망이 필요하다는 것이 한국의 2 단계 도약의 조건이다. 필자는 1) 취약계층을 위한 사회 안전망 2) 노동유연성을 위한 일자리 안전망 3) 기업가정신 고취를 위한 혁신 안전망이라는 3대 안전망을 제안한 바 있다. 한국은 이중 사회 안전망은 부분적으로 추진되고 있으나 혁신성장과 시너지는 만들지는 못하고 있다.

일자리 안전망은 북유럽 국가들의 핵심사회 인프라다. 혁신성장은 노동유연성이 전제되어야 한다. 기업은 외부 환경에 맞춘 내부 구조조정역량이 필수적이다. 그런데 노동유연성은 개별 근로자의 일자리 상실을 의미한다. 재교육과 재취업을 뒷받침하는 일자리 안전망이 한국의 해결 과제인 이유다. 혁신 안전망은 창조적 도전에 의한 실패의 지원이다. 실패의 지원이 없는 국가에서 청년들은 안전한 공무원으로 몰려가게 된다. 정직한 실패를 지원하면 기업가정신 국가가 부활할 것이다.

디지털타임스 18-10-07

지속가능성, 양보와 공생에 달렸다

선한 의도와 선한 결과는 이익의 공유로 선순환된다. 중요한 것은 선한 의도와 선한 결과가 아니라 건강한 이익의 선순환 고리일 것이다.

지속가능성sustainability이 4차 산업혁명의 또 하나의 화두다. 최근 국제학술대회에는 지속가능성과 포용성에 대한 논문들이 넘쳐난다. 그런데 과연 지속가능성에 대한 근본적 대안들이 제시되고 있는가는 미지수다. 지속가능성의 본질에 대한 화두를 띄우는 이유다.

어렵게 얘기하면 지속가능성의 원초적 개념은 태극太極이다. 상극의 가치가 순환을 통해 상생의 생명을 얻는 과정이 태극의 모습이다. 상극의 가치 충돌을 부정하면 성장이 정체된다. 상극의 충돌로 양극화가 초래되면 지속성이 파괴된다. 상극의 충돌은 시장 경쟁과 같이 새로운 혁신성장 에너지를 갖게 한다. 충돌을 통해 획득한 성장 에너지를 포용적으로 순환하면 지속가능성이 보장된다. 이러한 선순환을 위한 전제 조건은 공유가치다.

이제 좀 쉽게 지속가능성을 이야기해 보자. 서로에게 이익이 보장되면 지속가능하다. 불친절한 택시 기사가 공유차량 기사가 되면 친절해진다. 평판 시스템을 통해 친절이 이익으로 돌아오기 때문이다. 사후 평가를 공유하는 평판 시스템이 공유경제의 가장 중요한 인프라인 이유다. 공유경제가 공유지의 비극이 되지 않기 위해서는 공유가 참여자에게 이익이 돼야 한다.

지옥으로 가는 길이 선의로 포장되어 있는 이유는 대부분의 선의가 지속가능성을 파괴하기 때문이다. 모든 사람들에게 제한없는 의료서비스를 제공하면 의료보험은 파탄난다. '요람에서 무덤까지'라는 과거 영국의 복지가 재앙이 된 이유다. 모든 선의는 지속가능성이 전제돼야 진짜 선의가 된다. '지옥에는 선한 의도가 가득 차 있고 천당에는 선한 결과가 가득 차 있다'는 말을 곱씹어 볼 필요가 있을 것이다.

선한 의도와 선한 결과는 비슷한 듯 하나, 달라도 너무 다르다. 국민의 복지를 증대하는 것은 선한 의도다. 그러나 복지 증대의 부담으로 과거 영국과 같이 국가가 어려워지면 선한 결과는 아니다. 직원 복지 증대가 기업 성과로 선순환돼야 선한 의도가 선한 결과로 지속가능해진다. 즉, 직원의 복지와 기업의 성과가 하나의 공유가치로 연결돼야 한다는 것이다.

선한 의도와 선한 결과는 이익의 공유로 선순환된다. 일을 해야 수입이 있고, 수입이 있어야 생활이 되고, 생활이 되어야 일을 한다. 기업활동이 있어야 세금이 있고, 세금이 있어야 복지가 되고, 복지가 되어야 기업 활동이 원활해진다. 가계의 수입과 국가의 세금은 영원히 샘솟는 화수분이 아니라 선순환 고리일 뿐이다.

그렇다면 정작 중요한 것은 선한 의도와 선한 결과가 아니라 건강한 이익의 선순환 고리일 것이다. 선순환을 파괴하는 두 가지 형태는 착취와 시혜다. 악덕 기업주가 노동의 대가로 쥐꼬리만한 급여를 지급하는 착취는 더 이상 지속가능하지 않다. 노동 시장이 개방되어 있기 때문이다. 이제 기업 근무 환경에 대한 평판 시스템을 보고 사람들은 지원한다. 내부 직원들의 만족도가 낮으면 좋은 직원이 오지 않아 결국 기업에 손해가 된다. 한편 시혜도 지속성의 관점에서 바람직하지 않다. 기여한 가치보다 많은 대우를 받으면 이를 지키기 위한 장벽을 쌓는 지대地代 추구를 하게 된다. 구글의 조직 원칙에 '과도한 기대를 관리하라'는 항목이 있는 이유일 것이다.

세상에 공짜 점심은 없다. 모든 복지는 국민의 세금에 기반한다. 그런데 공짜를 내세우는 포퓰리즘이 표를 얻는 것이 불편한 현실이다. 복지 대상과 세금 부과 대상이 다르기 때문이다. 세계 최고 수준의 급여를 받는 강성노조는 자신의 기업에 손해를 끼치는 파업을 한다. 기업의 이익과 개인의 급여가 직접 연동되지 않기 때문이다. 국가와 기업과 개인이 공유가치로 연결되어야 선순환을 파괴하는 이익 쟁탈전이 종식될 것이다.

과거 필자가 기업 경영하던 시절, 신입사원 면접시 '월급은 누가 주는가'라는 질문을 하곤 했다. 월급을 사장이 준다고 생각하면 기업과 개인은 계약 관계가 된다. 월급을 우리가 벌어 분배한다고 생각하면 기업과 개인은 공생 관계가 된다. 계약 관계에서는 일은 기피 대상이고, 공생 관계에서는 일은 보람의 대상이다. 사회의 지속가능성을 위하여 이제는 과거 자본주의를 넘어서는 새로운 지속가능한 인본주의가 요구된다.

지속가능을 위한 공유가치는 기업의 부가가치다. 부가가치의 창출 과정과 분배 과정의 순환이 기업 활동이다. 이익 극대화가 기업의 목표가 되면 기업과 노조는 갈등 관계가 되나, 부가가치 극대화가 목표가 되면 공생 관계가 된다. 그러면 급여는 부가가치 분배가 된다. 더 많은 성과를 내면 더 많은 분배가 보장된다. 일에서 재미와 의미가 융합하는 진정한 워라밸이 이루어진다. 그리고 모든 조직의 부가가치 총합이 국가 GDP다. 국가와 기업과 개인의 공유가치인 부가가치로 사회는 선순환될 수 있다.

디지털타임스 19-07-07

포용적 성장으로 가는 길

성장과 분배를 분리하고 순환시켜야 한다. 포용적 성장은 소득주도 성장과는 전혀 다른 개념이다.

포용적 성장으로 가는 길은 국가마다 달라야 한다. 작년 OECD, IMF, G20과 금년 세계경제포럼의 '포용적 성장'에 대한 권고다. 포용적 성장은 아직 구체적으로 정의되지 않은 포괄적인 개념이다. 일부 국가 사례의 부분적 도입을 경계하라는 것이다. 대한민국의 포용적 성장으로 가는 길은 우리가 처한 시대적 맥락에 입각해 설계해야 한다. 그렇다면 포용적 성장의 개념에 대한 깊이 있는 성찰과 토의를 통해 본질적 의미를 찾아가는 노력이 필수 요건이 될 것이다.

우선 포용적 성장이란 화두는 2012년 대런 애쓰모글루 MIT 교수와 제임스 로빈슨 하버드 교수의 역작인 '왜 국가는 실패하는가?'라는 책에서 비롯됐다. 이 책에서 저자들은 약탈적 경제와 정치는 결국 실패하고 포용적 경제와 정치가 성공한다는 것을 주장하면서 대표적인 사례로 한국과 북한을 제시했다. 저자들은 혁신의 원천인 '창조적 파괴'의 수용 여부가 성공하는 국가와 실패하는 국가를 가른다는 것을 700쪽에 달하는 방대한 역사적 사례들을 통해 입증하고자 했다.

한편 2017년 G20, OECD, IMF 등은 공동으로 양극화를 해소하는 포용적 성장을 각국에 권고하기 시작했다. 이들이 말하는 포용적 성장의 개념은 2010년 공포된 지속가능성장SR의 국제표준인 ISO26000에 기반 한 지속가능성 개념이다. 올해 1월 세계경제포럼은 4차 산업혁명 추진을 위해 15개 세부지표와 7개 정책지표로 구성된 포용적 성장 지수를 발표하면서 한국을 109개 국가 중 14위에 매긴 바 있다.

애쓰모글루 교수가 역사적 관점에서 성장에 방점을 두었다면 OECD 등은 양극화를 해소하는 분배에 방점을 두고 있다. 사실상 다른 개념이 하나의 용어로 사용되면서 정책 대응에도 혼선을 빚고 있다.

생산과 소비, 성장과 분배는 당연히 순환되어야 한다. 생산 없는 소비가 없고 소비 없는 생산도 없다. 성장 없는 분배는 황폐화로 가고, 분배 없는 성장은 양극화로 간다. 성장과 분배의 관점에서 시장경제의 진화과정을 4단계로 살펴보면 다음과 같다.

우선 시장경제는 성장으로 시작되었다. 산업혁명을 통해 생산 능력이 비약적으로 확대되면서 물질은 풍부해졌다. 그런데 부의 집중으로 소비 여력이 줄어들면서 시장경제1.0은 대공황이라는 파국에 직면한다. 정부 재정 지출을 통한 유효 수요의 창출이라는 케인즈 경제학으로 시장은 다시 생산과 소비의 균형이 회복되는 시장경제2.0으로 진화했다. 그런데 혁신의 부족으로 성장이 한계에 도달한 시장경제2.0을 구원한 것이 바로 신자유주의라는 시장경제3.0이었다. 그런데 혁신 성장 중심의 신자유주의는 글로벌 양극화의 확대라는 부작용을 초래했다. 바로 포용적 성장이라는 시장경제4.0의 개념이 대두된 이유다.

다시 문제의 본질로 돌아가 보자. 성장과 분배라는 두 마리 토끼를 잡는 한 가지 정책은 없다. 평준화된 소득 분배는 혁신 성장을 저해하나, 양극화된 소득 분배는 유효 수요를 위축시킨다. 양극화의 심화는 사회 갈등을 증가시켜 결국 각종 규제로 '창조적 파괴'를 가로막게 된다. 포용적 성장의 목표는 단순하다. 성장과 분배의 선순환이다. 그런데 이는 지난 250년 간 시장경제가 풀지 못한 난제이고 사회주의와 자본주의의 이념 대립의 원인이다.

이제 포용적 성장의 해법을 제시하고자 한다. 성장과 분배를 분리하고 순환시키라는 것이다. 구체적으로 성장과 1차 시장 소득은 공정한 시장에, 분배와 2차 가처분 소득은 효율적인 제도에 맡기는 식이다. 그리고 3대 안전망 구축을 통해 성장과 분배를 순환시키라는 것이다. 예를 들어 일자리 유연성을 통해 기업의 혁신 성장을 뒷받침하되, 개별적인 실업자는 재교육 시스템이라는 일자리 안전망으로 재취업의 길을 열어 주는 것이다. 같은 방법으로 취약계층을 위한 사회 안전망, 기업가를 위한 혁신 안전망을 구축하면 된다.

포용적 성장은 소득주도 성장과는 전혀 다른 개념이다. 성장은 저해하지 않고, 분배는 안전망 구축으로 뒷받침해야 한다.

이데일리 18-08-03

규제혁신은 규제 생태계의
힘의 균형으로부터

규제개혁이 헛도는 본질적 이유는 개별 규제 정책의 문제보다는
규제 수호 세력과 규제 혁신 세력 간의 힘의 불균형에 있다.
규제 수호 세력은 초강력 조직화돼 있는 데 비해 규제개혁 세력은 조직화돼 있지 않다.
규제 생태계의 힘의 균형을 위해 진정한 소비자 운동이 발현돼야 한다.

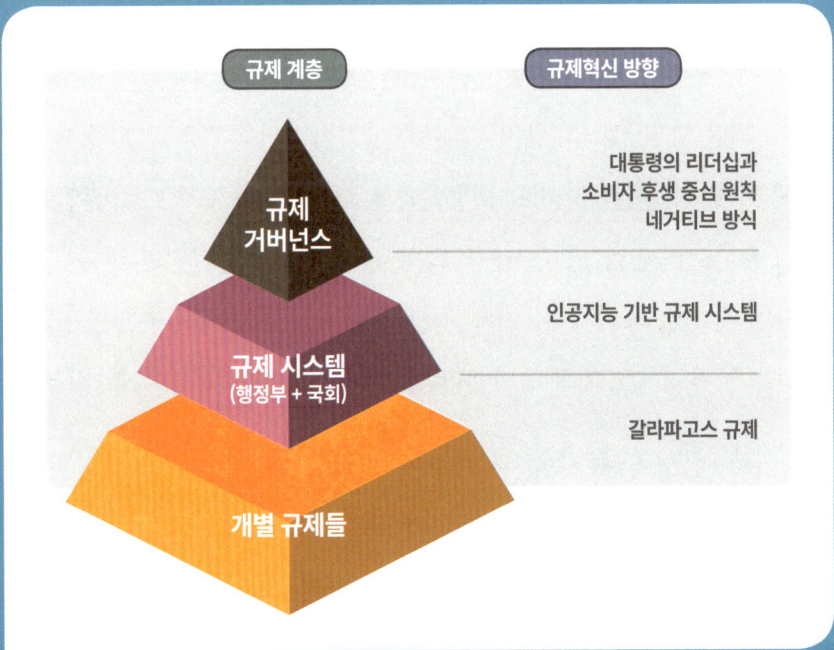

〈규제혁신의 방향〉

규제혁파의
마중물

4차 산업혁명의 원유인 데이터의 고속도로가 클라우드다. 그동안 데이터와 클라우드 규제로 한국의 4차 산업혁명은 절름발이 신세였다. 4차 산업혁명은 기술보다 제도 혁명이다.

규제개혁은 시작됐다.

지난 달 비로소 대한민국의 4차 산업혁명이 본격화됐다. 경쟁 국가에 비해 3년 이상 늦었으나 정부의 8·31 데이터 고속도로 선언에 이어 은산분리 완화, 규제 샌드박스와 규제프리존 등 일련의 규제개혁 법안이 국회를 통과했다. 이제 정부가 던진 규제혁파의 카드를 민간이 받아 국가경쟁력 회복에 나서야 할 때다.

4차 산업혁명은 현실과 가상이 데이터를 매개로 융합하는 혁명이다. 4차 산업혁명의 원유인 데이터의 고속도로가 클라우드다. 그 동안 데이터와 클라우드 규제로 한국의 4차 산업혁명은 절름발이 신세였다는 것이 불편한 진실이다. 기술 사업화를 규제가 가로막고 있었다. 전 세계 스타트업의 70%인 현실과 가상의 융합 창업이 한국에서는 대부분 불법이거나 사업성이 없었다. 결국 일자리 창출의 주역인 벤처 창업이 부진하면서 한국 청년들의 일자리가 사라졌다.

규제개혁으로 현실과 가상을 융합하는 스마트 교육·스마트 건강·스마트 금융·스마트 시티·스마트 워크·스마트 관광 등의 엄청난 사업 기회가 열리게 됐다. 익명 정보는 선활용이 가능하고 공공정보는 퍼블릭 클라우드에 올리는 길이 열렸다. 그 동안 한국에서는 교육 데이터와 건강 데이터, 금융 데이터를 클라우드에 올리는 것이 불법이었고 그 결과 이 분야의 스타트업들은 사라져갔다. 공공기관은 스마트워크를 위한 드롭박스·카카오아지트 등의 클라우드 서비스 사용이 불허됐다. 그 결과 국가경쟁력이 11위에서 27위로 급속히 추락했다.

인공지능AI은 빅데이터를 먹고 자란다. 개인정보와 공공정보가 퍼블릭 클라우드에 모인 빅데이터를 활용해 새로운 기업들이 탄생한다. 과거의 인프라가 도로와 건물이었다면 4차 산업혁명의 인프라는 데이터와 클라우드다. 공장과 도시의 데이터를 AI가 활용하면 스마트공장과 스마트 시티가 가능해진다. 국가의 모든 분야를 클라우드에서 가상화하는 프로젝트가 당장 출범돼야 한다. 싱가포르의 버추얼 싱가포르, 중국 항저우의 지능도시가 벤치마킹 대상이다.

오픈소스화한 AI는 알고리즘 개발보다 활용 인력 양성이 훨씬 더 중요하다. 전국의 중소 벤처기업에 새로운 AI 인력 고용과 외부 자문은 현실적 한계가 있다. 산업 현장에서 현장지식domain knowledge을 가진 인력들이 엑셀처럼 쉽게 AI를 활용할 수 있게 하는 교육이 시급하다. 구글 등의 글로벌 기업과 더불어 한국의 T3Q 같은 기업이 이러한 역할을 할 수 있다.

규제 샌드박스는 기업들에, 규제프리존은 지방자치단체에 새로운 혁신의 기회를 제공한다. 2년간 규제가 유예되는 규제 샌드박스를 활용해 벤처기업들의 새로운 도전이 불꽃처럼 타올라야 한다. 아직 기업 현장에서는 규제혁파의 의미가 제대로 피부에 와 닿지 않고 있다. 중소벤처기업부의 정책적 지원과 벤처기업협회의 적극적인 활동이 요구된다. 성공사례가 나오면서 규제 샌드박스는 본격적으로 불타오를 것이다.

규제프리존은 아쉽게도 수도권이 제외됐다. 일본의 경우 도쿄와 오사카 지역에서 큰 성과를 거두고 있는 것을 감안하면 큰 안타까움이 있다. 그럼에도 각 지자체에는 크나큰 지방혁신의 기회다. 원격의료·공유차량 같은 한국의 갈라파고스적 제도를 혁파하는 돌파구가 될 수 있다. 규제프리존은 지자체의 자율과 책임하에 추진돼야 한다. 중앙정부의 지나친 통제는 결국 프리존을 프리존이 아닌 것으로 만들게 된다.

4차 산업혁명은 생산을 뒷받침하는 기술과 소비를 야기하는 욕망의 공진화다. 규제는 개개인의 욕망을 조정하는 역할을 한다. 4차 산업혁명에서는 기술의 융합보다 욕망의 융합이 훨씬 어렵다는 데 대부분의 국민이 동의하고 있다. 4차 산업혁명은 기술보다 제도 혁명이다. 그리고 이제야 대한민국은 규제개혁의 길에 들어서기 시작했다.

정부의 규제혁파에 대응해 민간 차원의 기술 융합을 통한 신산업 도전과 벤처 창업이 이어지기를 바란다.

서울경제 18-10-10

기술 쇄국주의를
경계한다

한국의 대기업들은 기술 쇄국주의를 주장하고 국회와 정부부처의 호응도 일부 받고 있다. 그런데 서비스 산업에서 공급자와 수요자 중 무엇이 더 중한가를 생각해보면 답은 명확하다.

대한민국은 국내 산업 보호를 통하여 한강의 기적을 이룩했다. 수입은 통제하고 수출은 보조금을 주는 산업 보호 정책으로 대기업들이 성장했다. 대기업과 제조업 중심의 국가 발전 전략이 성공하면서 다양한 방법으로 자국 기업을 보호하는 것이 한국 정책의 기조로 자리잡았다. 소비자보다는 공급자가, 서비스보다는 제조가 국가 정책에서 중요했다. 그런데 제조에서 서비스로 이동하는 3차 산업혁명에 적응하지 못한 결과 1997년 IMF위기라는 국난을 직면하게 되었다. 그리고 금융을 포함한 많은 서비스 부문이 개방되었다. 물론 일부 과도한 개방도 있었으나, 대한민국이 2000년 IT 강국이라는 벤처대국으로 부상하는 데 개방의 역할은 아무리 강조해도 지나치지 않는다.

대한민국이 개방을 통하여 실패한 사례는 거의 없다. 가전 산업 개방의 결과, 한국 전자업체가 일본을 압도했다. 유통 산업 개방의 우려는 월마트와 까르푸의 철수로 귀결되었다. 문화 산업 개방으로 일본 J팝을 넘어 한국 K팝 세계화가 이루어졌다. 한국은 개방으로 경쟁하면 강해지고, 통제로 보호하면 갈라파고스화한다. 개방하지 않은 금융·의료·교육·노동·법률 등의 서비스 분야는 국제 경쟁력 하위권으로 국가의 걸림돌이 되고 있다.

그러나 아직도 개별적인 산업 정책에서 강력한 대기업의 논리로 개방이 아니라 보호를 밀어붙이고 있다. 이제 기술 쇄국주의 실패의 대표적인 사례를 들어보자.

IT 강국 대한민국의 추락은 아이폰의 도입 지연으로 촉발되었다. 2007년 등장한 애플의 아이폰은 전세계의 삶의 형태를 바꾸고 있었다. 그런데 한국은 무려 3년 늦은 2010년에야 보급되었다. 4차 산업혁명의 기폭제가 된 스마트폰 경쟁에서 잃어버린 3년의 경제적 가치의 총합은 국가 GDP를 넘어선다는 것이 필자의 의견이다. 스마트폰 자체도 중요하나, 스마트폰 기반 산업 생태계의 형성이 늦어지면서 글로벌 벤처 경쟁에서도 뒤처지게 됐다.

아이폰의 도입 지연은 각종 규제가 주된 요인이었다. 강력한 대기업의 영향력과 정책부처의 애국심이 결합된 결과다. 2009년까지 한국에서 출시되는 휴대폰에는 WIPI라는 한국형 운영체제를 탑재해야 했다. WIPI 의무 탑재가 폐지되자 GPS위치인식시스템 규제로 연기되어 2009년 말에야 출시가 결정됐고, 2010년부터 본격적으로 보급되면서 한국은 뒤 늦게 스마트폰 시대에 합류했다. 그리고 이 3년의 차이는 지금도 한국 산업의 아킬레스건으로 작용하고 있다.

한국의 인터넷을 왜곡시킨 공인인증서 규제도 동일한 맥락이었다. 한국만의 보안 방식을 사용해야 한다는 기술 쇄국주의가 국내 기업의 이해관계와 맞물리면서 한국의 인터넷 상거래와 홈페이지 운영을 갈라파고스로 만들었다. 그 결과는 웹 표준에 부합되지 않는 공공 홈페이지와 해외 직수출이 어려운 전자상거래라는 결과로 귀착되었다. 글로벌 서비스 산업을 한국만의 기술 쇄국주의로 보호한다는 애국심의 결과는 쪼그라든 왜소한 산업으로 나타났다.

숱한 시행착오에도 불구하고 한국의 대기업들은 또 다시 4차 산업혁명의 고속도로인 클라우드 분야에서 기술 쇄국주의를 주장하고 국회와 정부부처의 호응도 일부 받고 있다. 공청회에서는 아마존과 구글 등의 글로벌 거인에게서 한국의 클라우드 사업자를 보호해야 한다는 주장이 힘을 얻고 있다. 그러나 서비스 산업에서 공급자와 수요자 중 무엇이 더 중요한가를 생각해 보면 답은 명확하다. 중요한 것은 수요자다.

한국의 벤처기업이 국내에만 머물러서는 미래가 없다. 글로벌화 과정에서 글로벌 클라우드 사업자의 역할은 절대적이다. 클라우드 데이터 규제로 숱한 한국의 벤처들이 해외로 이전한 이유다. 클라우드의 지렛대레버리지 효과는 엄청나다. 즉 클라우드 사업자의 매출보다 클라우드 활용 기업의 매출이 수십 배에 달한다. 그러나 클라우드 사업자의 1이라는 이익을 위하여 10이 넘는 기업의 경쟁력을 끌어내리면 결국 국가 경쟁력이 저하되는 결과가 초래된다.

지난해 8.31 '데이터 고속도로' 선언 이후 올해 클라우드 산업의 급성장이 예상되고 경쟁은 격화될 것이다. 그러나 진입 규제가 아니라 서비스 혁신으로 경쟁해야 글로벌 산업 경쟁력이 배양될 것이다. 정부는 보안인증과 같은 진입 규제가 아니라 국내 사업자들에게 더 적합한 스마트 시티와 같은 시장 창출에 주력해야 할 것이다. 그리고 도입 기업들은 글로벌 클라우드 사업자와 국내 사업자를 동시에 활용하는 멀티 클라우드를 채용하면 데이터의 중립성도 보장된다. 전세계적 추세다.

디지털타임스 19-01-06

규제 거버넌스 정상화

규제 수호 세력은 초강력 조직화돼 있는 데 비해 규제개혁 세력은 조직화돼 있지 않다. 규제개혁의 최대 수혜자는 소비자와 중소기업들인데 이들은 뿔뿔이 흩어진 오합지졸이다.

규제는 옷과 같이 환경 변화에 따라 갈아입어야 한다. 규제는 공익과 사익의 충돌을 조정하는 순기능으로 출발하나 환경이 변화하면 여름에 겨울 옷을 입는 것과 같이 역기능이 증가한다. 규제에 공존하는 편익과 비용이라는 순기능과 역기능의 균형을 잡아야 한다는 것이 문제의 핵심이다.

그런데 규제가 갖는 진입 장벽의 성격은 필연적으로 규제를 장벽 삼아 지대(地代)를 추구하는 이익집단을 형성하게 된다. 김태윤 한양대 교수에 의하면 정관산(정치·관료·산업)의 규제 이익집단은 철의 삼각 편대를 구축해 집단의 이익을 위해 국가 혁신을 가로막는 규제를 수호하는 논리로 무장한다고 한다. 그런데 규제로 인해 불이익을 받는 소비자와 산업계는 침묵하고 있다. 필자가 공인인증서 규제 철폐 운동을 하는 과정에서 부딪힌 최대의 난관은 국가 전체 이익을 대변할 대중은 조직화되지 않은 반면 정관산 철의 삼각 편대는 강력히 조직화돼 갈라파고스 규제를 통한 집단 이익 수호에 성공한다는 점이다.

규제개혁이 헛도는 본질적 이유는 규제총량제·일몰제·샌드박스 등 개별 규제 정책의 문제보다는 규제 수호 세력과 규제 혁신 세력 간의 힘의 불균형에 있다. 공무원 권력의 기반은 규제와 지원자금에 있다. 규제개혁은 스스로 권력을 내려놓는 행위이므로 당연히 소극적일 수밖에 없다. 여기에 전 세계적으로 유례없는 감사원 감사는 관료들에게 규제 수호의 강력한 명분을 제공하고 있다. 자신에게 불이익이 되는 규제개혁을 하라는 대통령의 정책에 대한 공무원 사회의 대책은 바로 실효성 없는 숫자 중심의 보여주기 규제개혁이라는 '척'하는 규제개혁이다. 감사원 정책 감사를 개혁하고 객관적 규제 평가지표를 구축해야 하는 이유다.

일하는 국회는 법률이라는 규제를 생산하게 된다. 대부분 법률은 이해집단이 주도하고 있다. 행정부의 규제와 달리 국회 입법은 규제영향 평가 과정도 없다. 국회의원들은 입법 숫자를 실적으로 삼는데 법률 집행에 따르는 부담도 없다. 당연한 결과로 국회는 저품질 규제를 양산하게 된다. 국회 입법에도 규제영향 평가를 도입해 법률 개수 평가에서 규제의 비용 대비 편익으로 국회의원을 평가하는 제도가 필요한 이유다.

규제 수호 세력은 초강력 조직화돼 있는 데 비해 규제개혁 세력은 조직화돼 있지 않다. 규제개혁의 최대 수혜자는 소비자와 중소기업들인데 이들은 뿔뿔이 흩어진 오합지졸이다. 정치권은 당연히 조직화된 규제 집단에 편향성을 보이게 된다. 대중보다는 택시 사업자의 눈치를 보고 소비자보다는 비정부기구NGO 단체에 귀를 기울인다. 기업들은 규제 당국이 두려워 공개 발언을 하지 않는 것이 현명하다는 요령주의에 함몰돼 있다. 예를 들어 한국의 초강력 갈라파고스 금융 규제에 대해 금융 기관들의 항의의 목소리는 거의 들리지 않는다. 4차 산업혁명의 관건인 데이터 규제에 대한 인터넷 기업의 항변도 미미하다. 미국 규제 옴부즈맨의 제1 원칙이 보복 금지인 이유다. 필자가 보복 금지 원칙을 2009년에 관철시켰으나 아직도 기업인들은 보복을 두려워하고 있다는 것이 불편한 현실이다. 보복 금지의 원칙을 준수하는 것이 규제 해방의 관문이다.

한국의 소비자들은 정부에 의존하고 있다. 유럽은 국민이 제도를 만들었다면 한국은 제도가 국민을 만들었다. 우리는 문제가 생기면 스스로 해결하기보다는 '정부는 무엇하는가'라고 청원부터 한다. 공유차량과 공유숙박 등 공유경제의 글로벌 경쟁 원칙은 소비자의 후생을 최우선으로 하라는 것이다. 그런데 한국의 각종 진입 규제에 전체 소비자의 후생은 고려되지 않고 오직 조직화된 공급자의 지대 수익만 보호되고 있다. 소비자의 표가 흩어져 있기 때문이다. 소비자 운동이 뒤틀린 규제 거버넌스를 정상화시키는 궁극적인 길이다.

규제개혁 없는 4차 산업혁명은 구호에 불과하다. 규제 거버넌스는 힘의 논리라는 점에서 대통령의 리더십은 아무리 강조해도 지나치지 않을 것이다.

서울경제 19-06-12

규제 생태계
힘의 균형 만들어야

언제까지나 대통령의 리더십에 규제를 맡길 수는 없다. 규제 생태계의 힘의 균형을 위해 진정한 소비자 운동이 발현돼야 한다.

4차 산업혁명에서 기술과 규제 중 어느 것이 더 중요한가라는 질문을 했다. 그리고 95% 이상이 기술보다 규제가 훨씬 더 중요하다고 답했다. 그런데 지금 대한민국은 기술개발에 20조 원이 넘는 국가 예산을 투입하고 있는데 규제개혁 예산은 100억 원이 채 안 된다. 왜 규제개혁이 안 되는가에 대한 대표적인 이유다.

모든 정부는 구호로 규제개혁을 부르짖었다. 그런데 결과적으로 지난 20년간 규제는 늘었고 산업은 후퇴했다. 문제의 핵심은 규제의 기득권과 개혁권의 힘의 불균형이다. 규제로 기존의 이익을 지키는 세력은 다양한 형태로 조직돼 있으나 규제개혁으로 혁신을 이루려는 세력은 뿔뿔이 흩어져 추진력이 없다. 규제개혁에서 힘의 불균형의 결과가 한국을 글로벌 규제 왕국으로 등극하게 한 것이다.

곽노성 한양대 교수에 따르면 한국이 전 세계에서 최악의 규제 국가라고 한다. 네거티브 법 체계인 중국과 미국보다 못한 것은 당연하다. 포지티브 법 체계인 유럽은 그래도 규제의 논리와 일관성이 있고 예측 가능하다. 일본도 유럽 방식에서 미국 방식의 전략적 규제로 전환하고 있다. 개도국들은 역설적으로 규제가 강하지 않다. 그런데 한국은 각종 규제를 예측하기 어렵게 다층구조로 되어있다.

구태언 린-테크앤로 변호사는 지난 2017년 투자분석 사이트인 피치북pitchbook에 공개된 전 세계 100대 유니콘 스타트업을 분석한 결과 40%는 한국에서 불가능하고 30%는 일부 사업모델을 포기하면 가능한 절름발이가 된다고 발표한 바 있다. 대부분의 글로벌 스타트업은 데이터 기반 O2O 융합사업 모델인데 한국의 데이터 쇄국주의의 결과로 이러한 기업들이 한국에서는 탄생하지 못한 것이다. 그 결과 고품질 일자리 창출 기회가 사라졌다.

김태윤 한양대 교수는 정치·관료·산업의 정관산 연합이 철의 규제 삼각지대를 형성하고 감사원이 규제의 윤활유를 뿌린다고 진단했다. 정관산 연합은 서로 비난하고 혼내면서 규제라는 이익의 꼭지점을 협력 하에 고수하고 있다고 지난 20년의 경험을 피력한 바 있다. 이에 반해 피규제자인 국민과 일반 기업들의 규제개혁 의지는 그냥 허공에 맴돌고 있다.

기존 기업들은 규제를 고수해 기득권을 보호받을 수 있다. 국회는 새로운 규제인 법률로 실적을 확보하고 정치자금을 마련한다. 공무원들은 규제를 통해 권력과 예산을 확보할 수 있다. 그리고 규제 법률 양산에 따른 사후관리는 형벌과 지자체로 전가한다고 한다. 규제가 정관산 연합체에 제공하는 이익에 비해 비용은 너무나 적다. 이러한 규제 생태계의 이해관계가 규제만능주의로 한국의 미래를 가로막고 있다.

네거티브 규제는 박근혜 정부에서도 강력히 추진했으나 성과는 없다고 해도 좋을 정도다. 규제자유지역인 제주도의 실질적 네거티브 규제 구축 사례는 한 손으로 충분하다. 규제혁신 3법이 통과됐으나 실질적 성과에 대해서는 아직은 많은 우려가 있다. 결국 규제개혁의 핵심은 개별적 제도보다 규제 생태계에서 힘의 균형을 바로잡는 것이 된다.

대한민국 역사상 실질적 규제개혁이 이뤄지고 전 세계 규제 연구의 대상이 된 역사적 사례가 있었다. 바로 김대중 정부의 규제개혁으로 1만건이 넘던 규제의 3분의 1을 없앤 사례다. 한국 최초의 규제개혁 성공의 핵심은 대통령의 리더십이었다. 규제 생태계의 힘의 불균형을 대통령의 힘으로 바로잡은 것이었다. 이를 위해 대통령 직속 규제개혁위원회를 공정위와 같은 수준으로 격상해야 한다. 그리고 연구개발비의 1%는 규제정책 연구에 투입하자.

그러나 언제까지나 대통령의 리더십에 규제를 맡길 수는 없다. 규제 생태계의 힘의 균형을 위해 진정한 소비자 운동이 발현돼야 한다. 국가에 요구하는 국민에서 스스로 문제를 해결하는 국민이 돼야 한다. 4차 산업혁명에서 시민들이 참여하는 리빙랩과 소셜이노베이션이 중요한 이유다.

서울경제 19-01-09

진정한 소비자 운동을 위하여

조직화된 공급자 세력과 조직화되지 않은 소비자 세력의 불균형이 국가 혁신을 저해하는 것이다. 가장 중요한 것은 비조직화된 소비자 집단의 조직화다.

국가 혁신을 저해하는 것은 기득권의 지대地代 추구다. 기득권이 새로운 혁신적 가치창출 없이 자리만 보전해 이익을 취하면 국가는 추락한다. 바로 지금 대한민국이 그러하다. 대기업의 산업 장벽과 노동 귀족의 일자리 장벽이 국가 혁신을 가로막고 있다. 여기에 택시와 전통시장과 같은 취약 산업군이 조직화를 통해 추가로 기득권화되고 있다. 조직화된 공급자 세력과 조직화되지 않은 소비자 세력의 불균형이 국가 혁신을 저해하는 것이다.

조직화된 세력은 표를 통해 정치적 지분을 보유하고 있다. 오죽하면 한국에서 택시 문제를 해결하면 대통령이 된다고 하겠는가. 조직화된 집단이 집단 이기주의로 국가 전체의 이익을 가로채는 현상이 넘쳐나고 있다. 일본의 잃어버린 20년을 우리가 답습하고 있는 것이다. 조직화된 세력이 선거와 시위로 위력을 보여주면 정치권과 행정부는 국가 전체가 아니라 집단을 위한 미봉책을 내놓고 결국 국가는 추락하게 된다.

원격의료는 이미 20년 전 한국이 세계 최초로 선보인 기술이다. 필자가 만든 당뇨폰 사업모델은 이미 글로벌 유니콘으로 부상했는데 종주국 한국에서는 아직도 규제에 막혀 제대로 시작조차 못하고 있다. 원격 혈당관리 하나로 당시 2조 원의 국부창출 효과가 기대됐으니 누적해 40조원의 국부 손실이 발생한 셈이다. 고혈압·요실금·천식·고지혈 등 대부분의 노령화 질병은 치료가 아니라 관리가 문제다. 원격의료의 핵심은 원격진료가 아니라 원격 사후관리인 이유다. 고령화 질환의 원격관리 없이 눈앞에 다가온 의료비 대란에 대처는 불가능하다.

카풀라이드셰어링 개념의 공유차량은 한국을 제외한 대부분 국가에서 유니콘 사업의 대표로 부상하고 있다. 우버를 비롯해 리프트미국, 디디추싱중국, 고젝인도네시아, 그랩동남아, 올라인도, 얀덱스러시아, 블라블라카유럽 등이 공유경제의 선두주자들이고 손정의 비전펀드의 대표적인 투자 대상들이다. 그런데 한국은 택시업계의 반발로 카카오의 카풀은 사실상 사업을 접고 있는 실정이다.

그러나 공급자의 보호로 인해 손해를 보는 집단은 바로 소비자들이다. 카풀에 대한 찬성이 반대의 4배가 넘는데 왜 한국 소비자들은 원격의료와 카풀의 갈라파고스적 정책을 수용해야 하는가. 이러한 소비자의 의견이 전혀 정책에 반영되지 않는 이유는 단순하다. 소비자들은 조직화되지 않아 시위도 안 하고 선거에 영향을 미치지도 않는다고 정치권이 생각하기 때문이다. 문제는 우리 시민들이다. 가만히 앉아 정부가 해주는 것만 감사히 받는 시대는 지났다. 정치적 시민단체가 아니라 진정한 소비자의 목소리를 전달하는 소비자 조직화가 국가 혁신을 위한 인프라가 돼야 하는 이유다.

주요 선진국 공유경제의 대원칙은 공급자의 이익이 아니라 소비자의 후생임은 이미 수차례 강조했다. 카풀의 경우 기득권과 신규 진입 사업자의 선택을 정부가 아니라 소비자가 하게 하라는 것이다. 필요하면 규제프리존을 통해 시작해도 된다. 창조적 파괴를 통해 저부가 일자리를 줄이고 고부가 일자리를 늘리는 것이 국가 혁신의 길이다. 단 무자비한 시장 경쟁은 사회적 갈등을 극대화하므로 불이익 집단의 구조조정을 지원해야 한다. 즉 국가 혁신 역량은 국가 전체의 혁신 가치 일부를 불이익 집단의 구조조정에 지원하는 로드맵을 만드는 역량이다. 원격의료와 카풀을 예로 들어 보자. 원격의료에서 발생하는 국가 의료비 절감의 일부를 반대하는 1·2차 의료기관에 원격의료 관리비로 보전해주면 된다. 카풀의 경우에도 택시의 카풀을 허용해 합승 승객과 택시 사업자 모두에게 이익을 만들어 주면 된다.

그러나 가장 중요한 것은 비조직화된 소비자 집단의 조직화다. 불평은 하나 행동하는 소비자는 드물다. 자신에게 이익이 되지 않기 때문이다. 이들에게 참여와 보상의 수단을 제공하는 스마트폰 기반의 리빙랩이 4차 산업혁명의 동력이다.

서울경제 19-02-20

스마트 규제가 혁신을 키운다

유럽과 미국의 신산업 규제는 스마트 규제(smart regulation)로 대변된다. 사전 규제가 아니라 사후 평가로 가는 스마트 규제가 4차 산업혁명의 신산업 규제 방향이다.

한 달 전 워런 데이비드슨 미국 하원의원이 암호화폐의 법적 성격을 '디지털 토큰'으로 정의해 일률적인 증권 규제에서 벗어날 수 있게 하는 '토큰 분류법Token Taxonomy Act of 2018'을 제출했다. 미국 정부가 암호화폐를 증권과 같이 규제하려면 명확한 법적 근거를 만들어야 한다는 내용이다. 그런데 정작 중요한 것은 법안 자체가 아니라 법안 제출 성명서다.

데이비드슨 의원은 성명에서 "인터넷 초창기 시절 의회는 시장을 과도하게 규제하려는 유혹을 이겨냈고 시장에 확실성certainty을 부여할 수 있는 법안을 통과시켰으며 이를 통해 미국은 3차 산업혁명의 승자가 됐다."며 "이때와 같은 승리를 또다시 미국 경제에 가져오고 이 혁신적인 산업에 미국의 리더십을 가져오는 것이 블록체인 암호화폐 법안 제출의 목표"라고 밝혔다.

그런데 우리 대한민국은 어떠한가. 블록체인에 대한 규제 법안은 없다. 그런데 암호화폐 산업은 붕괴했다. 심지어 암호화폐 관련 벤처는 대출과 건물 임차조차 제한되고 있는 실정이다. 법령 미근거 규제가 법치국가에서 태연히 벌어지고 있다. 3년 전 핀테크 도입기에 한국에서도 700개가 넘는 핀테크 기업이 등장했다. 그런데 대부분 고사했다.

규제도 문제였으나 법령 미근거 규제가 더 큰 장벽이었다. 원래 법령은 법과 시행령과 시행세칙까지다. 금융위원회가 시행세칙 이하의 행정고시로 민간을 규제하는 것은 당연히 위헌으로 봐야 한다. 행정고시는 행정부 내부에만 적용돼야 하고 민간에 적용하려면 시행세칙화해야 한다. 그런데 금융감독원은 행정기관이 아닌데 내부 규준이라는 실질적 규제로 핀테크 벤처들을 꼼꼼히 통제해왔다. 그리고 한국의 핀테크 산업은 중국에 완패했다.

유럽과 미국의 신산업 규제는 스마트 규제 smart regulation로 대변된다. 대부분의 신산업은 불확실성의 영역에 있다. 섣부른 규제는 미래의 황금알을 죽이게 된다. 암호화폐와 블록체인 산업은 거품 속의 황금알이다. 세심하게 관찰하면서 사전 규제가 아니라 사후 평가로 가는 스마트 규제가 4차 산업혁명의 신산업 규제 방향이다.

정부의 지나친 개입은 교각살우의 우를 범하게 된다. 데이비드슨

의원이 선포한 '인터넷 버블 당시 과도하게 시장을 규제하려는 유혹을 이겨냈다'는 문구와 반대되는 정책을 한국은 전개했다. 미래에 예상되는 문제를 해결하기 위해 쇠뿔을 교정하려다가 소를 죽이고 만 사태가 지난 2002년 시작된 '벤처 건전화 정책'이다.

2000년 당시 미국의 나스닥과 한국의 코스닥은 거의 동일한 패턴으로 붕괴했다. 소위 인터넷 거품의 붕괴였다. 그런데 이에 대해 미국과 한국은 완전히 반대로 대응했다. 미국은 새로운 규제를 가하지 않은 결과 아마존·구글·페이스북·넷플릭스 등의 거대한 인터넷 기업을 키워낸 반면 한국은 코스닥 통합, 벤처인증제 보수화, 주식옵션 보수화, 기술거래소 통합을 포함한 과도한 규제로 벤처의 10년 빙하기를 초래했다. 그 결과가 한국을 배워 간 중국에 우리가 배우러 가게 된 것이다.

혁신으로 가는 길은 황금알과 거품이 혼재된 불확실성의 영역이다. 비전 없이 문제만 보면 전가의 보도인 규제의 칼을 빼게 돼 있다. 규제는 공무원에게 권력과 예산을 가져다준다. 탈규제를 통한 혁신은 감사원의 감사와 문제에 대한 책임이라는 부정적 결과를 초래한다. 국회는 법안 제출이 실적이므로 규제 법안을 양산한다. 이러한 관료제의 평가 시스템을 혁신해야 우리는 비로소 4차 산업혁명으로 가는 길의 지도를 가지게 될 것이다.

문제는 국민과 리더 중 누가 시스템 혁신을 주도할 것인가이다. 국민은 관성이 크다. 결국 미래에 대한 비전이 있는 리더가 미래 지향적인 시스템 혁신의 해결사가 될 수밖에 없을 것이다. 결국 과거 지향이 아니라 미래 비전의 리더를 체계적으로 육성해야 한다는 결론에 도달하게 된다.

서울경제 19-01-23

정책실패 감사가
국가혁신 막아

미국 감사원(GAO)은 과거의 정책 실패가 아니라 혁신 추진 이행을 감사한다. 한국의 감사원이 과거의 문제가 아닌 미래의 혁신으로 감사 방향을 전환할 때 정부조직 혁신의 문이 열릴 것이다.

감사원이 국가혁신을 가로막고 있다. 한국의 감사원은 정책감사라는 과거 정책 실패를 징벌하는 성과감사를 시행하고 있다. 대부분의 국가에서 감사원은 회계 부정 같은 모럴 해저드만을 감사하는데 한국의 감사원은 특이하게 회계감사와 정책감사 모두를 수행하는 것이다.

세상만사가 그러하듯 정책감사에도 빛과 그림자가 있다. 현장 공무원들에게 성공적인 정책 집행을 촉구하는 순기능은 분명하다. 그러나 결과의 실패를 징벌하는 정책감사는 국가혁신을 저해하는 역기능도 존재한다. 정책감사가 시작되던 전윤철 전 감사원장 시절에는 순기능이 컸을 수 있으나 이제는 역기능이 너무나 커지고 있다. 바로 정부혁신이 저해되고 있는 것이다.

공무원들은 혁신 부진의 최대 이유로 감사원의 정책감사를 지목한다. 많은 국민은 감사원의 정책감사를 긍정적으로 보고 있다. 그러나 그 이면에서 국가제도의 혁신은 지체된다. 그런데 문제를 잘 아는 공무원들은 이 문제를 제기하지 못한다. 감사원의 보복이 두렵기 때문이다.

현재 감사원은 적극행정지원제도를 확대하고 있다. 첨단기술 분야의 감사는 제한하고 있다. 이는 분명 바람직한 방향이다. 그러나 국가혁신에는 아직도 미흡하다.

혁신은 실패와 동전의 앞뒤 관계이기에 실패를 징벌하면 혁신도 사라진다. 과도한 실패 징벌은 혁신 저해라는 교각살우의 우를 범하게 된다. 감사원이 1을 지적하면 부처는 10만큼 반응하고 현장에서는 100만큼의 보신주의가 팽배하게 된다. 더구나 4대강과 같이 정권 교체에 따른 정치적 감사를 피하기 위해 이제는 핵심 업무를 회피하는 경향마저 나타나고 있다.

대한민국의 최고 엘리트들이 공무원을 지망하고 있다. 그런데 세계은행IBRD과 세계경제포럼WEF 등이 평가하는 공무원의 제도 경쟁력은 70위권을 맴돌고 있다. 20위권을 유지하는 이공계 기술 경쟁력보다 훨씬 하위권인 이유는 개인 역량의 문제가 아니다. 국가 제도 경쟁력은 공무원 개인이 아니라 국가 시스템의 문제다. 그러면 무엇이 문제인지 질문을 해보면 혁신을 저해하는 걸림돌이 있다는 결론에 도달하게 된다. 바로 실패를 과도하게 징벌하는 감사제도가 문제의 본질이다.

추격경제에서는 새로운 혁신보다 열심히 따라가는 효율이 중요했다. 실패란 나태와 무능력과 도덕성의 문제로 치부돼 징벌의 대상이 됐다. 그런데 탈추격의 혁신경제에서 실패는 혁신으로 가는 학습의 수단이 된다. 그런데 정부 부문은 아직도 실패를 하지 않아야 한다는 과거 추격시대의 패러다임에 갇혀 있다. 성공하는 공무원이란 새로운 혁신을 주도하는 사람이 아니라 문제를 만들지 않는 사람이 됐다. 혁신에 성공한 공무원이 계속 혁신에 성공하지는 않는다. 언젠가 한 번 실패하면 인사상 결정적 타격을 받는다. 그래서 후배들은 혁신보다 혁신하는 척하는 것이 최선이라는 교훈을 얻게 된다.

정직한 실패를 지원하는 조직문화에서 혁신은 싹튼다. 과거의 실패를 뒤지는 감사제도를 이제는 혁신해야 한다. 물론 도덕적 해이는 엄벌해야 한다. 그러나 대부분의 정직한 공무원들을 옥죄어서는 국가의 혁신이 사라진다. 공무원의 자부심과 도전정신이 없는 국가가 혁신 성장을 할 수는 없다. 한국의 제도가 중국과 일본에 현격히 뒤처지고 일자리가 사라지는 이유다.

그렇다면 감사제도의 대안은 무엇인가 생각해보자. 장기적으로는 감사의 본질에 입각해 국회의 국정감사와 통합해야 할 것이나 이는 헌법 개정 사항이다. 당장은 현재의 정책감사 역량을 활용해 과거지향적 감사에서 미래지향적 감사로 전환하는 것이 시급하다.

미국 감사원GAO은 과거의 정책 실패가 아니라 혁신 추진 이행을 감사한다. 미국 4차 산업혁명의 초석이 된 클라우드 퍼스트 정책은 미국

감사원의 적극적인 혁신 이행 감사가 촉진제가 됐다. 한국의 감사원이 과거의 문제에서 미래의 혁신으로 감사 방향을 전환할 때 정부조직 혁신의 문이 열릴 것이다.

서울경제 18-12-12

유치원문제 해법 '사전규제' 아닌 '사후징벌' 돼야

사전규제에서 사후평가로 전환이 일류국가로 가는 길이다. 새로운 제도가 뿌리내리는 과정에서 다수의 정상적인 운영자들을 위축시켜서는 안된다.

사립유치원이 비리의 온상으로 지목되고 있다. 대한민국 최강의 권력을 가진 학부모의 분노가 하늘을 찌른다. 그리고 새로운 규제가 태동하고 있다. 사회문제가 드러나면 이를 사전에 방지하라는 여론이 형성되고, 국회와 정부는 각종 규제를 만들어 대응해온 결과가 한국을 규제천국으로 만들었다.

촘촘한 규제와 감사는 비리를 줄이는데 일조한다. 그러나 비리 감소와 더불어 자율과 창조성을 동시에 억제한다. 많은 경우 비리 축소의 효과보다는 국가경쟁력 저하의 폐해가 더 컸다는 게 불편한 진실이다.

사기꾼의 등장 가능성을 사전에 차단하면 시장경제의 다양성이 무너진다. 정부나 제도가 모든 것을 해결할 것이라는 가정이 성립하지 않음은 70여년 공산주의 실험에서 입증됐다. KTX를 무임 승차하는 소수를 사전에 적발하기 위해 모든 승객의 표를 검사하겠다 하는 것은 후진적 사고다. 선진적 사고는 사후에 적발되면 강력한 징벌적 벌금을 물리는 방식이다.

요약하면, 사전규제에서 사후평가로 전환이 일류국가로 가는 길이다. 일부 연구비 유용이 있다 해서 모든 영수증을 정밀 조사하는 것은 연구자의 사기를 꺾는다. 비리 기업인이 있다 해서 모든 기업인에게 사전 연대보증을 시키는 것은 창업을 하지 말라는 신호와 같다. 소수의 위반자를 사후에 적발해 강력히 개별 응징하는 게 사회적 비용을 최소화하는 방안이다.

유치원과 어린이집은 누리과정의 학부모 바우처 제도로 선의의 경쟁에 돌입했다. 시장경쟁으로 급격히 경쟁력이 향상됐다. 그러나 바우처를 통한 정부 지원금의 관리는 체계화에 성공하지 못했다. 새로운 제도의 정착 과정에 따르는 혼란이다. 당연히 문제는 유치원만이 아니라 어린이집도 마찬가지라고 봐야 한다. 새로운 제도가 뿌리내리는 과정에서 다수의 정상적인 운영자들을 위축시켜서는 안된다. 우리 사회 전반의 문제다.

사립 유치원을 현미경 규제를 하게 되면 다수의 뜻 있는 유치원의 운영의지를 꺾을 것이다. 개별 유치원의 문제는 사후에 투명하게 평가하고 공개하면 된다. 소수의 문세로 선의의 다수에게 일괄규제를 부과하는 것은 국가를 후퇴시키는 정책이다. 지난 20년간 대한민국은 이런 방식으로 꾸준히 국가 경쟁력을 저하시켜 왔다. 국가 주도의 성장은 중진국까지가 한계다.

지난 20년간 국가가 앞장선 과제 중 성공사례가 있었는지 반문해 보라. 혁신은 기업가정신에 기반한 민간주도 영역이다. 혁신에는 실패와 거품이 같이 존재한다. 실패를 없애고 성공만이 대우받는 추격자 전략에서 벗어나야 한다.

지난주 980만 명의 KT 개인정보 유출에 대해 정부의 규정을 준수했기 때문이라는 이유로 서울고법은 배상책임이 없다는 판결을 했다. 페이스북이 2조의 벌금이 부과될 것이라는 예측과 비교해 차이가 너무 크다. 한국은 규정만 지키면 면책이 되니, 정부 눈치는 보지만 소비자는 무서워하지 않는다.

국가가 보안규정을 만들지 말아야 하고, 기업이 스스로 결정하고 책임져야 한다는 게 '바젤협약'이다. 우리는 지금 추격자 전략의 함정에 빠져 허우적거리면서 문제를 해결하려는 노력이 오히려 문제를 악화시키는 결과를 초래하고 있는 중이다.

KTX 표와 같이 사전규제는 줄이고 소수의 도덕적 해이는 사후에 강력히 징벌하자. 사후 징벌 시 발각확률의 3배라는 '3배 징벌의 원칙'을 광범위하게 적용하자. 예를 들어, 표 미구입 발각확률을 10분의 1로 보고 30배의 벌금을 징수하는 것이다. 합리적으로 판단하면 KTX 표를 사는 게 훨씬 유리한 선택이 된다.

헤럴드경제 18-10-24

규제영향평가 AI에 맡기자

측정되는 것은 개선된다. AI규제평가는 불완전하나 유용한 도구가 될 것이고 지속적으로 발전할 것이다.

몽골의 세계 정복, 스페인과 잉카 제국의 전쟁, 임진왜란, 아편 전쟁 등 주요 전쟁의 승패를 가른 것은 신기술에 기반한 신무기였다. 규제개혁을 통한 혁신성장이 국가의 최우선 과제인데 규제개혁은 구호에 그치고 기업가들은 체념하고 있다. 지금까지의 규제 개혁 방식으로는 한계가 있다. 작금의 끝나지 않는 규제전쟁에 종지부를 찍을 기술로서 인공지능 규제영향평가 시스템(이하 AI규제평가)을 제시하고자 하는 이유다.

규제는 공익과 사익의 충돌 조정 도구다. 적절한 규제는 적절한 가로등 신호와 같이 사회에 편익을 제공한다. 그러나 과도한 규제는 불편한 가로등과 같이 사회에 비용을 부담시킨다. 사회적 비용과 편익의 관점에서 규제개혁을 접근해 보면, 편익이 비용보다 큰 좋은 규제는 당연히 지속 발전시켜야 한다. 그러나 비용이 편익보다 큰 나쁜 규제는 개혁되어야 한다. 그런데 질 나쁜 규제일수록 강력한 규제 이익 집단이 형성되어 규제 개혁을 가로막고 있다. 정권마다 규제개혁을 국정과제로 내세우나, 실상은 숫자 채우기와 같은 변죽 울리기에 그치는 이유는 성과 측정의 기준이 없기 때문이다.

AI규제평가는 규제의 질에 대한 평가 기준을 제시하여 규제개혁의 질적 전환을 가져올 획기적 신무기가 될 것이다. 150조라는 국가 규제 비용의 10%만 절감한다 해도 그 효과는 연간 15조가 넘는다. 그렇다면 왜 다른 국가에서는 이와 같은 획기적인 인공지능 활용을 하지 않는가 반문할 수 있다. 미국과 영국 등 금지 규제를 제외하고 시행이 가능한 네거티브 규제 국가는 규제개혁의 문제가 크지 않다. 독일과 일본 등 허가된 것만 시행이 가능한 포지티브 규제도 사회적 합의 체계가 잘 형성되어 있다. 개발도상국들은 인공지능 기술 활용 자체가 쉽지 않다. 결국 사회적 합의가 어려운 포지티브 규제의 기술 선진국인 대한민국이 최초가 될 수밖에 없다.

규제영향평가의 관점에서 규제개혁은 전체 규제의 편익/비용 극대화로 정의될 수 있다. 그런데 문제는 규제영향평가가 고비용의 전문가들이 상당 시간을 투입해야 가능하다는 것이 현실적 한계다. 대체로 5,000만 원과 3개월의 비용과 시간이 소요된다. 그렇다면 정부 규제 포털에 등록된 1만 5,000개 규제영향평가를 하려면 7,500억의 비용과 4,000명 가까운 전문가가 필요하게 된다. 실현 가능성이 힘들다는 것이다. 다행히도 인공지능의 발전으로 모든 규제의 실시간 비용/편익 분석시스템 개발이 가능해졌다. 비슷한 사례로서 특허 가치를 인공지능으로 평가하는 시스템이 개발된 것을 감안해 보자.

규제영향평가는 비용과 편익에 영향을 미치는 요소들을 선정하고 이들 간의 상관관계를 분석하는 방법으로 이루어진다. 초기에는 기존 규제영향평가와 유사한 규제들을 그룹화하여 기존 규제 평가를 인공지능이 학습하면 된다. AI규제평가는 비용/편익의 상관관계를 도출하고 각 요소의 변화를 각종 국가 통계 DB에서 연계하여 규제영향 평가를 매일 모든 규제에 대하여 제공할 수 있게 된다. 인공지능은 24시간 주 7일 근무해도 되기 때문이다.

그런데 AI규제평가의 신뢰도는 초기에는 높지 않을 것이다. 그러나 평가기준이 없는 것과 50%의 신뢰도를 가진 평가 기준이 있는 것, 어느 것이 더 나은가 생각해보라. AI규제평가는 불완전하나 유용한 도구가 될 것이고 지속적으로 발전할 것이다. 이를 통하여 한국이 규제개혁의 선도국가로 부상할 기회를 얻을 것이다. 이제 무엇이 달라지는가 생각해 보자.

측정되는 것은 개선된다. 우선 각 부처 규제영향평가 총량을 기준으로 부처의 객관적 평가가 가능해진다. 사회적 영향이 개수 채우기 규제개혁에서 사회적 영향이 큰 임팩트 위주 규제개혁이 부처에 유리해지게 만들면 규제개혁은 성공한다. 그러면 각 부처의 실·국·과는 규제영향평가의 파레토 분석을 통하여 핵심 규제를 발굴하여 규제의 질 개선에 주력하게 될 것이다. 평가 과정에서 규제 영향의 절대치가 아니라 매년 상대적 변화치를 기준으로 하면 절대치 오류에 대한 논란도 사라진다.

현재 정부 규제 포털에 등록되지 않는 20만 개가 넘는 것으로 추산되는 법령 미근거 규제도 평가를 통한 정비가 가능해진다. 또한 유사·중복·충돌 규제를 인공지능이 해소하는 역할도 기대할 수 있다. AI규제평가는 규제 개혁 시스템의 개혁이다.

디지털타임스 19-06-09

국가 파탄 구원투수, 원격의료

원격 스마트 의료의 갈등 문제는 보상과 불신의 문제다. 원격의료를 반대하는 1·2차 의료기관에 신뢰할 만한 보상 체계를 제공하면 된다.

지난 2000년대 초 한국은 세계 최초로 당뇨폰을 만들고 전 세계 원격의료 특허의 절반 이상을 점유했다. 그런데 원격의료를 시작한 대한민국이 지금은 원격의료의 갈라파고스가 됐다. 한국 4차 산업혁명의 시금석은 원격의료 해결 역량이라 해도 과언이 아닐 것이다.

원격의료는 공간원격과 인간스마트의 한계를 극복하는 원격 스마트 의료다. 한국은 크게 초고령화와 4차 산업혁명이라는 두 가지 국내외의 거대한 환경 변화에 직면하고 있다. 우선 초고령화 문제를 살펴보자. 한국은 전 세계에서 가장 빠른 속도로 초고령화가 진행되고 있다. 오는 2025년이면 전체 인구의 20% 이상이 65세 이상 고령 인구가 되는 초고령회 국가에 진입하게 된다. 프랑스가 144년 걸린 초고령화를 한국은 불과 38년 만에 달성하게 된다.

노인 인구가 14%인 고령화 국가2018년의 노인 의료비 비중이 40%라는 점을 감안하면 노인 인구가 20%를 돌파하는 2025년에는 노인 의료비 비중이 최소 60%를 넘어설 것으로 추정한다. 현재 140조 원에 달하는 국가 의료비가 경제협력개발기구OECD 최고 속도인 연 6.8%로 증가하면서 10조 원 이상의 의료비가 가속적으로 증가하고 있다. 그 결과 2025년 국가 전체 의료비가 200조 원을 넘어설 것은 확실하고 문재인 케어를 감안한 2030년의 의료재정 적자 규모는 최소 50조원에 달할 것으로 추정된다.

특단의 조치 없이는 국가 의료의 지속성 자체에 대해 본원적 의문이 제기된다. 원격의료라는 구원투수 없이 초고령화의 국가 대비는 불가능하다는 것이 미국을 비롯한 주요 선진국의 일관된 결론이다. 미국의 경우 원격의료로 만성병 직접 진료비가 27% 절감된다는 연구 결과를 발표한 바 있으며 일본은 원격의료로 40조 엔의 의료비 절감을 예상하고 있다. 한국의 보건복지부도 원격 스마트 의료를 통해 당뇨 치료 효과가 30% 이상 향상되고 의료기관 이용 시간과 보호자 동행 비율이 3분의 1이하로 축소된다는 시범사업 결과를 보고한 바 있다. 원격의료가 초고령화 국가들의 구원투수인 것이다.

4차 산업혁명에서 의료 체계는 공급자인 병원 중심에서 소비자인 환자 중심으로 재편되고 있다. 지금까지 의료는 10%의 건강 비중을 갖는 병원 의무기록EMR 중심이었으나 4차 산업혁명에서는 30% 비중의 개인 유전자DNA 정보와 60% 비중의 개인 생활정보life log를 바탕으로 한 맞춤 의료로 발전하게 될 것이다. 결국 의료의 중심이 병원 중심의 진단과 치료에서 환자 중심의 관리 의료로 이동한다. 관리 의료가 바로 원격 스마트 의료의 주된 영역이 돼 의료 세계화를 선도하게 될 것이다.

한국은 정보통신기술ICT과 의료 데이터 축적에서 세계 최고 수준이다. 그러나 숱한 원격의료 시범사업에도 불구하고 세계를 선도할 기회를 박차고 원격 스마트 의료의 갈라파고스로 전락한 것은 기술이 아니고 제도의 문제다. 바로 원격의료를 규제하는 의료법과 스마트 의료를 제한하는 개인정보법이라는 양대 갈라파고스 규제가 문제의 핵심이다. 네오펙트·휴이노·눔 등 숱한 미래 지향적인 의료 벤처기업들이 규제로 인해 한국을 떠났다. 최근 휴이노가 규제 샌드박스 허가를 받았으나 전 세계와의 경쟁에 맞서기에는 역부족이다. 중국의 아이카본엑스iCarbon-X가 의료정보·유전정보와 생활정보를 활용한 개인 맞춤 의료 벤처를 설립한 지 6개월 만에 유니콘으로 등극한 사례를 타산지석으로 삼아야 할 것이다.

한국을 구원할 원격 스마트 의료에는 규제개혁에 이어 갈등 해소가 중요하다. 원격 스마트 의료의 갈등 문제는 보상과 불신의 문제다. 원격의료를 반대하는 1·2차 의료기관에 신뢰할 만한 보상 체계를 제공하면 된다. 원격 스마트 의료를 통해 최소한 10조 원이 넘는 사회적 가치가 창출될 것이다. 이 중 30%인 3조 원을 1·2차 의료기관의 원격 환자 관리 재원으로 활용해보라. 모두를 위한 제도가 탄생할 것이다.

서울경제 19-06-26

주 52시간으론 '제2 벤처붐'은 불가능하다

새로운 일자리는 연구개발을 통한 혁신에서 비롯된다. 적어도 벤처의 연구개발 부문 인력에 대해서는 유연한 시간과 임금체계를 허용해야 할 것이다.

생산의 패러다임과 연구의 패러다임은 달라도 너무 다르다. 공장에서는 규격화된 통제를 통해 실패를 사전 예방하는 것이 가장 중요하다. 규격화된 업무매뉴얼을 통해 생산인력의 대체 투입도 대부분 가능하다. 공장의 존재 이유는 효율과 품질의 확보다.

그러나 연구소에서는 규격화된 연구는 있을 수 없다. 과거에 없던 제품과 서비스의 개발을 위해 창조적 도전이 필요하고, 그 결과 실패는 필연적이다. 연구소의 존재 이유는 창조와 도전이다. 생산은 반복되는 가치를, 연구는 새로운 가치를 창출하는 게 목적이다.

공장은 실패가 없어야 되고, 연구소는 실패를 지원해야 된다. 달라도 너무 다른 두 패러다임의 차이를 감안하지 않은 획일적인 근무형태 강요는 국가경쟁력을 급속히 추락시킬 것이다. 겨울에는 겨울옷을 입어야 하고, 여름에는 여름옷을 입어야 한다. 근무시간도 마찬가지다.

혁신성장과 일자리 창출은 고성장 벤처로 가능하다는 게 주요국에서 충분히 입증됐다. 산업활동은 새로운 제품과 서비스를 연구개발하는 혁신사이클과 동일한 제품과 서비스를 재현하는 생산사이클로 나눠진다.

주 52시간이란 규제는 반복되는 생산사이클에는 적용이 가능하나, 혁신사이클에는 독약이 된다. 따라서 혁신사이클의 중심에 있는 벤처기업에 대한 주 52시간 강요는 제2 벤처붐을 근원적으로 차단하는 셈이다.

벤처기업이란, 과거에 없던 새로운 제품과 서비스를 개발하는 혁신기업이다. 스타트업은 창업벤처이고 스케일업은 성장벤처가 되고 유니콘은 글로벌벤처가 된다. 벤처의 경쟁력은 남들보다 앞서 기회를 포착하고 신제품과 서비스를 개발하는데 있다.

이 과정은 경쟁사와의 피 말리는 시간싸움이다. 유니콘을 포함한 성공 벤처기업들은 남들보다 먼저 시작했다는 공통점이 있다. 우아한 백조와 같은 벤처기업의 성공은 수면 아래서의 피나는 발 젓기 노력이 있었기에 가능했다. 벤처기업의 가장 중요한 시간경쟁력은 주 52시간 규제로 침몰 직전이다. 가장 큰 수혜자는 중국과 일본의 경쟁자이고, 가장 큰 피해자는 한국의 청년들이다.

한국의 중견 벤처기업들은 주 52시간 규제로 중국과의 시간경쟁을 포기하고 있다. 과거 한국의 경쟁력은 남들보다 빨리 반도체를 개발하고 다리를 건설하고 게임을 개발하는 '빨리빨리' 역량에 있었다. 한국 기업이 주 52시간 규제될 때 중국의 경쟁기업은 막대한 인력을 2교대로 투입해 월화수목금금금 쉬지 않고 개발에 매진하고 있다.

그렇다고 중국 기업들이 개발인력을 일방 착취하는 것은 아니다. 10년 동안 벌 수 있는 수입을 3, 4년에 벌 수 있도록 하는 유연한 급여 보상을 해준다. 그리고 많은 개발자들은 워라밸의 의미를 '단순히 일을 줄이는 게 아니라 좋아하는 일을 하고, 충분한 보상을 받는 것'이라 생각하고 있다.

실리콘밸리 벤처의 주당 100시간과 한국의 주당 52시간의 경쟁 결과는 국가경쟁력의 추락이다. 대외경쟁력을 강화하면서 수반되는 문제를 해결하는 것이 국가정책이다. 주 52시간 규제로 한국의 중견 벤처와 대기업들은 중국과 기술개발 경쟁에서 패배할 수밖에 없다.

새로운 일자리는 연구개발을 통한 혁신에서 비롯된다. 일자리 창출을 위해서라도 주 52시간 규제는 반드시 혁파돼야 한다. 적어도 벤처의 연구개발 부문 인력에 대해서는 유연한 시간과 임금체계를 허용해야 할 것이다.

헤럴드경제 19-03-20

안일한 현실인식에 갇혀버린 규제 개혁

규제는 입안 과정이 아니라 기업 활동에 미치는 결과가 훨씬 중요하다.
4차 산업혁명의 성공은 기술보다 데이터 규제 개혁에 있다. 가장 큰 문제는
정부의 안일한 현실인식이다.

대통령 직속 4차 산업혁명위원회는 지난 8일 '규제 혁신의 성과와 과제' 콘퍼런스에서 2년간의 규제혁신 성과를 자랑스럽게 발표했다. 그런데 국민 대부분은 "과연 그런가" 하고 질문하게 된다.

국무조정실의 규제조정실장은 한국의 규제 시스템이 경제협력개발기구OECD 규제 정책 기준 3~6위라는 평가가 세계경제포럼WEF의 규제 순위 95위2017년 기준라는 평가보다 객관적이라고 주장하고 있다. OECD 규제 정책은 정부의 입법 규제 입안 과정에 대한 1000개 항목 평가이고 세계경제포럼은 기업인 100명의 주관적인 답변이라는 이유에서다. 규제는 입안 과정이 아니라 기업 활동에 미치는 결과가 훨씬 중요하다. 공유경제 규제로 전 세계 스타트업의 70%는 한국에서 불법일 가능성이 높다는 것이 규제의 결과다.

OECD는 한국의 시장규제 순위를 최하위권으로 평가했다. 좋은 평가를 받았다는 입안 과정도 실상을 보면 달라진다. 법령 근거의 10배가 넘는 규제가 행정부 내 고시와 금융감독원 같은 준정부기관의 내부 규준으로 이뤄지고 있다는 것이 불편한 진실이다. 한국의 인터넷을 추락시킨 공인인증서와 클라우드 규제가 대표적인 행정 편의적 법령 미근거 규제들이다. 이런 내용이 OECD에 통보되면 한국의 규제 입안 과정 평가도 하위권이 될 가능성이 높다. 문제는 규제 과정의 투명성 부족이다.

정부는 출범 100일 된 한국의 '규제 샌드박스' 제도가 금융권에만 한정돼 있는 영국의 규제 샌드박스와 비교해 세계적인 수준이라고 찬양했다. 영국, 미국, 중국은 원칙적으로 하지 말라고 명시되지 않은 일은 할 수 있는 네거티브 규제 국가다. 법으로 허용된 일만 할 수 있는 포지티브 규제 국가인 한국과 비교 자체가 불가능한데 우리가 더 낫다고 용감하게 주장한 것이다.

규제 샌드박스 제도는 시작부터 공무원들의 소극행정으로 많은 논란을 야기했다. 1호 신청자는 심의를 거부했고, 심의절차 과정을 공개하지 않아 비슷한 사업모델의 반복심사가 거듭되고 있다. 이에 대해 징계와 인센티브를 통한 적극 행정을 유도하겠다고 했지만 실효성에는 의문이 있다. 당장 규제 샌드박스의 심의 과정에 대한 정보 공개를 지면을 빌려 공개 청구하고자 한다. 현재의 규제 샌드박스는 부분적 네거티브 제도를 부처가 반대하면 수용하지 않는 매우 포지티브한 운영에 불과하다는 것이 산업계의 의견이다.

4차 산업혁명의 성공은 기술보다 데이터 규제 개혁에 있다. 정부는 작년 8월 개인정보와 데이터의 규제 개혁을 이룩했다는 발표를 자랑스럽게 했다. 작년 8월에는 대통령이 직접 '4차 산업혁명을 위한 데이터 고속도로' 선언을 했다. 그러나 작년 10월 제출된 개인정보보호법과 클라우드 진흥법의 양대 데이터 법안이 국회 상임위원회조차 통과하지 못하고 있다는 것이 불편한 진실이다. 4차 산업혁명은 데이터를 통한 현실과 가상의 융합이므로 두 법안은 4차 산업혁명으로 가는 실질적인 출발점이다. 정부의 총괄적인 규제 대응전략 및 현황 파악 능력이 의심되는 상황이다.

이번 4차 산업혁명위원회 개최 콘퍼런스에서 확인된 가장 큰 문제는 정부의 안일한 현실인식이다. 4차 산업혁명의 선도기업과 글로벌 유니콘의 70%가 불법이라는 통계에도 이를 위기로 인식하는 담당자는 없어 보였다. 세계 최고라는 규제정보포털은 질적 규제 향상이란 명목 하에 2015년부터 규제총괄 수를 업데이트하지 않고 있다. 규제 민원의 축적 데이터도 부재하다. 규제를 찾아가는 규제 맵과 내비게이터는 부실하고 미국의 'E레귤레이션 E-Regulation'과 비교해 이용자 친화성은 너무 떨어진다. 실질적 규제 강국을 선언하려면 '액티브X'를 모든 정부 사이트에서 걷어내고 원격의료와 공유차량, 글로벌 지도부터 열어야 할 것이다.

한국경제 19-05-12

거짓을
가중 징벌하라

4차 산업혁명에서 가장 중요한 사회적 자산은 신뢰다. 지금 대한민국의 문제는 한 마디로 신뢰 부족의 문제다.

    4차 산업혁명에서 가장 중요한 사회적 자산은 신뢰다. 사전 규제에서 사후 평판으로 전환되는 초연결사회의 적은 신뢰를 손상시키는 거짓이다. 댓글 조작이 개방 사회를 좀먹는 암적인 행위로 인지되는 이유다. 불투명한 일회성 경쟁에서는 거짓이 승리의 수단이나 반대로 투명한 반복 경쟁에서는 신뢰가 승리의 수단이 된다. 개방되고 투명하고 반복되는 초연결의 4차 산업혁명에서 가장 소중한 자산이 신뢰가 돼야 하는 절대적 이유일 것이다.

    서구에서는 '당신은 거짓말쟁이'라는 말이 '당신은 나쁜 놈'이라는 말보다 더 큰 모욕이다. 지난 1972년 발생한 워터게이트 사건은 처음에는 단순절도미수 사건으로 인지돼 리처드 닉슨 미국 대통령의 선거에 거의 영향을 미치지 못했으나 이후 닉슨 대통령의 거짓말이 백일하에 드러나면서 사임으로 귀결됐다. 워터게이트 사건에서 주목해야 할 점은 도청이라는 행위 자체보다 거짓말이라는 과정이 미국 하원에서 탄핵 결의안을 통과시킨 주된 이유라는 것이다. 행위는 한 번에 불과하나 거짓은 반복되는 사회 시스템을 붕괴시키기 때문이다.

잘못을 알리면 고칠 수 있으나 숨기면 고칠 수 없기에 실패보다 거짓이 더 나쁘다는 대원칙이 일류 국가의 문화로 정립됐다. 잘못을 거짓으로 덮으려 한 경우에 가중 징벌을 부과하는 각종 제도가 도입된 이유다. 소위 징벌적 손해배상제도다. 예를 들어, 알고도 특허 침해를 한 경우에는 모르고 침해한 경우에 비해 3배의 징벌적 배상을 부과한다. 결과보다 의도가 2배 더 나쁘다는 의미다. 참고로 한국도 오랜 논쟁 끝에 뒤늦게 오는 6월에야 징벌적 배상제도가 도입될 예정이다.

그런데 우리나라에서는 잘못이 드러나면 일단 부인하고 본다. 거짓에 대한 가중 징벌이 없기에 '아니면 말고'다. 정치인들은 거짓말을 밥 먹듯이 해 국민들의 정치에 대한 불신이 증폭되어 왔다. 일반 직장인들도 잘못을 드러내기보다 우선 숨기고 본다. 숨겼던 선배들이 얻는 기대 이익이 솔직함보다 더 크다는 것을 배웠기 때문이다. 그 결과 실패를 통한 학습 기회를 상실해 혁신으로 가는 길이 봉쇄되어 버렸다. 4차 산업혁명에서 과정이 결과보다 훨씬 중요하기에 신뢰를 손상시키는 여하한 행위에 대해 사회는 엄벌주의로 가야한다. 결과지향 사회에서 과정지향의 사회로 업그레이드해야 한다는 것이 4차 산업혁명이 주는 명제다.

지금 대한민국의 문제는 한 마디로 신뢰 부족의 문제다. 신뢰 부족으로 협력 플랫폼이 구축되기 어렵고 4차 산업혁명의 바로미터인 클라우드 활용도가 경제협력개발기구 OECD 최저 수준으로 추락했다. 4차 산업혁명의 경쟁은 개인과 개별 기업의 수준을 넘어 조직 간 개방과 공유의 초연결 구조에 달려 있는데 우리는 신뢰 부족으로 협력이 극도로 부진한 실정이다.

신뢰는 거짓에 대한 가중 징벌로 축적된다. 인간은 미래의 이익을 극대화하는 방향으로 행동한다. 거짓이 이익이면 거짓을, 진실이 이익이면 진실을 선택하게 된다. 잘못을 징벌하는 것은 하나의 결과를 고치나 거짓을 징벌하는 것은 여럿을 만들 과정을 개선한다. 결론적으로 이제 거짓에 대해 이 사회가 단호히 가중 징벌해야 한다는 사회적 합의가 도출돼야 할 때라는 것이다.

요즘 일련의 정치적 사건을 보자. 해외 순방 시 가이드 폭행, 방송사 대표의 교통사고, 댓글 조작, 정치자금 부당 수수 등 모든 경우에 당사자는 일단 부인하고 본다. 이후 거짓으로 드러난다 해도 추가적인 불이익은 없기 때문이다. 거짓이라는 개인의 합리적 행동은 사회 전체를 불합리하게 퇴보시킨다. 사회적 추적성을 바탕으로 국민들이 우선 거짓을 비판하고 재판 과정에서 거짓에 대한 가중 징벌이 이뤄져야 한다.

신뢰 사회는 불필요한 거래 비용을 제거해 사회 전체의 효율과 혁신을 증대시킨다. 그러나 로마가 그러하듯이 신뢰 사회는 하루아침에 이룩될 수 없다. 오늘 우리가 행동해야 대한민국의 4차 산업혁명으로 가는 길이 열릴 것이다.

서울경제 19-02-06

신뢰사회로
가는 길

개인이 거짓을 통해 얻을 이익보다 손해가 크도록 해야 한다. 이제 '아니면 말고'는 사라져야 한다. '나쁜 놈'보다 '거짓말하는 놈'이 더 징계받는 사회가 선진사회다.

선진국과 후진국의 가장 큰 차이는 신뢰다. 거짓이 통하는 사회는 협력이 무너지고 혁신이 실종된다. 추격형 '패스트팔로어'의 국가 전략이 수단 방법을 무시한 경쟁적 목표 달성이라면 탈추격형 '퍼스트무버'의 국가 전략은 합리적 협력을 통한 혁신이다. 추격형 전략의 전 세계 최우등생 대한민국이 당면한 최대 난관은 탈추격 전략으로의 패러다임 변화다.

혁신성장 전략은 개방 협력으로 혁신의 씨앗을 뿌리고 일정 시간 후에 수확을 분배하는 구조다. 이 과정에서 두 개의 키워드가 도출된다. 바로 협력과 신뢰다. 눈 앞의 이익을 위해 사회적 신뢰를 손상하는 행위는 크나큰 범죄가 된다. 반복되는 미래의 혁신 과정을 손상하기 때문이다. 따라서 신뢰를 손상하는 여하한 행위, 특히 의도적 거짓말은 가중 징벌하는 것이 선진 신뢰 국가로 가는 대원칙이다.

리처드 닉슨 미국 대통령을 사임하게 한 워터게이트 사건의 본질은 불법 도청이 아니라 거짓말이었다. 특허 손해 배상에서 특허를 알고도 침해한 경우에는 3배의 징벌적 배상을 한다. 특허 침해 자체보다 알고도 침해한 신뢰 파괴의 잘못이 두 배라는 의미다. 한국의 KTX도 사전 승차권 검사를 없앤 대신 무임승차가 발각될 경우 30배의 징벌적 요금 부과를 하고 있다. 사전 개별 규제가 아니라 사후 가중 징벌이 사회 전체의 비용을 줄인다. 사전 규제를 없애고 사후 가중 징벌로 가는 것이 네거티브 규제의 구현 방안 중 하나다.

이제 한국의 불편한 현실을 마주해보자. 마약 의심을 받은 연예인은 일단 혐의를 강력히 부정한다. 거짓이 밝혀진다 해도 추가 징벌은 거의 없다. 정치인은 불리한 사실은 숨기고 본다. 나중에 밝혀져도 불이익이 별로 없다. 행정부는 일자리 통계를 왜곡하고 사실과 다른 해석으로 국민을 오도한다. 정부에 불리한 연구보고서는 인터넷에서 사라진다. 물론 정보 왜곡에 대한 책임은 거의 묻지 않는다. 국방부는 북한 목선을 비롯해 문책이 우려되는 사건을 일단 은폐하고 드러나면 거짓 변명으로 덮는다. 그렇다고 숨긴 것을 추가 문책하지도 않는다. 심지어 청와대도 사실을 부정한 내용이 드러났을 경우 책임지지 않는다. 국민의 무기명 거짓 투서에 대해 책임을 묻지 않아 한국은 글로벌 투서 왕국이 됐다. 과거 수단 방법을 가리지 않는 결과 지향 발전의 어두운 잔재를 이제는 걷어내야 한다.

아프리카 국가들 방문 시 안타까웠던 점은 소집단의 단기이익 추구로 국가 발전이 정체돼 있다는 것이었다. 잘못한 것보다 숨기는 것을 더 큰 죄악으로 인지하는 사회가 신뢰를 바탕으로 협력과 혁신성장을 할 수 있다. 대부분 국가가 거짓에 대해 3배 이상의 가중 징벌을 부과하는 이유다. 국가의 모든 조직과 개개인은 누구나 자신을 위한 합리적인 결정을 한다. 거짓이 개인의 이익이 되는 사회에서는 결과적으로 신뢰가 붕괴해 협력 기반의 혁신성장이 어렵다. 결과에만 치중했던 한강의 기적 시대의 패러다임은 이제 선순환 과정을 만드는 4차 산업혁명의 패러다임으로 전환돼야 한다.

이제 대한민국이 신뢰 사회로 가는 데 필요한 거짓에 대한 가중 징벌 논리를 정리해보자. 정책의 목표는 국가 전체의 이익과 개인과 조직의 이익을 일치시키는 것이 돼야 한다. 개인이 거짓을 통해 얻을 이익보다 손해가 크도록 해야 한다. 전 세계적으로 3배 징벌의 원칙이 성립된 배경이다. 그런데 거짓이 발각될 확률이 10%라면 3배 징벌에도 개인에게 거짓이 이익이 된다. 그래서 발각될 확률을 감안해 KTX는 30배의 무임승차 요금을 부과하는 것이다. 개인에게 거짓보다 진실이 더 유리한 제도를 만드는 것이 신뢰 사회로 가는 길이다.

이제 '아니면 말고'는 사라져야 한다. 형사제도에서 거짓에 대한 가중 징벌을 부과하자. 사회제도에서 거짓을 징계하자. '나쁜 놈'보다 '거짓말하는 놈'이 더 징계받는 사회가 선진사회다.

서울경제 19-07-10

선순환하는 대한민국, 홍익인간4.0(Humanation4.0)

모든 혁명은 시대정신을 반영하는 철학적 뒷받침이 있어야 한다.
4차 산업혁명의 시대정신은 성장과 분배의 선순환, 현실과 가상의 선순환, 대기업과 중소벤처기업의 선순환, 생산과 소비의 선순환 등 대립된 가치의 순환으로 대표된다. 성장과 분배라는 결과가 아니라 성장과 분배의 순환 과정이 더 중요하다.
한국의 4차 산업혁명 브랜드로 홍익인간4.0(Humanation4.0)을 제안한다.

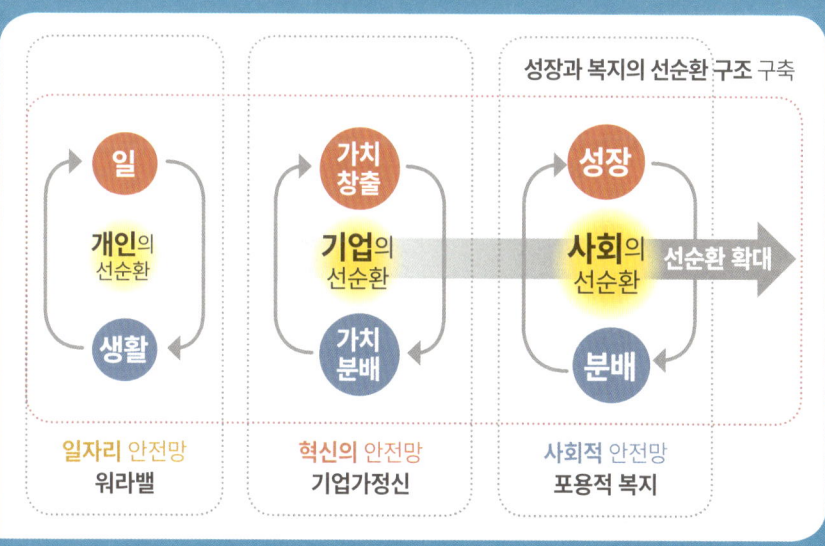

〈선순환 확대〉

4차 산업혁명 시대
행복의 조건

불행하지 않은 것과 행복한 것은 다르다. 불행은 외부 환경에서, 행복은 인간 내면에서 기인한다. 4차 산업혁명에서는 불행을 없애는 욕구보다 행복을 추구하는 욕망이 중요해진다. 4차 산업혁명에서 행복은 욕구와 욕망의 다차원 지수가 돼야 한다.

많은 사람이 4차 산업혁명으로 인간이 행복해질 수 있느냐를 우려한다. 4차 산업혁명은 인간은 이제 불행하지 않음을 넘어 행복을 추구하는 혁명이 돼야 한다. 불행과 행복, 욕구와 욕망을 살펴보기로 하자.

행복의 정의는 대단히 모호하다. 위키피디아는 '행복은 인간 욕구와 욕망의 충족'으로 정의한다. 여기서 욕구는 불행의, 욕망은 행복의 요소다. 생존에 필요한 욕구 need와 생존을 넘어선 욕망 desire은 달라도 너무 다르다. 욕구는 채워지나, 욕망은 시지프스의 신화에서처럼 채워지지 않는다. 배고픔은 채워지나, 미식에 대한 갈구는 채워지지 않는다. 욕구와 욕망은 불행과 행복을 가르는 차이다.

불행하지 않은 것과 행복한 것은 다르다. 불행은 외부 환경에서, 행복은 인간 내면에서 기인한다. 춥고 배고프지 않으면 불행하지 않을 수 있으나, 행복한 것도 아니다. 행복은 내면의 욕망 충족을 위한 도전으로 이루어진다. 불행은 물질적 부족에 기인하나, 행복은 고통이 따르는 도전으로 얻어진다. 산에 올라가지 않으면 고통의 불행은 없으나, 산에 올라가는 고통을 통해 정상 정복의 행복을 얻는다. 불행은 복지를 통한 지원으로 충족되나, 행복은 도전을 통한 성취로 충족된다. 불행은 외부 환경에서 오고 다양하지 않으며 해소가 가능하다. 행복은 내면에서 발현되는 개별적 도전이므로 개인적 다양성을 가지며 궁극적 해소가 불가능하다.

산업혁명을 거치면서 인간 욕구는 매슬로우가 주창한 5단계의 상위 단계로 진화하고 있다. 1차 산업혁명은 생존의 욕구를, 2차 산업혁명은 안정의 욕구를, 3차 산업혁명은 사회연결의 욕구를 충족시켜온 혁명이다. 이제 4차 산업혁명은 자기 표현을 충족하는 혁명이 될 것이다.

산업혁명을 통해 인간 행복의 질적 지수는 분명 향상됐다. 1차 산업혁명 이전에는 90%가 넘던 불변가격 1.9달러 미만 소득의 극빈층이 이제는 10% 이하로 축소됐다. 전체 평균 소득은 400배가 증가했다. 1000년 간 증가하지 않던 인구가 10배 이상 증가했다. 이런 삶의 질 향상을 부정하고 물질적 부와 행복의 상관관계를 부정하기도 한다. 그러나 확실한 것은 대부분 민주 국가에서 굶어 죽는 사람은 거의 없어졌다는 것이다.

산업혁명의 각 단계를 거치면서 인간의 삶의 질이 향상된 것은 기술에 의한 생산성 향상의 결과다. 인구의 90%인 농부가 경작하던 식량보다 훨씬 더 많은 식량을 이제는 2%의 농부들이 생산한다. 자본과 노동이 미친 영향은 미미하고, 대부분이 기술혁신의 결과다. 그런데 역으로 생각하면 농업 기술 향상은 88%의 농부의 일자리를 잠식한 것이 된다. 그러나 농부들은 제조업과 서비스업에서 더 많은 소득을 올리는 일자리를 구했다. 그리고 인간은 생존을 넘어선 안정된 서비스의 욕구를 충족하기 시작했다. 1, 2차 산업혁명은 제품과 서비스라는 물질적 혁명이고 불행을 해소하는 역할을 담당했다. 이어서 3차 산업혁명은 온라인 세상을 통해 초연결 사회를 구축하고 사회적 연결 욕구를 충족시키게 됐다. 물질의 한계를 넘어서면 외부 환경으로부터 오는 불행에서 벗어날 수 있다.

이제 인간은 불행하지 않은 단계를 넘어 행복한 단계로 진화하고 있다. 4차 산업혁명은 제품과 서비스의 생산성 극대화를 넘어 데이터에 기반한 인공지능으로 개별 맞춤 서비스까지 제공하기 시작했다. 인공지능과 로봇과 3D프린팅 등의 4차 산업혁명 기술이 대량 맞춤의 시대를 열게 될 것이다. 이제 인간은 물질 세계의 한계를 벗어나기 시작한 것이다. 불행을 주는 물질 한계를 해결하면 인간은 개별적 행복을 추구하는 삶에 도전할 수 있게 된다.

모든 일은 반복적 일과 창조적 일로 나눌 수 있다. 인간은 반복적 일은 싫어하나, 로봇은 반복적 노동에 최적화돼 있다. 한편 인간은 창조적 일을 좋아하고, 로봇은 이에 취약한 편이다. '인간에게 쉬운 일은 로봇에게 어렵고 로봇에게 쉬운 일은 인간에게 어렵다'는 모라벡의 패러독스에서 인간과 로봇은 경쟁자가 아니라 협력자가 돼야 한다는 결론이 도출된다. 로봇이 반복되는 일을 인간 대신 담당하고, 인간은 창조적 도전을 하는 미래 사회가 도래하고 있다.

4차 산업혁명에서는 불행을 없애는 욕구보다 행복을 추구하는 욕망이 중요해진다. 한류와 같은 문화와 벤처 창업과 같은 도전이 미래의 주력 일자리가 될 것이다. 창업은 다양한 인간의 욕망을 충족하는, 지금은 존재하지 않는 숱한 형태로 등장하게 될 것이다. 이른바 '긱 경제'다. 정부 주도의 미래 인재 양성 정책이 오류인 이유다. 미래의 일자리에 대한 답은 '모른다'가 정답이다. 놀이와 도전은 끝없이 변화하기 때문이다. 가장 중요한 것은 변화의 리더십인 '기업가정신'을 발현시키는 창조와 협력의 교육이다.

그래서 베르그송이 주장한 만드는 인간인 '호모 파베르'와 호이징어가 주창한 놀이하는 인간인 '호모 루덴스'를 합쳐 재미와 의미를 추구하는 인간인 '호모 파덴스'를 미래 인재상으로 제시한다. 미래 사회의 인간상은 바로 '협력하는 괴짜'가 되고 교육은 정답이 아니라 문제 중심으로 파고들어야 한다.

호모 파덴스는 창조적 도전을 통해 행복을 추구하는 인간이다. 그들은 한류 스타이기도 하고, 벤처 창업가이기도 하다. 도선 과정은 힘들고 재미있는 놀이이고, 도전 결과는 의미 있는 가치 창출이다. 도전

과정에서 나의 행복을 얻고, 도전 결과로 우리의 불행을 없앤다. 창조적 도전으로 창출한 혁신이 사회와 선순환될 때 이 사회는 지속가능한 발전을 한다. 기업가적 삶은 자아실현을 넘어 타아실현으로 가는 홍익인간의 삶인 것이다.

인간의 행복을 지수화한 국가 간 비교 연구가 여러 기관에서 진행되고 있다. 대부분이 일차원적 욕구의 충족도로 행복지수를 산출하고 있는 오류를 범하고 있다. 네팔과 방글라데시 사람들의 체념적 현실 안주를 행복으로 정의하는 오류는 현지에 가보면 바로 확인할 수 있다. 4차 산업혁명에서 행복은 매슬로우와 앨더퍼와 같은 학자들이 제시한 욕구와 욕망의 다차원 지수가 돼야 한다.

물질 단계에서 사회 단계를 거쳐 개인 삶의 단계로의 행복의 질적 진화를 4차 산업혁명의 목표로 설정해 보자. 우선 매슬로우의 5단계를 기준으로 살펴보기로 하자. 1, 2차 산업혁명에서 인간의 일자리 대부분은 생존과 안정의 욕구 충족에 집중돼 있었다. 그런데 기계와 전기와 같은 기술이 인간을 대체하면서 인간의 일자리는 농업과 공장에서 서비스와 플랫폼 서비스로 이동했다. 그 결과 평범한 시민의 삶의 질이 중세 귀족의 수준에 근접했다. 그렇다면 산업혁명 이전과 이후의 인간의 행복을 단순히 욕구 대비 충족도로 단순화하는 것이 올바른 방법이 아니라는 결론에 쉽게 도달할 것이다.

이제 새로운 행복도 지수를 제시해 보자. 행복도는 욕구 대비 충족이 아니라 매슬로우 기준 5단계의 욕구와 욕망 충족의 크기로 측정할 것을 제안하고자 한다. 현실에 만족하지 않아야 미래에 대한 도전을 하게 되고 사회는 발전한다. 도전하지 않고 현실에 안주하는 국가를 바람직한 국가상으로 제시해서는 곤란할 것이다.

중앙이코노미스트 19-01-21

노동 가치회복이
진정한 워라밸

가치가 상실된 노동은 임금획득의 수단으로 전락했다. 노동의 가치가 부활하고 부가가치 창출과 분배의 선순환이 가능하다면 과연 국가가 노동조건을 통제할 이유가 있을까.

산업혁명 이전에 수단과 목적이 분리되지 않은 일은 가치가 있었다. 그런데 산업혁명을 거치면서 생산과 소비가 분리되고 일이 분업화되면서 생산효율은 급등했다. 하루에 혼자서 양복 한 벌 만들던 생산성이 분업을 통해 100벌 이상을 만들게 돼 사회 전체의 생산성이 비약적으로 증가했다. 그러나 생산과 소비의 분리는 노동가치를 사라지게 하고 자원 낭비를 초래하고 부의 양극화를 일으켜 노사갈등을 야기했다.

효율적으로 분업화된 노동에는 가치와 재미가 없다. 가치가 없는 타율적 노동은 금전적 보상으로만 유지될 수 있기에 분업화된 노동을 임금과 교환하는 노동계약이 수립됐다. 초기에는 기업가의 협상력이 압도적 우위에 있는 노동착취 현상이 발생했다. 이의 대응책으로 개별 노동자들은 집단화된 노동조합을 만들어 기업가와의 투쟁에 돌입했다. 그리고 자본과 노동 간 협상력의 균형은 시대에 따라 부침을 거듭했다. 지금 대한민국은 대기업은 노조 우위, 중소기업은 기업가 우위의 양극화 구조라고 할 수 있을 것이다.

한국의 노사관계는 키워서 나누는 공동체가 아니라 싸워서 빼앗는 투쟁관계로 인식되고 있다. 한국 대기업 노조의 강력한 협상력은 전 세계에서 가장 빠른 대기업 임금상승을 촉발했다. 압축성장 과정에 배태된 경영상의 약점으로 대기업 경영진은 노조에 굴복하고 그 보상을 하청 중소기업에서 구했다. 대·중소기업의 불공정거래로 지난 1980년대 중반까지 거의 차이가 없었던 대기업과 중소기업 간 임금격차는 이제 2배 가까이 확대됐다.

글로벌 임금 비교에서 지금 대한민국 대기업의 임금은 생산성 대비 최고 수준임이 밝혀진 지 오래다. 노동시장의 유연성 없는 기업의 경쟁력 향상은 기대할 수 없다. 대기업들은 국내 공장 증설을 포기하고 해외로 탈출했다. 국제경쟁력이 없는 공장 건설은 사실 경영자의 배임행위다. 2000년대 이후 현대자동차는 국내에 공장을 추가 건설하지 않았다. 삼성전자는 주요 공장들을 베트남 등으로 이전했다. 양질의 대기업 일자리가 더 이상 창출되기 어려운 구조다. 기업 내의 기능적 유연성조차 없어 생산라인 재배치도 할 수 없는 경직된 노사관계에서 대기업 공장의 해외 건설과 세계 최대의 로봇 도입율은 필연적인 결과로 볼 수 있다. 이 모두는 부가가치 창출과 분배의 선순환 구조가 파괴된 데서 비롯된다.

가치가 상실된 노동은 임금획득의 수단으로 전락했다. 노동자 보호를 위해 최저임금과 주 52시간 근로제가 도입됐다. 그런데 노동에 대한 근본적 질문을 던져보자. 노동의 가치가 부활하고 부가가치 창출과 분배의 선순환이 가능하다면 과연 국가가 노동조건을 통제할 이유가 있을까. 독일이 생각하는 좋은 노동은 보호되는 노동이 아니라 자율적인 노동이다. 노동의 방법과 시공간을 스스로 선택할 수 있는 것이 좋은 노동이다. 그래서 독일은 기본소득제를 배제하고 있다. 독일의 '노동4.0'에서 일은 하늘이 주는 선물이라고 인지하기 때문이다. 기본소득과 근로시간 단축보다 중요한 것은 노동의 가치 회복이고 이것이 진정한 '워라밸'이다.

노동의 가치 회복과 더불어 가장 바람직한 노사관계는 공동체가 협력해 부가가치 창출과 분배를 선순환시키는 구조일 것이다. 가치창출과 가치분배의 선순환 고리가 파괴되면 노사관계는 착취와 쟁취의 대립구도에 돌입하게 된다. 예컨대 기업의 부가가치를 독식하려는 착취의 자본가와 적자기업에 임금과 성과급 인상을 부르짖는 쟁취의 노조 모두가 선순환의 파괴자다. 노동의 대가는 가치창출을 통한 이익의 적정분배가 돼야 하고 적정분배는 기업의 장기적 부가가치 증대와 연결돼야 할 것이다.

4차 산업혁명은 각종 스마트워크 기술들을 통해 근로자들이 일의 목적과 의미를 충분히 인지할 수 있게 한다. 구글 같은 기업의 성공은 단순히 기술만이 아니라 수단과 목적을 결합하는 노동의 가치 회복에 대한 역할이 지대하다.

서울경제 18-08-29

기업가정신 국가

사내기업가정신은 기업의 혁신을 이끌고, 사회적 기업가정신은 사회 혁신을 주도한다. 공공 기업가정신은 중부와 공공기관 혁신의 주역이다. 기업가정신으로 혁신성장을 넘어 포용적 성장의 길을 개척해보자.

국가경쟁력이 후퇴하고 기업의 성장과 이익은 감소하고 소득 양극화는 사상 최대로 확대되고 있다. 포용적 성장으로 가는 첫 단추인 혁신성장의 제대로 된 비전과 구체적 대안이 요구된다.

지난 250년의 산업혁명 역사상 성장의 주역은 노동도 자본도 아니고 기업가정신에 기반한 혁신이었다. 혁신으로 성장과 분배를 지속 가능하게 하는 것이 포용적 성장의 개념이다. 혁신의 본질은 창조적 파괴다. 즉 혁신은 파괴와 창조라는 두 얼굴의 패러독스를 극복하는 과정이다. 이러한 창조적 도전을 지향하는 혁신의 리더십이 바로 기업가정신이다.

이스라엘은 '창업국가'라는 브랜드로 혁신국가의 이미지를 드높인 바 있다. 그런데 창업은 혁신의 한 가지 형태에 불과하다. 스타트업이라는 창업이 스케일업이라는 성장으로 연결될 때 일자리가 창출된다. 초기 창업에 머물렀던 기업가정신 개념이 사내기업가정신, 사회적 기업가정신, 공공 기업가정신 등 혁신이 필요한 모든 영역으로 확대된 이유다.

기업가정신은 창조적 파괴로 새로운 가치를 만들어 이 사회에 선순환시키는 역할을 담당한다. 그래서 필자는 기업가정신인 '혁신의 리더십'을 '가치 창출과 분배의 선순환 리더십'으로 정의하고 있다. 혁신 성장으로 가는 대한민국에 필수 불가결한 요소가 바로 기업가정신이다. 기업가정신은 창업에 국한되지 않는다. 기업 내 혁신을 이끄는 사내기업가정신으로 기업이 성장한다.

사내기업가정신은 사내 혁신과 기업의 인수합병M&A을 주도한다. 전 세계 창업통계를 보면 대학발 창업은 10% 수준인데 반해 기업발 창업은 90%를 차지하고 있다. 사내 벤처 육성을 위한 각종 제도가 필요한 이유다. 대한민국 기업은 이제 효율 증대와 점진적 혁신으로는 중국과의 경쟁이 불가능하다. 와해적 혁신 역량을 키워야 하는데 그 핵심은 바로 사내기업가들이다.

사회적 기업가정신은 사회 혁신을 주도한다. 한국의 사회적기업에 가장 부족한 것이 혁신 역량이다. 혁신이 없는 사회적기업은 가치 창출 부족으로 지원이 끊어지면 몰락한다. 공공의 비효율성을 넘어서 사회 혁신을 이끌어갈 사회적기업가의 확산은 아무리 강조해도 지나치지 않을 것이다. 특히 4차 산업혁명에서 공공 데이터 매시업 창업의 중요성이 급증하고 있다.

공공 기업가정신은 정부 부문과 공공기관 혁신의 주역이다. 공공은 이제 공정성은 물론이고 효율과 혁신 역량을 갖춰야 한다. 여기에 절대적 요소는 창조적 파괴에 뒤따르는 실패에 대한 지원이다. 실패를 금기시하는 관료주의로 공공 기업가정신의 함양은 불가능하다는 것이 고故 피터 드러커 교수의 외침이었다. 감사 위주의 공공 인사 운영제도를 개혁하라는 것이다.

이러한 기업가정신들의 씨앗은 학내 기업가정신이다. 올해부터 중등학교의 기업가정신 의무교육이 시작됐다. 유럽은 이미 지난 2006년 오슬로 어젠다로 기업가정신 교육의 의무화를 권고했고 세계경제포럼은 2009년 전 세계에 권고한 바 있다. 기회를 포착해 팀의 창조적 협력으로 문제를 해결함으로써 세상에 기여하는 기업가정신 중심으로 교육의 전반이 재편돼야 한다. 4차 산업혁명은 인공지능으로 전통적인 지식전달 교육을 무용지물화하고 있다. 인간의 역할은 창조와 협력이고 이는 바로 학내 기업가정신이다. 창조적 도전의 기업가정신 교육을 바탕으로 하고 그 실습 수단으로 코딩 교육이 의무화된 것이다. 달을 가리키는데 손가락을 보지 말아야 하듯 코딩은 기업가정신 구현의 수단이다.

대학은 교육·연구·산학협력을 기업가정신으로 아우르는 삼위일체 교육으로 전환돼야 한다. 혁신성장의 주역이 돼야 할 대학들이 대학 내에서 논문을 쓰는 역할에만 머무르면 국가 혁신은 힘들어진다.

사회적 문제를 발굴하고 해결하는 기업가정신 교육은 교육과 연구와 산학협력을 하나로 융합시킨다.

2000년 세계 최고의 벤처대국이었던 대한민국, 이제 기업가정신 국가로 재도약하자. 기업가정신으로 혁신성장을 넘어 포용적 성장의 길을 개척해보자.

서울경제 18-08-22

응답하라!
기업가정신!

모든 혁신의 필수 요소는 기업가정신이다. 통제와 보호의 관료주의에는 과보호라는 독약이 내포돼 있다. 도전과 혁신이라는 기업가주의가 4차 산업혁명의 특효약이다.

대한민국의 기업가정신은 어디로 갔는가. 지난 2000년 한국의 벤처는 세계를 이끌어갔다. 반도체와 조선은 국민의 자부심이었다. 우리는 일본을 넘어 세계 정보통신기술ICT 혁신을 선도한다는 자부심이 있었다. 그런데 지금 한국에서 내세울 미래 산업은 어디에 있는가. 그나마 싹 틔우던 미래 산업은 규제 논리에 억눌려 있다.

한국은 기업가정신을 잃고 늙어가고 있다. 2000년 이전 한국의 '하면 된다'는 기업가정신은 고故 피터 드러커 교수도 단연 세계 최고라고 칭송한 바 있다. 이제 한국의 청년들은 공무원 시험에 올인하고 있다. 대기업들은 일본과 미국을 기업가적 도전으로 따라잡았다. 그러던 대기업들도 이미 늙어가고 있다. 실리콘밸리에서 한국 대기업은 돌다리를 두드리기만 한다고 평한 지 오래다. 실패를 두려워하지 않던 기업가적 도전정신은 사라지고 실패 회피 풍조만 만연해 있다. 질풍노도 시대의 공무원 사회에는 전설이 있었고 자부심이 있었다. 그런데 지금 공무원들은 복지부동 상태에 있다. 과연 청년과 기업가와 공무원들 개인의 문제인가.

국가 발전의 분수령은 국민소득 3만 달러이다. 3만 달러 이전은 효율이, 이후는 혁신이 성장을 주도한다. 대부분의 국가가 3만 달러를 앞두고 급격히 성장이 둔화된다. 이탈리아 같은 국가는 마이너스 성장을 보였다. 혁신의 리더십인 기업가정신은 실패를 먹고 자란다. 실패를 용납하지 않는 효율의 패러다임이 혁신을 죽이는 이유다. 관료의 철학이 안정의 불패라면 기업가의 철학은 도전의 필승이다.

국가의 성장에 비례해 증가한 사회복잡도는 정부의 한계로 작용하게 된다. 복잡한 사회문제를 포착해 도전하는 기민한 기업가정신이 복잡계 시장경제의 해결사다. 도전에는 성공과 실패가 공존한다. 정직한 실패 기업인에게 주홍글씨의 신용불량 딱지를 붙이면 청년들은 창업보다 공무원을 선택하게 된다. 정직한 실패의 원칙적 지원이 혁신성장 열쇠다.

실패에 대한 지원은 기업의 혁신에 국한되지 않는다. 정부의 혁신도 실패에 대한 무차별 징벌로 사라지고 있다. 공무원들은 감사원의 정책감사가 두려워 혁신을 회피한다. 실패가 없는 혁신이란 혁신하는 척하는 것이다. 감사원의 정책감사가 혁신을 저해하는 구조에서 혁신을 지원하는 구조로 변화해야 공공 기업가정신이 발휘될 수 있을 것이다. 현재의 과거정책 실패 감사는 지양하고 미래 혁신을 촉진하는 감사를 지향하면 된다. 바로 미국의 감사 시스템이다. 기업 감사도 마찬가지다. 혁신은 실패를 두려워하지 않는 작은 조직에서 왕성하다. 혁신은 분권으로 촉발된다는 것이다. 나누고 도전하자.

기업가정신은 연구소와 대학의 혁신에도 필수 불가결하다. 한국의 모든 대학의 연구소 기업들을 합쳐도 미국의 스탠퍼드대나 매사추세츠공과대MIT는 물론 중국의 베이징대와 칭화대에 미치지 못한다. 문제는 실패하면 안 되는 연구개발R&D 평가제도에 있다. 실패로 판정된 연구 책임자는 다음 연구를 맡을 수 없는 구조에서 연구자들은 실패하지 않을 연구를 하게 된다. 결국 혁신성이 결여된 연구는 산업화로 이전되기 힘들다. 한국의 R&D 성공률은 90% 이상으로 세계 최고 수준인데 산업화 비율은 미국의 절반에도 미치지 못하는 이유다.

모든 혁신의 필수 요소는 기업가정신이다. 벤처기업의 예를 보자. 2000년 대한민국은 세계 최고의 벤처 대국을 이룩했다. 정부의 지원은 지금은 3% 수준이었다. 그런데 그 당시와 지금의 차이는 바로 왕성한 기업가정신이다. 청년들을 기업가정신으로 도전하게 하는 국가는 발전한다. 반면 청년들을 보호하고 지원하는 국가는 쇠퇴한다. 개별적 사전 지원이 아니라 도전 기회를 제공하고 정직한 실패를 지원하는 것이 국가 혁신의 열쇠인 것이다.

통제와 보호의 관료주의에는 과보호라는 독약이 내포돼 있다. 도전과 혁신이라는 기업가주의가 4차 산업혁명의 특효약이다. 세계 최고의 기업가정신 국가였던 대한민국에 묻는다. 응답하라! 기업가정신!

서울경제 18-12-05

혁신 이끄는 사내기업가

기업의 영원한 숙제는 효율을 극대화하면서 새로운 혁신을 지속하는 것이다.
사내기업가정신이 기업의 혁신과 벤처창업에 가장 중요한 요소가 되었다.

기업의 영원한 숙제는 효율을 극대화하면서 새로운 혁신을 지속하는 것이다. 반복되는 일의 효율은 유지하면서 새로운 창조적 도전을 잘 하자는 것이다. 그런데 혁신과 효율은 물과 기름과 같이 서로 상반된 속성을 내포하고 있다.

효율은 규모가 있어야 되나 혁신은 규모에 반비례한다. 효율은 실패를 용납하지 않으나, 혁신은 실패를 바탕으로 가능해진다. 효율은 오늘의 이익을 가져오나, 혁신은 미래의 경쟁력을 만들어낸다. 바로 혁신과 효율의 패러독스를 해결하는 것은 모든 기업에 있어서 영원한 숙제라고 할 수 있다.

이를 극복하기 위한 시도는 기업의 내부 혁신역량을 발전시키는 것이다. 제품, 공정, 마케팅, 조직, 경영에 이르기까지 혁신Innovation을 이룩하기 위한 수 많은 연구와 방법론들이 개발되었다. 기술경영학자들은 체계적인 단계별 추진전략들이 정교하게 다듬어 왔다. 소위 말하는 스테이지-게이트Stage-Gate 모델 등의 혁신 모델들이 개발되었다.

정교한 R&D 관리 기술은 이와 같은 점진적 혁신에 대한 효율은 끌어올렸다. 그러나 불확실한 혁신, 즉 단속적 혁신 혹은 파괴적 혁신은 조직 내에서 이룩되기 어렵다는 것이 입증되고 있다. 포춘 500 기업들의 수명이 과거 50년에서 이제 10년으로 단축되고, 노키아나 코닥과 같은 한 시대를 풍미한 기업들이 사라져 간다. 우수 기업의 영속성은 점진적 혁신능력이 아니라 파괴적 혁신능력으로 이동했다는 것이다.

원론적으로 혁신은 비효율적이다. 새로운 도전이란 성공이 보장되지 않음을 의미한다. 그래서 '이 사업 돈 되냐'라는 투자수익ROI 논리가 지배하는 효율지향적 조직에서 파괴적 혁신은 사라지게 되는 것이다. 이러한 혁신연구에서 주목을 끈 것은 챔피언, 즉 괴짜에 대한 연구였다. 비슷한 과제를 두고 성공한 프로젝트와 실패한 프로젝트를 비교한 결과, 성공한 프로젝트에는 예외 없이 챔피언이 존재했으나, 실패한 프로젝트에는 극소수의 챔피언이 존재했다는 것이다. 그 외 투입자금과 투입인력의 차이는 별로 없었다고 한다.

즉 파괴적 혁신의 경우에는 혁신을 이끄는 리더가 필요하다. 이러한 혁신의 리더를 제품 챔피언 혹은 혁신 괴짜이라고 부른다. 이러한 일반적인 샐러리맨과 차별화된 챔피언들을 뒷받침해주는 후원자를 중역 챔피언이라고 불렀다. 파괴적 혁신은 꿈과 끼와 깡을 가진 괴짜들이 성패를 좌우한다는 것이 분명해졌다.

문제는 조직이 커지면서 점점 괴짜들은 사라진다는 것이다. 챔피언은 성공해도 실패해도 회사를 그만둔다. 바로 혁신의 딜레마이다. 혁신은 언젠가는 실패도 하게 된다. 실패하는 순간 주변의 효율관리자들은 혁신가들을 공격하여 무너뜨린다. 혁신을 주도했던 괴짜들은 만신창이가 되어 기업을 떠난다. 그리고 그들 중 일부가 새로운 창업가가 되어 새로운 혁신을 주도하였다.

토론토 대학의 소렌슨 교수에 의하면 실제 창업의 90%는 이와 같이 기업 내 혁신가들이 자신의 기업가정신 구현을 위해서 창업한 사례들이라 한다. 이래서 체계적인 혁신 괴짜의 육성, 즉 사내기업가 정신이 기업가정신 연구의 중심으로 부상하게 된 것이다. 사내기업가정신이 기업의 혁신과 벤처창업에 가장 중요한 요소가 된 것이다.

혁신과 효율을 결합시키는 기업 내부의 대안은 1)체계적인 사내 혁신 프로세스와 2)혁신 챔피언 즉 사내기업가의 육성 두 가지가 있다. 전자는 점진적 혁신에 적합하고 후자는 파괴적 혁신에 적합하다. 그런데 이제 기업의 점진적 혁신 능력의 기업간 차별화는 급속히 축소되어 파괴적 혁신 역량으로 승부처가 이동하고 있다. 그 첫 번째 대안이 사내기업가의 체계적인 육성방안이다.

사내기업가들을 체계적으로 육성하기 위해서는 노스웨스턴 대학의 월코트 교수는 4가지 모델들을 제시하였다. 짐머Zimmer와 같이 기회제공형 모델, 구글과 같이 전사 차원에서 20%룰 등 여유 자원을 제공하는 방식, 듀퐁과 같이 사내기업가는 배양하나 사업부 단위의 자원 지원 모델, 카길Cargill과 같이 자원과 조직의 전사적 지원 모델이다. 한편 사내기업가들은 사내혁신의 빈도, 강도에 따라 분류할 수도 있다. 지금 사내기업가 정신 연구가 한창 꽃을 피우고 있는 중이다.

이러한 사내기업가들에게 공통적으로 나타나는 특징은 성취욕이다. 성공적인 사내기업가들은 이러한 성취욕을 기존 회사조직과 결합하기 위해서는 정치적인 노력이 엄청나게 필요하다는 것이 사내기업가정신에 관한 많은 연구에서 밝혀진 바 있다. 바로 이러한 정치적 노력의 필요성을 줄여주는 것이 사내기업가 활성화의 핵심이다. 이제 사내기업가 연구에 대해서 체계적으로 접근한다면 사내기업가들이 불필요하게 자신의 특성과 다른 행동을 하게끔 만드는 정치적 문제들을 해소해주는 사내혁신 플랫폼의 구축일 것이다.

사내기업가들을 체계적으로 육성하고 이들이 사내혁신 활동을 주도하고 이들이 다시 자신의 꿈을 펼치기 위해서 스핀 아웃spin-out, 혹은 스핀 오프spin-off하는 일련의 과정들을 정립시켜 나갈 필요가 있다. 이에 대한 연구는 전세계적으로 시작단계다.

혁신과 효율을 결합시키는 개방혁신에서도 사내기업가들의 역할이 중요하다. 파괴적 혁신, 기술적 혁신은 외부의 벤처기업에서 획득

acquisition하더라도 이를 소화, 변형, 흡수하는 것은 사내에서 누군가가 해야 된다. 복잡한 대규모 조직의 정치적 문제를 극복하면서 신 사업의 정착을 이룩해 나가야 된다. 정해진 표준은 없다. 바로 비즈니스적인 사내기업가들의 역할일 것이다.

디지털타임스 18-12-02

성장·분배의 선순환 철학

성장과 분배라는 결과가 아니라 성장과 분배의 순환 과정이 더 중요하다. 한국의 4차 산업혁명 브랜드로 홍익인간4.0(Humanation4.0)을 제안한다.

모든 혁명은 시대정신을 반영하는 철학적 뒷받침이 있어야 한다. 이제 초연결 · 초융합 · 초지능의 4차 산업혁명의 시대정신과 철학은 무엇인가 하는 질문에 답이 필요하다는 의미다.

4차 산업혁명에서 과거 부분의 집합으로 전체를 보는 단순계적 시각에서 부분들의 자기 조직화를 통해 생명을 획득하는 복잡계적 시각으로 진화하고 있다. 4차 산업혁명의 기술 · 사회 공진화는 필연적으로 복잡계적 변화를 초래하게 된다. 따라서 성장과 분배의 지속가능성을 전제로 하는 생명을 만드는 복잡계적 관점이 시대정신으로 부상하게 될 것이다.

이로부터 4차 산업혁명의 시대정신은 성장과 분배의 선순환, 현실과 가상의 선순환, 대기업과 중소벤처기업의 선순환, 생산과 소비의 선순환 등 대립된 가치의 순환으로 대표된다. 단순한 물리적 융합은 무질서를 초래한다. 질서 확립을 위한 분리는 양극의 대립을 초래한다. 산업화와 민주화의 대립과 페미니즘의 대립이 대표적 사례일 것이다.

대립된 가치의 순환을 통해 형성되는 태극과 같은 형태가 선순환 시대정신의 모습이다. 모든 생명의 탄생은 태아의 모습, 올챙이 모습, 콩나물의 모습 등 태극의 모습을 갖는다. 혼돈에서 질서를 거쳐 생명으로 진화하는 과정이다. 대립이 순환을 거쳐 생명을 얻는 융합의 시대징신을 뒷받침할 철학을 찾아보자.

선순환의 시대정신을 뒷받침할 철학이 4차 산업혁명의 공유가치를 제공해 혁명의 견인차가 돼야 할 것이다. 4차 산업혁명의 철학은 보수를 넘어 성장과 분배를 아우르는 순환의 철학이 돼야 한다. 성장과 분배라는 결과가 아니라 성장과 분배의 순환 과정이 더 중요하다는 점이 반영돼야 할 것이다.

성장을 위한 분배가 돼야 하고 분배를 위한 성장이 돼야 한다. 기업과 노조의 관계도 이익의 선순환 분배가 보장되면 무리한 노조의 요구도, 기업의 과도한 착취도 줄어드는 방향으로 진화할 것이다. 일회성의 불투명한 게임에서는 쟁취와 착취가 이익 극대화 수단이었으나 반복되는 투명한 게임에서는 상대에 대한 배려가 장기적 이익 극대화의 수단이 된다. 성공한 벤처 기업가 대부분은 선한 기업가정신의 소유자들인 이유다.

기업은 가치창출과 가치분배의 선순환 과정이고 기업가정신은 가치창출과 가치분배의 선순환 리더십으로 정의해보자. 이러한 관점에서 주주와 종업원의 대립을 의미하는 전통적 손익계산서는 시대적 소명을 다할 것이다. 주주와 임직원의 이익이 순환하기 위해서는 부가가치의 창출과 순환 과정이 이해 관계자 모두의 이익과 연동되면 된다. 임직원의 급여는 비용이 아니라 부가가치 창출에 기여한 비례에 따른 분배로 설계돼야 한다. 이로써 기업 전체는 임직원 및 주주와 융합된 생명체로 진화하게 된다. 기업과 국가의 관계도 마찬가지다. 모든 규제와 제도도 전체의 이익과 참여자의 이익이 순환되는 구조로 설계되면 된다.

헤겔의 정반합正反合 철학은 아직도 순환의 과정보다는 테제와 안티테제라는 결과 지향적이다. 반복되는 투명한 4차 산업혁명에 필요한 철학은 과정과 결과가 융합하는 철학이다. 바로 대립된 가치가 순환을 거쳐 생명을 얻는 태극의 철학이 대안이 될 수 있는 이유다. 하늘과 땅의 기운이 인간으로 인해 순환되는 천지인天地人의 태극의 개념은 한국이 전 세계에 내놓을 수 있는 철학의 최고 경지를 나타내고 있다. 태극 사상은 한국에 들어온 모든 종교에 융합되면서 각 종교 철학의 최고 경지에 도달했다. 원효 사상이 그러하고 율곡과 퇴계 사상이 그러하다. 4차 산업혁명의 철학 사상으로 홍익인간과 이화세계의 태극 사상 연구를 제안하는 이유다.

주요 국가들은 자국에 걸맞은 4차 산업혁명 브랜드를 가지고 있다. 한국의 태극 철학을 바탕으로 한국의 4차 산업혁명을 홍익인간 4.0Humanation4.0으로 명명할 것을 제안한다. 이제 선순환 철학연구를 위해 동서양의 철학을 아우르는 국가 차원의 철학연구 활동이 필요하다.

서울경제 19-03-27

이기심이 승화하는 사회

부의 원천이 노동이라는 제로섬 사회에서 이기심은 추락한다. 부의 원천이 혁신이라는 플러스섬 사회에서 이기심은 승화한다. 정체된 국가는 이기심의 추락인 투쟁이, 발전하는 국가는 이기심의 승화인 혁신이 국민의 가치관이었다.

세상은 과정인가, 결과인가. 선과 악 중 누가 승리하는가. 1회성 게임에서 과정과 결과는 분리된다. 당연히 과정보다 결과가 중요하다. 반복성 게임에서는 과정과 결과가 통합된다. 당연히 과정이 결과보다 중요하다.

'죄수의 딜레마'에서 비롯된 게임이론은 1회성 게임은 배반자가, 반복성 게임은 협력자가 승리한다는 결론을 도출했다. 뜨내기손님을 받는 식당은 겉만 번지르르하면 되나, 단골손님을 모시는 식당은 실제가 알차야 한다.

세상은 입력과 출력이 있는 시스템이다. 시스템이 변화하지 않으면 먼저 권력을 차지해 힘으로 제압하면 승자가 되는 제로섬 게임이 된다. 나의 이익은 남의 손해가 되는 이기심의 추락이다. 이 게임의 핵심전략은 약탈과 쟁취에 있고 진입장벽을 구축해 지대(地代)를 추구하는 데 있다. 보호와 통제의 투쟁이다.

과정인 시스템이 변화하면 혁신자가 승자가 되는 반복성 게임이 된다. 빌헬름 딜타이의 '강과 강물'처럼 과정이 결과를 만들지만 결과가 과정을 변화시킨다. 바람직한 결과는 증폭하고 그렇지 않은 결과는 개선하면 플러스섬 게임이 될 수 있다. 이 게임의 핵심전략은 혁신으로 새로운 가치를 만들고 선순환 분배하는 이기심의 승화에 있다. 창조적 파괴의 혁신이다.

이제 지난 250년 인류의 거대한 실험인 산업혁명에서 국가 부의 원천은 무엇인가 확인해보자. 산업혁명을 통해 개인소득은 500배 이상 증가했다. 이 과정에서 90%가 넘던 농업이 2%로 줄어든 것이 아니라 농업 외 산업이 농업보다 50배 이상 커지고 농업도 10배 성장한 것이다. 이러한 국부의 원천은 노동인가, 자본인가라는 오랜 논쟁이 있었다. 노동의 양이 국부를 증가시키지는 못한다. 자본의 대중화로 자본의 비중은 날로 축소되고 있다. 500배 소득증가의 94%는 기업가정신이 발현된 혁신에 근거하고 있다는 것이 최근 연구의 결론이다.

혁신은 창조적 파괴라고 조지프 슘페터가 설파했다. 저부가가치의 일자리를 파괴하고 고부가가치의 일자리를 만드는 과정을 통해 국부가 늘어난 것이다. 한국이 지난 60년간 600배의 소득증가를 이루는 과정에서도 동일한 일자리의 파괴와 창출이 이어졌다. 기존 일자리와 기업과 산업이 파괴되고 새로운 일자리와 기업과 산업이 창출되는 파괴적 혁신을 거스르는 국가는 실패했다.

부의 원천이 노동이라는 제로섬 사회에서 이기심은 추락한다. 제로섬 사회에서의 부는 약탈의 증거이므로 부가 존중될 수 없다. 노동자는 단합해 왜곡된 부를 다시 쟁취해와야 한다. 기업과 노동자는 상호배타적인 관계가 된다. 이를 조정하기 위한 통제와 보호가 국가의 역할이 된다.

부의 원천이 혁신이라는 플러스섬 사회에서 이기심은 승화한다. 플러스섬 사회에서의 부는 혁신의 증거이므로 존중돼야 한다. 기업과 노동자가 혁신으로 창출한 부를 선순환 분배하면 지속 가능해진다. 기업과 노동자는 상호협력적 관계가 된다. 이를 뒷받침하기 위한 자율과 공정경쟁이 국가의 역할이 된다. 정체된 국가는 이기심의 추락인 투쟁이 발전하는 국가는 이기심의 승화인 혁신이 국민의 가치관이었다.

지금까지 한국은 효율주도 추격 전략의 전 세계 최우등생이었다. 과정보다 결과가 중요했고, 자율보다는 통제가 중심이었다. 이제 효율에서 혁신으로 가는 탈 추격 전략에서 새로운 도전은 창조적 파괴를 통한 혁신국가 패러다임 구축이다.

효율은 공장의 패러다임이다. 결과인 제품의 실패는 허용되지 않는다. 동일한 제품 생산을 위해 통제는 필수다. 혁신은 연구소의 패러다임이다. 과정인 연구는 실패를 거쳐 성공한다. 다양한 연구를 위해 자율은 필수다.

효율과 혁신을 결합하는 패러독스는 강과 강물 같은 복잡계 상호작용 논리로 풀어가야 한다.

서울경제 19-03-06

글로벌4.0과
대한민국

한국이 개방으로 손해 본 사례는 필자의 기억에 없다. 거대한 역사의 변곡점에서 우리가 어떤 선택을 하느냐에 따라 청년들의 미래가 결정된다.

세계경제포럼WEF이 주최하는 다보스포럼의 주제는 지난 2016년 4차 산업혁명, 2017년 리더십 4.0소통과 책임의 리더십, 2018년 공유미래 창조를 거쳐 올해는 '글로벌4.0'이 선정됐다. 이미 국내의 유수 언론과 연구기관들이 이에 대해 논의를 하고 있으나 글로벌4.0의 의미를 우리 시각에서 분석하는 것은 모자란 듯하다.

우선 다보스포럼이 제시하는 글로벌4.0의 설명을 요약해보자. 다보스는 글로벌화는 '차익거래'의 이득을 촉진하며 글로벌1.0은 영국 주도 '제품goods'의 세계화이고 글로벌2.0은 글로벌 거버넌스에 의한 '제품'의 세계화였고 글로벌3.0은 제품을 넘어 글로벌 밸류체인에 의한 '공장'의 세계화라고 설명하고 있다.

이제 다보스가 제시하는 글로벌4.0의 개념은 제품과 공장을 넘어 서비스의 세계화가 4차 산업혁명으로 촉발되고 있다는 것으로 요약된다. 사람에 의존하는 서비스의 공간적 제약을 4차 산업혁명 기술이 극복하면서 플랫폼에 기반한 원격서비스가 가능하게 된다는 의미다. 이를 구체적으로 살펴보고 우리의 대안을 강구해보자.

의료는 당연히 국가 내 서비스였다. 그러나 원격의료가 등장하면서 의료의 국경이 기술적으로 대폭 축소된다. 예를 들어 고령화 시대의 최대 관건인 당뇨 관리는 스마트폰 기반의 원격의료를 통해 획기적으로 개선할 수 있다. 한국 내 부가가치만 3조 원이 넘는다고 추정된다. 그런데 원격 당뇨 관리는 국경의 한계를 넘어 글로벌 의료기업이 제공하게 되는 것은 시간문제다.

관광은 대표적 고부가가치 서비스 산업이다. 그런데 중국 관광객은 중국의 알리페이를 통해 지불하고 바이두를 통해 예약한다. 핵심 중계수수료는 이미 국경을 넘어 버리고 있다. 에어비앤비와 우버를 통해 전 세계 관광이 연결되고 있다. 공유경제는 정보와 제품을 넘어 서비스를 공유하기 시작한 것이다.

필자는 4차 산업혁명을 '현실과 가상의 융합'으로 정의한다. 현실 세계의 시공간 제약을 가상 세계에서 극복한 후 다시 현실화해 인간의 개인화된 욕망을 충족시키는 혁명이라는 의미다. 4차 산업혁명에서는 시간·공간·인간의 한계를 넘어서게 돼 필연적으로 서비스의 세계화가 촉발된다. 제품이 서비스와 융합하는 PSS Product Service System는 서비스 세계화의 촉매가 된다. 챗봇을 필두로 인공지능AI이 융합된 제품들은 원격 서비스를 제공한다. 캐터필러와 GE는 이미 전 세계 제품의 원격관리를 제공하고 있다. 서비스는 이미 국경을 넘었다.

글로벌4.0은 데이터 기반 경제로의 이행을 의미한다. 인간의 시공간에서의 경험이 데이터로 공유돼 초연결·초지능·초융합으로 사회의 새로운 진화를 촉발한다. 시간과 공간과 인간의 경험이 최소 단위로 분해되고 초연결돼 개인화된 욕망을 충족하는 열린 사회가 된다. 유연해야 하는 열린 사회의 적은 바로 지대地代 추구를 통해 기득권을 지키려는 조직화된 집단들이다.

글로벌4.0 시대에 원격의료와 카풀을 원천봉쇄하는 것은 19세기 말 글로벌1.0의 흐름에 반한 조선의 쇄국주의와 유사한 결말을 초래할 것이다. 거대한 4차 산업혁명의 물결에 올라탈 것인가 거스를 것인가가 대한민국의 미래를 결정한다. 데이터 쇄국주의가 글로벌4.0의 최대 장벽이다. 개인정보의 안전한 활용과 클라우드의 개방을 선언한 문재인 대통령의 8·31 '데이터 고속도로 선언' 이후 아직도 관련 법안들은 국회 통과가 안 되고 있다. 파종 시기를 놓치면 농사를 망친다는 점에서 하루라도 빠른 법안 통과와 시행이 요구된다.

칼 포퍼가 비판한 '열린사회와 그 적들'은 4차 산업혁명에서 데이터 쇄국주의를 고집하는 구체제 수호집단이다. 대한민국은 열면 강해지고 닫으면 분열한다는 것이 역사의 교훈이다. 한국이 개방으로 손해 본 사례는 필자의 기억에 없다. 거대한 역사의 변곡점에서 우리가 어떤 선택을 하느냐에 따라 청년들의 미래가 결정된다.

서울경제 19-02-27

국가가 실패하는
두 갈래 길

미래비전 공유가 산업화와 민주화 세력의 기득권을 누르고 상생(相生)의 길을 열 것이다. 과연 한국의 국가비전은 무엇인가?

성공한 국가가 실패하는 두 갈래 길이 있다. 하나는 성공의 기득권화로 변화를 거부하는 것이고, 또 다른 하나는 부작용의 본말전도로 성공 자체를 부정하는 것이다. 지금 대한민국이 뒷걸음치는 두 가지 이유다.

우선 대한민국 성공 부정을 짚어 보자. 대한민국은 불과 반세기 만에 전세계 최빈국에서 반세기만에 7번째 30-50만 달러 소득과 5천 만 인구 이상 국가에 진입했다. 우리 앞의 6개 국가는 미국, 일본, 독일, 프랑스, 영국, 이탈리아뿐이다. 반세기 전 남쪽보다 소득이 두 배였던 북한의 피폐와 극명하게 대비된다.

'대한민국은 성공한 국가인가'라는 질문에 전세계는 '그렇다'고 하고 있다. 그러나 대한민국을 실패한 국가로 보는 시각도 국내에 존재한다. 놀라운 성공의 빛 이면에는 압축성장에 따른 어두운 그림자가 공존하기 때문이다.

압축성장의 부작용도 인정하자. 성장의 과실이 대기업 등 일부계층에 집중되고, 그 과정에서 불공정과 도덕적 해이도 있었다. '성공의 빛이 큰가, 부작용의 그림자가 큰가' 객관적으로 비교해 보라. 성공에 따른 부작용을 과대평가해 성공 자체를 부정하면 우리는 역사에서 배울 게 없다.

한강의 기적을 이끈 시장경제는 이기심에 기초를 둔다. 이기심을 부정하는 국가는 어김없이 몰락했다. 이기심이 추락하면 갈등이지만, 승화하면 혁신이 된다. 이기심이 승화한 기업가정신이 우리를 구원할 수 있다는 말이다. 된장에 구더기가 있다고 장독을 깨버릴 수는 없다. 성공의 빛을 존중하되 안주하지 말고, 실패의 그림자를 학습하되 억매이지 말아야 할 것이다. 문제를 해결할 것인가, 문제의 일부분이 될 것인가? 선택은 무척 쉽다.

다음으로 성공 안주에 의한 실패의 길을 짚어 보자. 대한민국은 산업화와 민주화를 동시에 이룩한 유일한 국가다. 그런데 산업화 세력과 민주화 세력이 서로를 비난하면서 기득권화된 것이 한국이 뒷걸음치는 또 다른 이유다.

국가실패의 핵심요인은 이익집단의 기득권화로 인한 혁신역량 감소다. 재벌, 이익단체, 노동조합이 기득권의 대표들이다. 이들은 규제와 표를 바탕으로 4차 산업혁명에 따른 변화를 저지하고 있다. 카풀과 원격의료와 같은 갈라파고스적 규제 해결을 위해 소비자후생을 중심으로 하는 정책결정 원칙이 확립돼야 한다.

반도체와 조선을 비롯한 모든 대한민국의 성공에는 우연의 외부환경과 필연의 내부역량이 씨줄과 날줄로 엮여 있다. 따라서 환경변화를 무시하고 과거 성공방식을 고집하면 핵심역량은 핵심장애로 돌변한다. 과거 중화학공업 성공방식을 4차 산업혁명에 그대로 적용하면 당연히 실패하게 된다. 미국 실리콘밸리를 복제하는 전세계의 모든 시도는 실패했다. 시간과 공간의 환경에 인간의 역량이 최적 결합되는 것이 국가 성공방정식인 것이다.

반도체산업의 예를 들어 보자. 지금 한국을 먹여 살리는 반도체도 당시 미국의 일본 견제라는 환경요소에 이병철 회장의 기업가정신이 접목된 것이다. 알려지지 않은 반도체 비화들은 당시 미국이 정부 차원에서 얼마나 한국 반도체산업을 지원했는가를 알려준다. 지금 미국은 중국의 첨단산업을 견제하고 있다. 한국에는 또 다른 기회가 올 수 있다는 의미다.

성공의 경험은 살려내고 부작용은 극복하자. 기업가정신이 사라진 국가는 문제는 없지만 성공도 없다. 과거 성공학습과 문제해결을 위해 미래비전이 공유돼야 한다. 미래비전 공유가 산업화와 민주화 세력의 기득권을 누르고 상생相生의 길을 열 것이다. 과연 한국의 국가비전은 무엇인가?

헤럴드경제 19-01-02

비틀거리는
한국의 4차 산업혁명

신규 산업과 기존 산업의 갈등을 조정하는 역량이 4차 산업혁명 시대 국가의 역량이다. 소비자 후생이 곧 국가의 이익이다.
한국의 4차 산업혁명이 종언을 고한 느낌이다.

한국의 4차 산업혁명이 종언을 고한 느낌이다. 19세기 말 근대화된 세계에 빗장을 걸어 잠근 우리 역사가 되풀이되는 것 같다. '타다'와 같은 공유경제 모델이 더 이상 한국에 발을 붙이기 어렵게 됐기 때문이다. 한국은 4차 산업혁명의 '갈라파고스'가 되어가고 있다. 한국 소비자들의 분별력이 유일한 돌파구다.

공유경제는 4차 산업혁명의 또 다른 이름이다. 공유를 통해 불필요한 비용을 줄이고 새로운 혁신을 촉발해 사회적 가치 창출과 가치 분배를 선순환시키는 것이 4차 산업혁명의 본질이다. 과거 오프라인 중심 1, 2차 산업혁명의 소유경제에서 공유지는 비극이었다.

그러나 3차 산업혁명이 만든 온라인 세계에서 공유지는 희극이 되면서 공유경제가 부상했다. 온라인 공유경제 규모는 세계 경제의 5%

에 불과하다. 하지만 4차 산업혁명에서 온라인과 오프라인을 융합한 O2O 경제의 급속한 확대로 2030년이면 공유경제가 세계 경제의 절반 이상을 차지할 것으로 전망된다. 공유경제가 경제의 변방에서 중심으로 이동한다는 얘기다.

그런데 한국 정부는 이 같은 공유경제를 부정하는 쪽으로 가고 있다. 개인정보 규제와 클라우드 활용 규제 측면에서 한국은 세계 최악이다. 그 결과 세계 유니콘 기업기업가치가 10억 달러 이상인 스타트업을 포함한 스타트업신생 벤처기업의 70%는 한국에서 전체 또는 부분적으로 '불법'일 가능성이 있다는 게 구태언 변호사의 연구 결과다.

그나마 규제를 우회해 사업화에 성공한 '타다'라는, 글로벌 관점에서 보면 정말로 제한된 차량공유 서비스마저 단순한 택시업으로 전락시키고 있다. 기존 사업자의 지대地代 추구에 정치권이 동조하는 환경에서 혁신의 씨앗이 자랄 수 없음은 불을 보듯 명확하다. 데이터와 클라우드 진입을 규제하고, 기존 산업을 보호한다는 이유로 신규 산업에 대한 진입을 규제하면 남는 것은 과거의 잔재 뿐이다.

국가는 산업의 '창조적 파괴'를 통해 발전해왔다는 것이 대런 애쓰모글루 미 매사추세츠공대MIT 교수를 비롯한 숱한 학자들의 역사적 연구 결론이다. 산업의 창조적 파괴를 포용하는 국가는 발전하고, 그렇지 못한 국가는 몰락한다는 것이 지난 250년 산업혁명의 역사를 통해 확인된 사실이다. 기존 산업의 낡은 이권, 즉 지대를 보호하기 위해 신규 산업을 가로막는 국가에 미래는 없다.

소유의 현실과 공유의 가상이 충돌하는 4차 산업혁명에서는 기술

융합보다 '욕망 융합'이 더 어렵다. 그런데 한국에서는 아직도 4차 산업혁명을 기술 융합으로 오해하고 천문학적인 국민 세금을 투입하고 있을 뿐이다. 정작 중요한 욕망의 융합을 위한 규제 개혁에는 단돈 100억 원도 들이지 않은 채 그럴듯한 정치적 수사만으로 얼버무리고 있다. 4차 산업혁명은 기술 혁명이라기보다 '제도 혁명'이다.

신규 산업과 기존 산업의 갈등을 조정하는 역량이 4차 산업혁명 시대 국가의 역량이다. 이미 주요 국가에서 천명된 원칙은 '국가는 신규 산업과 기존 산업 중 어느 편의 손을 들어주지 않고, 소비자의 손을 들어준다'는 것이다. 한국에서 대부분 소비자는 차량공유와 원격의료를 원하고 있지만 국가의 공유경제 정책에는 전혀 반영되지 않고 있다. 택시 사업자와 의료 사업자들의 표가 소비자 전체보다 중요하다는 정치적 판단 때문이 아닐까.

소비자 후생이 곧 국가의 이익이다. 산업 혁신으로 얻은 국가 이익의 일부를 기존 산업의 구조조정에 투입하는 것이 국가가 수행해야 하는 갈등 조정 역할이다. 그런데 타다에 택시기사를 의무화시키는 규제는 기존 산업의 이권은 지켜주고 소비자는 사실상 희생시키는 결과를 가져온다.

공유경제는 차량에 그치지 않는다. 공유숙박, 공유주거, 공유주방, 공유인력 등으로 무한히 확산된다. 공유를 통해 효율과 혁신이 꽃핀다. 공유에 따른 부작용 때문에 공유를 저지하는 것이 바로 교각살우矯角殺牛의 우를 범하는 것이다.

한국경제 19-07-18

세계 속의
대한민국

미중무역분쟁은 근본적으로 패권 전쟁이고 장기전이다.
미국과 일본의 글로벌 가치망과 중국 글로벌 가치망의 대결이다.
한국의 전략적 선택이 국가 미래를 좌우한다.

① 경제적 동인	② 군사적 동인	③ 정치적 동인
중국, 미국 경제력의 60% 육박	중국, 미국 군사비의 30% 육박	양국 국내 정치와 국제 패권 경쟁
[무역의 관점] 첨단기술의 제조2025로 패권국으로 도약하려는 중국 견제	**[군사 강국화]** 강군몽(强軍夢)을 통한 중국몽(中國夢) 실현 위한 군비확장	**[트럼프VS시진핑]** 장기집권을 위한 국내 정치력 확보 일대일로의 글로벌 전략
[기술의 관점] 4차 산업혁명의 미래 기술 패권 GVC 생태계의 이원화	**[영유권 확보]** 중국의 영유권 확보를 위한 갈등 격화서구국가 대 중국의 구도 갈등	**[국제 패권 경쟁]** 식량과 에너지 안보가 보장된 미국 안보 미비 중국 견제 기회 미국 동맹국의 광범위한 네트워크

〈미중무역분쟁의 3대 동인〉

고농도 미세먼지가 문제다

문제는 미세먼지 평균이 아니라 고농도 초미세먼지이다. 중국 동해안의 미세먼지 감축을 위한 국제공조 대책이 국가 최우선 과제이다.

최근 한국민들의 최대 관심사가 미세먼지가 됐다. 이에 따라 미세먼지 특별법이 지난 2월 15일부터 시행됐고 반기문 전 유엔 사무총장을 수반으로 한 미세먼지 범국가 기구가 오는 22일 출범 예정이다. 정부는 2017년부터 '과학기술 기반 미세먼지 대응 전략'을 수립해 지난해에만 940억 원 이상의 연구개발R&D 예산을 투입했으나 국민들의 만족도는 7%에도 미치지 못하고 있다. 백가쟁명百家爭鳴의 미세먼지 논쟁에 또 하나의 제안을 추가하는 불가피한 이유다.

미세먼지 문제 해결을 위해서는 우선 문제를 단순화해야 할 것이다. 지난 3년간 미세먼지PM10는 지속적으로 감소하고 있으나 1급 발암물질인 고농도 초미세먼지PM2.5의 농도는 20% 정도 증가하고 있다. 그런데 에어코리아에 의하면 가장 중요한 지표인 고농도 초미세먼지 주의보와 경보 발령 횟수가 2016년 66회에서 2018년 162회로 급증했다. 문제는 미세먼지 평균이 아니라 고농도 초미세먼지라는 것이다.

미세먼지의 원인으로 중국발 미세먼지의 계절적 영향, 국내 디젤 차량의 증가, 기후 온난화로 인한 대기정체, 원자력 감축에 따른 석탄 발전 증가 등이 지목되며 이중 중국의 영향은 20~80% 사이로 분석되고 있다. 그런데 대한민국의 미세먼지 문제를 평균 농도가 아니라 고농도 초미세먼지로 압축해보면 논쟁의 초점은 단순해진다. 예를 들어 지난달 23~26일 사이에 PM2.5가 기준치의 6배가 넘었던 원인 분석이 중요하다는 것이다.

연평균 기준으로 중국의 영향은 30% 수준으로 분석되나 고농도 미세먼지 발생 시에는 80% 수준으로 추정되고 있다. 중국의 미세먼지 영향은 고농도를 기준으로 80% 이상으로 봐야 한다는 의미다. 수도권 미세먼지 발생 원인 중 경유차 비중이 23%로 분석되고 있다. 그런데 이는 평균 수치에 불과하다. 평균의 3배인 고농도 미세먼지에서 경유차가 차지하는 비중은 7% 수준에 불과하다. 경유차 운행을 50% 통제하면 3.5% 수준의 초미세먼지가 줄어들 수 있다는 의미다. 우리가 해결할 문제는 미세먼지의 평균치가 아니라 고농도 초미세먼지의 최대치다.

이제 초고농도 미세먼지의 중국 영향 문제에 대한 논쟁을 점검해보자. 중국은 베이징의 미세먼지를 40% 이상 감축했다고 주장하면서 중국의 영향을 부정하고 있다. 반 전 총장이 미세먼지 항의를 위한 베이징 방문 시 놀랍게도 베이징 하늘은 푸르렀다고 중국의 주장에 동조한 바 있다. 베이징이 900여 개의 공장을 이전시키고 석탄 보일러를 퇴출하는 노력을 한 것은 사실이다. 하지만 문제는 베이징이 아니라 중국 동해안의 미세먼지라는 사실이다. 이제 중국의 미세먼지 영향을 다시 살펴보기로 하자.

한국 겨울의 전통적 '삼한사온三寒四溫'은 이제 '삼한사미三寒四微'로 바뀌었다. 북서풍이 불어 시베리아 기단이 내려오면 미세먼지는 사라지고 남서풍이 불어 상하이 기단이 들어오면 따뜻해지면서 미세먼지가 극심해지고 있다. 상하이 기단이 약화되는 5월 이후 한국의 미세먼지가 한풀 꺾이고 9월 이후 가을이 되면 미세먼지는 잊힌 화두가 되는 현상은 상하이 기단의 영향 말고 설명하기 쉽지 않을 것이다. 서해상의 초고농도 미세먼지를 기후 온난화로 인한 대기정체로 설명할 수는 없다. 대기정체가 문제라면 당장 풍력 발전소부터 폐기해야 할 것이다.

그런데 상하이 기단만으로는 지난 3년 사이 초고농도 미세먼지 경보가 급증한 원인 설명은 어렵다. 중국 동해안의 미세먼지 발생원 급증에 주목해야 하는 이유다. 중국은 산둥성과 저장성 일대에 100기 이상의 석탄 발전소와 90기의 쓰레기 소각장을 건설했다. 중국은 추가로 110개 이상의 석탄 발전소와 220기가 넘는 쓰레기 소각장을 중국의 동해안 일대에 건설하고 있다. 여기에 상하이 등 항구 입항 선박들의 미세먼지가 가세하고 있다. 중국 동해안의 미세먼지 감축을 위한 국제공조 대책이 국가 최우선 과제인 이유다.

서울경제 19-04-10

가성비 있는
미세먼지 대책

측정이 되면 대책이 있다.
가성비 높고 유효성 있는 미세먼지 대안은 결국 범용기술에 인센티브를 제공함으로써 유효시장을 확보해 시장이 역할을 하게 하는 것이다.

4월이 오면서 예상대로 미세먼지는 물러가고 있다. 필자는 문제가 되는 고농도 초미세먼지의 원인으로 겨울에서 봄 사이 중국 양쯔강 기단의 영향과 중국 동해안 일대에 증설되는 석탄발전소·쓰레기소각장을 지목한 바 있다. 고농도 초미세먼지에 대해 가성비 있는 미세먼지 대책을 도출해보자.

#1 단기대책은 실내 미세먼지를 줄이는 것이다. 최우선적으로 취약계층인 유아와 아동 및 노인들이 모이는 장소의 공기청정 대책이 필요하다. 가성비가 우수하고 유지비용이 저렴한 대형 공기청정기가 필요하다는 의미다. 그런데 대부분의 실내공간에는 이미 에어컨이 설치돼 있다. 에어컨은 냉방이 아니라 송풍 기능도 있고 일부는 공기청성 기능도 있다. 일반 에어컨의 필터 교체로 에어컨은 공기청정 기능 수

행이 가능하다. 시중에서 H13레벨의 에어컨용 헤파필터가 판매되고 기존의 필터에 씌워 헤파필터 기능을 제공하는 제품도 있다. 실내 공공장소의 에어컨에 이러한 필터를 사용하게 할 인센티브만 제공하면 수요와 공급 문제는 해결된다. 가장 가성비 높은 산업정책은 유효시장 창출 정책이다.

실내 미세먼지 측정은 미세먼지 대책의 시작이다. 센서 기술의 발달로 저가의 간이 PM2.5 미세먼지 측정기가 우후죽순처럼 등장하고 있다. 사물인터넷IoT 기능이 부가된 저가형 미세먼지 측정기의 보급은 대당 1만원대의 저예산으로 충분히 가능하다. 측정된 미세먼지 수치를 무선망을 통해 스마트폰으로 업로드할 때 인센티브를 제공하면 전국의 실내 미세먼지 지도가 구축돼 정책 수립의 기초자료로 활용 가능할 것이다.

#2 실내 미세먼지 대책보다 가성비가 낮지만 다른 대책보다 효과 있는 것은 차량을 활용하는 정책이다. 차량, 특히 디젤 차량이 미세먼지 배출의 주범이기는 하나 미세먼지를 측정하고 줄이는 역할도 할 수 있다. 일본은 택시에 미세먼지 측정기를 달고 달리면서 위성항법장치 GPS와 연동해 도시의 미세먼지 측정소 역할을 담당한다. 택시 한 대의 이동거리를 계산해보면 고가의 고정형 미세먼지 측정기보다 월등한 가성비가 보장된다. 택시를 포함한 모든 차량의 공기 필터를 초미세먼지용 헤파필터로 교체하면 차량은 미세먼지를 제거하는 역할도 하게 된다. 지금 실내운전자를 위한 차량 에어컨용 헤파필터는 다수 시판되

고 있다. 엔진용 공기 필터를 헤파필터화하는 인센티브를 제공하는 것이 저비용으로 도시의 미세먼지를 줄이는 대안이 될 것이다. 방법은 역시 간단하다. 기존의 공기 필터보다 비싸지 않도록 보조금을 제공하면 된다.

#3 실내외 미세먼지 필터의 보조금은 미세먼지의 주범인 경유에 세금을 부과해 확보하는 것이 일석이조의 대안이 될 것이다. 미국은 경유가 휘발유보다 비싸다. 제조 원가가 높기 때문이다. 미세먼지의 주범인 경유의 소비를 줄이기 위해 세금을 휘발유 수준으로 올리는 것이 순리다. 경유 차량으로 생활하는 저소득층의 문제는 선별적 보조금으로 대체 가능할 것이다.

#4 중국의 미세먼지를 다른 나라의 문제라고 손 놓고 있을 수는 없다. 중국 동해안 일대의 석탄발전소와 쓰레기소각장의 미세먼지 배출을 국제 공조로 측정하고 투명하게 개방하는 것이 시작이다. 중국이 자신 있다면 개방하면 되고 자신이 없어도 개방해 문제 해결에 동참하도록 하는 것이 외교의 역할일 것이다. 유엔 사무총장을 지낸 반기문 위원장의 역할이기도 하다.

측정이 되면 대책이 있다. 500개 미만의 미세먼지 발생원의 저감은 어려운 문제가 아니다. 한국 코트렐이 개발한 석탄발전소 미세먼지 저감기술을 포함해 다양한 대안이 존재한다. 현재의 측정치에 비해 개선된 비율만큼 한국의 국가 재원으로 지원하면 중국 기업들도 호응할 것이다.

가성비 높고 유효성 있는 미세먼지 대안은 결국 범용기술에 인센티브를 제공함으로써 유효시장을 확보해 시장이 역할을 하게 하는 것이다.

서울경제 19-04-17

미세먼지,
기후변화의 전조증상

탈탄소경제로 전환은 4차 산업혁명에서 인류가 풀어가야 할 가장 중요한 기술적 경제적 과제다. 그리고 그 바탕에는 에너지가격 정책과 소비절감 대책을 수용할 시민참여가 전제돼야 한다.

세계경제포럼WEF을 비롯한 주요 미래 연구기관들은 일관되게 가능성과 임팩트라는 양대 측면에서 인류 최대의 위협으로 압도적으로 '기후변화'를 지목했다.

인류 역사상 거대 전쟁의 근본 원인은 기후변화였다. 기후변화는 당장 식량대란을 초래하게 된다. 식량 자급도가 낮은 한국이 최대 피해자가 될 수 있다. 기후변화로 인류가 지금껏 겪어보지 못한 전염병이 창궐하고 저지대는 수몰될 것이다. 2014년 반기문 당시 유엔사무총장은 '우리에게는 두번째로 택할 행성이 없기에 지금 행동해야 한다'고 호소했다. 그리고 2015년 197개국이 참여해 체결된 파리기후변화협정에서는 지구 평균 온도 상승을 섭씨 2도 보다 훨씬 아래well below로 유지해야 하고, 1.5도까지 제한하도록 노력한다고 규정했다.

하지만 기후변화의 주범인 에너지소비는 줄지 않고 있다. 대형 가전 판매는 증가하고 차량도 대형화 추세다. 기후변화는 췌장암과 같이 전조증상이 없다. 일단 증상이 나타나면 되돌릴 수 없다. 초거대 변화인 기후변화는 체감이 어려운 우리 모두의 문제다. 개개인의 이해관계와 직결되지 않는 기후변화에 대해 시민의 참여를 이끌어내는 것이 모든 국가들이 부딪힌 숙제다.

그런데 기후변화와 원인이 동일한 전조증상이 등장했다. 바로 미세먼지다. 기후변화와 미세먼지 탄소경제라는 동일한 원인의 다른 결과다. 미세먼지는 개개인의 건강에 직접적인 영향을 미친다. PM2.5 수치 $10\mu g/m^3$ 증가에 1년의 수명이 단축된다. 미세먼지를 해결하는 노력은 바로 탈脫탄소경제라는 기후변화의 대책이기도 하다. 미세먼지를 인류 최대의 위협인 기후변화의 전령사이자 전조증상으로 맞이하자는 이유다.

실제로 전세계적으로 미세먼지 감축에 성공한 국가는 탈탄소경제에 성공한 국가다. 지난 5년간 탄소발전을 2.7% 감축한 프랑스의 경우 전체 에너지에서 탄소발전 비중은 50%를 밑돌고 원자력 비중이 압도적이다. 재생에너지만 확대한 독일은 재생에너지의 간헐성으로 인해 탄소발전의 감소 비중이 0.3%에 불과하다.

여기서 잠시 기후변화와 미세먼지의 두 마리 토끼를 잡기 위한 에너지대안을 정리해 보자. 최우선은 에너지소비 감축을 위한 기술개발과 가격정책이다. 다음으로 에너지 공급구조의 적정화다. 간헐성을 피할 수 없는 재생에너지는 필연적으로 탄소발전과 병행구조를 갖출 수밖에 없다. 전기차도 탄소발전 전기로 충전 시에는 휘발유차보다 기후변화와 미세먼지에 미치는 악영향이 더 크다.

한국은 아직 원자력발전의 확실한 원가경쟁력을 보유하고 있다. 에너지균형 정책은 야간에도 사용하는 기저에너지는 원자력으로, 변동에너지는 태양광과 같은 재생에너지와 LNG발전의 병행구조로 가고 석탄발전은 조속히 폐기하는 포트폴리오가 바람직할 것이다.

기후변화는 치명적이지만 개인의 피해가 직접 와 닿지 않는다. 미세먼지는 덜 치명적이나 개인적 피해가 피부에 와 닿는다. 얄궂게도 미세먼지 덕에 인류 최대의 위협인 기후변화 대책 동참을 전 세계인에게 호소할 수 있게 됐다.

탈탄소경제로 전환은 4차 산업혁명에서 인류가 풀어가야 할 가장 중요한 기술적 경제적 과제다. 그리고 그 바탕에는 경유가격 정상화와 같은 에너지가격 정책과 소비절감 대책을 수용할 시민참여가 전제돼야 한다. 미세먼지가 인류를 기후변화 위협으로 부터 구원할 전화위복의 전령사가 될 수 있는 이유다.

헤럴드경제 19-04-24

아베의 의도를 보라

미중무역분쟁은 근본적으로 패권 전쟁이고 장기전이다. 미국과 일본의 글로벌 가치망과 중국 글로벌 가치망의 대결이다. 한국의 전략적 선택이 국가 미래를 좌우한다.

한국과 일본의 갈등이 임계점을 향해 폭주하고 있다. 임계점을 넘어설 때 가장 큰 피해자는 대한민국 국민이다. 대부분의 갈등이 임계점을 넘는 이유는 이성을 덮는 감정 때문이다. 감정을 이용한 정파 이익 추구 집단이 문제 악화의 주범이다. 국민의 냉정한 이성적 접근이 필요한 이유다.

역사의 교훈은 단순하다. 국제 협력을 통해 개방 무역을 하는 국가는 번영하지만 독자적으로 자력갱생을 추구한 국가는 추락한다는 것이다. 베네수엘라·북한 등이 대표적 사례다. 원론적으로 모두의 장점인 핵심역량을 모으면 서로에게 이득이다. 예를 들어 중국은 IT 완제품을, 한국은 부품인 반도체를, 일본은 원재료인 소재를 만들어 상호 협력하면 모두에게 이익이다. 경쟁력이 없는 완제품·부품·소재를 다

만드는 것은 모두에게 손해다. 이러한 이유로 '글로벌 가치 사슬GVC'이론이 등장했다.

GVC에는 전제 조건이 있다. 상호 신뢰를 바탕으로 하는 호혜적 관계다. 글로벌 개방경제에서 국가 간 착취는 지속될 수 없다. 손해 보는 국가가 거래선을 바꾸기 때문이다. 호혜성을 저해할 다국적기업 간 카르텔을 강력히 제재해야 하는 이유다. 국가 간 신뢰가 무너지면 보호무역이 확대돼 결국 모든 국가가 손해 본다는 것이 1·2차 세계대전을 치르면서 얻은 교훈이다. 초강대국 간 패권 경쟁이 무역 전쟁으로 이어지는 것이 무질서한 국제 사회의 최대 리스크다.

한국과 일본은 과거의 어두운 역사를 극복하고 산업 협력을 통해 상호발전해 왔다. 한국전쟁으로 일본이 이익을 얻었다고 하나 일본의 도움 없이 한국의 철강·자동차·조선업이 일어나기 어려웠다. 반도체·스마트폰은 일본을 극복한 대표적 산업이다. 특히 반도체는 미국의 일본 견제 과정에서 한국이 어부지리를 얻은 천재일우의 산업이다. 한국의 숱한 대·중소기업 사장은 일본에서 사업을 배우고 기술을 도입해 산업을 성장시켰다. 극일克日이란 경제적으로 일본을 앞서는 것이다.

이제 징용 문제로 야기된 양국의 외교 갈등이 한국 핵심 산업인 반도체를 겨눈 3개의 비수로 돌아왔다. 문제의 핵심은 불화수소·포토레지스트 등 개별 소재의 국산화와 제재의 논리적 타당성이 아니라 한국 핵심 산업에 타격을 가하려는 아베의 의도다. 일본이 한국 산업에 타격을 가하려 한다면 대상은 3종 소재 외에도 반도체 장비 등 너무나 많다. 우리가 한 가지 문제를 해결하면 일본은 두 가지 문제를 야기할 것이다. 중국의 사드 보복 때 가당치 않은 이유로 롯데 등 얼마나 많은 한국 기업이 괴롭힘을 당했는지 생각해 보자. 첫 번째 결론은 자력갱생의 국산화가 대안이 될 수 없다는 것이다.

한국 산업은 일본에서 소재를 수입해 중국에 부품·반제품을 공급하는 구조다. 이러한 가치사슬은 소재의 가격이 1이라면 부품은 5가 되고 완제품은 10이 되는 방식으로 구성돼 있다. 회초리를 흔들면 끝부분이 더 크게 흔들리는 회초리 효과로 인해 가치사슬의 후단이 더 큰 타격을 입는다. 더 큰 피해를 보는 것이 명백한 전쟁의 당위성이 있는가. 두 번째 결론은 일본에 대한 감정적 대응은 바람직하지 않다는 것이다.

아베의 일본은 우경화하고 있다. 재무장과 핵 억지력을 갖추는 헌법 개헌을 추진하고 있다. 미국은 중국견제를 위해 일본의 재무장을 도울 수도 있다. 과거 이명박 대통령의 독도 방문같이 일본 우익에 또 다른 빌미를 제공할 필요는 없지 않은가.

미중 무역전쟁은 근본적으로 패권 전쟁이고 장기전이다. 미국과 일본의 글로벌 가치망과 중국 글로벌 가치망의 대결이다. 한국의 전략적 선택이 국가 미래를 좌우한다. 반일 감정을 앞세워 국가 이익보다 당파 이익을 우선하는 국내 정치를 경계해야 하는 이유다.

서울경제 19-07-24

글로벌 가치사슬의 분해

3차 산업혁명에서 확대되던 글로벌 가치사슬(GVC)이 해체되고 있다. 이제 소비자를 중심으로 혁신 생태계와 시장 플랫폼이 재융합하고 있다. GVC가 글로벌 가치 네트워크(GVN)로 진화하기 시작했다.

3차 산업혁명에서 확대되던 글로벌 가치사슬GVC이 해체되고 있다. GVC는 마이클 포터 하버드대 교수가 제시한 가치사슬이 3차 산업혁명의 연결망으로 인해 글로벌로 확대된 것이다. 이 분야 연구의 대표 학자인 제프리 클라크 듀크대 교수는 GVC를 '핵심역량을 제외한 가치사슬상의 활동을 글로벌 소싱으로 대체하는 것'이라고 정의한 바 있다.

예를 들어 저부가가치의 단순 신발 제조는 개발도상국에서 하고 고부가가치의 신발 디자인과 연구 개발은 선진국에서 수행하는 형태로 세계화가 진행돼왔다. 미국·유럽 등 주요국의 GVC 참여율은 50%대에 육박하고 특히 한국의 참여율은 70% 수준으로 전 세계 최상위권에 해당한다. 그런데 4차 산업혁명에서 이러한 세계화 추세가 역전되고 있다. GVC 역전 현상의 본질을 파악해 국가 미래를 전략화하는 연구가 대한민국에 필요하다.

2009년까지 확대되던 GVC가 4차 산업혁명이 본격화되는 2010년 이후 하락하기 시작했다. 주요국의 보호무역과 내수 중심 경제 전환 등이 원인으로 지목되나, 가장 중요한 요인은 4차 산업혁명으로 인한 생산 프로세스상 GVC 효과 감소와 소비자 중심의 경험 경제 전환에 있다고 봐야 할 것이다. 생산 과정인 가치사슬의 비용 절감보다 소비자 요구에 대응하는 온디맨드on-demand의 가치창출이 더 중요해진 것이다.

신발 산업을 보자. 아디다스는 18개월 걸리던 디자인-구매-조달-생산-유통-영업-관리의 복잡한 가치사슬을 앱으로 주문하고 3D프린터와 봉제 로봇으로 맞춤 제조해 24시간 만에 배송하는 스피드 공장을 선보였다. 국가 간 원재료와 완제품 무역이 축소되고 소비자 중심으로 가치사슬이 분해되고 재융합되고 있는 것이다.

그렇다면 GVC의 핵심인 거버넌스와 부가가치를 4차 산업혁명 관점에서 분석해보자. 우선 거버넌스 변화를 보자. 4차 산업혁명의 인공지능AI · 빅데이터 · 클라우드와 플랫폼 기술 등이 기존 GVC의 거버넌스 개념을 바꾸고 있다. 정보가 공유되면서 부가가치 분배의 투명성이 증대되고 산업의 거버넌스가 공급자에서 소비자로 급속히 이동한다. 과거 거대 다국적 기업들의 파이프라인형 가치사슬은 눈사태같이 붕괴하고 있다. 이제 소비자를 중심으로 혁신 생태계와 시장 플랫폼이 재융합하고 있다. GVC가 글로벌 가치 네트워크GVN로 진화하기 시작했다.

다음 부가가치의 변화를 보자. 가치사슬은 프로세스가 중심이고 최종 제품을 상정하고 있다. 가치 네트워크는 소비자가 중심이고 지속적 서비스를 전제하고 있다. 애플과 삼성의 스마트폰이란 제품은 더 이상 단순한 제품이 아니다. 소비자마다 다른 앱을 올려 지속적 서비스가 개별적으로 제공되는 제품-서비스 융합이다. 소비자의 가치는 애플·삼성이 아니라 숱한 응용 앱 개발자와 콘텐츠 제공자와 더불어 만들어간다. 1차원적인 가치사슬 개념에서 다차원적인 가치 네트워크 개념으로의 진화다.

여기에 4차 산업혁명이 제공하는 똑똑한 공장, 똑똑한 사무실이 GVC를 혁신하고 있다. 스마트 공장은 효율적인 자동화 공장이 아니라 고객에게 예측과 맞춤을 제공하는 지능화 공장이다. 스마트오피스는 이제 시공간을 넘는 개방 협력을 가능하게 한다. 슬랙·카카오아지트 같은 코워킹 도구와 스카이프·구글행아웃 같은 원격회의 도구가 시공간의 한계를 극복하게 한다. 개발도상국의 저임금이 더는 매력적이지 않게 된 것이다.

이제 4차 산업혁명에서 GVN의 진화 방향은 제품과 서비스가 지속적으로 소비자의 미충족 욕망을 위해 상호작용하고 생산자와 소비자가 데이터를 통해 프로슈머화하면서 이뤄지는 소셜이노베이션이다. 결국 사람이다.

서울경제 19-08-07

4차 산업혁명 비전
(대응원칙과 추진방향)

1. 4차 산업혁명의 정의

4차 산업혁명에 대한 다양한 정의 중에서 '현실과 가상의 융합'으로 정의하는 것이 가장 단순하면서 가장 많은 질문에 대한 답을 제공할 것이다. 현실에서 불가능한 시공간 초월의 욕망을 구현하기 위하여 가상세계를 만든 것이 3차 산업혁명이다. 3차 산업혁명의 온라인 세상 경제 비중은 5% 규모였다. 그런데 가상세계를 현실화하는 기술들이 등장하면서 현실과 가상이 융합하는 4차 산업혁명이 가시화되면서 2025년이면 세계 경제의 50% 규모가 될 것으로 예측되고 있다. 일자리의 절반이 바뀐다. 한국의 초고령화 시기와 맞닿는 4차 산업혁명의 임계점인 2025년 이전에 한국이 4차 산업혁명을 완수해야 한다는 의미다.

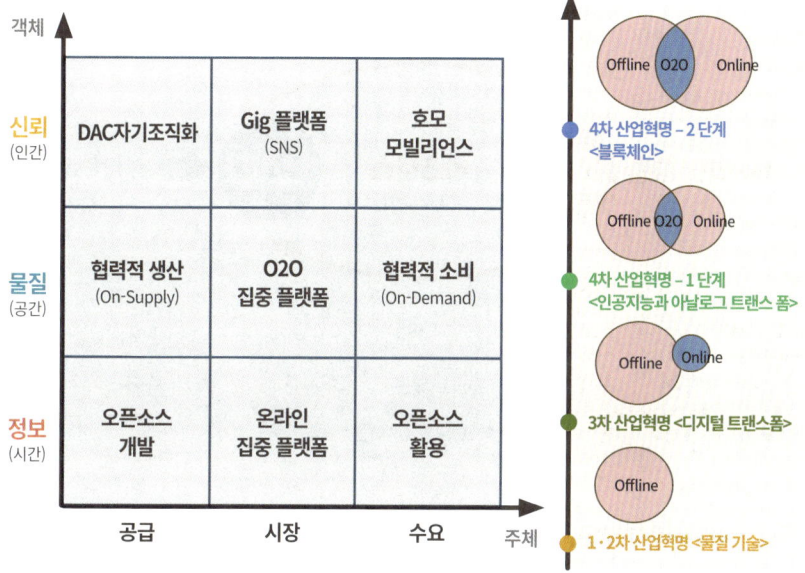

산업혁명은 기술과 욕망의 공진화로 이루어져왔다. 1차 산업혁명은 생존의 욕구와 기계 혁명이, 2차 산업혁명은 안정의 욕구와 전기 혁명이, 3차 산업혁명은 연결 욕구와 정보혁명이 공진화한 혁명이라고 볼 수 있다. 그렇다면 4차 산업혁명은 매슬로우의 자기표현 욕구가 지능 혁명으로 촉발되는 혁명이라는 추론이 가능해진다. 일자리는 기술만으로는 분석이 불가능하다. 기술과 욕망의 순환으로 볼 때, 지난 250년 산업혁명 역사상 실업률의 변화가 거의 없다는 현상을 설명할 수 있다. 기술이 저부가가치 일자리를 파괴하고 미충족 욕망이 고부가가치 일자리를 만들어 온 과정이 산업혁명의 역사로 보면 일자리의 질문이 해소된다.

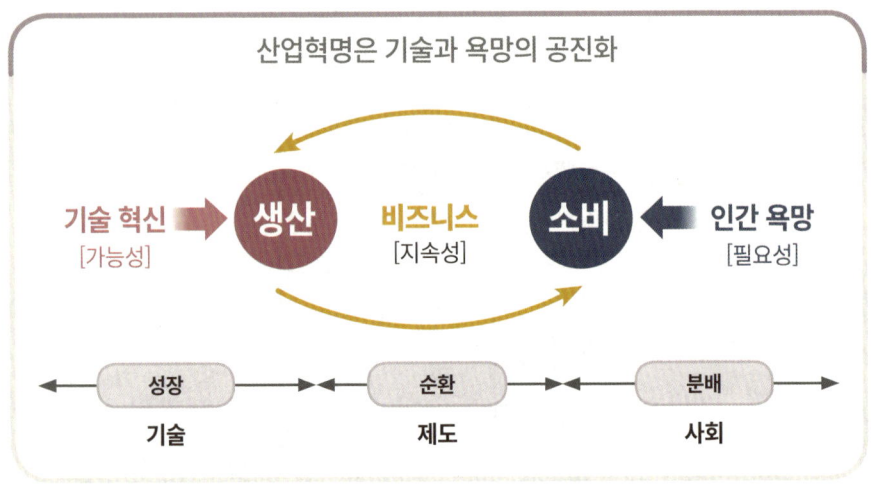

2. 4차 산업혁명의 사회변화

산업혁명을 기술의 관점에서만 바라보면 국가 대응전략을 제대로 수립할 수가 없다. 인간의 욕망을 새로운 기술이 구현할 때 산업혁명은 새롭게 진화했다면 자기표현이라는 개인화된 욕망을 충족시킬 기술들은 무엇인가 생각해 보자. 개개인의 맞춤 교육, 맞춤 여행, 맞춤 음악, 맞춤 미디어 등은 막대한 돈과 인력이 소모되기에, 과거에는 극소수에 부유 계층만이 누릴 수 있는 작은 산업이었다. 그런데 무선 인터넷에 의해서 촉발된 O2O 플랫폼이 공유 비용을 급감시켰다. 인공지능 등장으로 개인 취향에 맞춘 컨시어지 서비스가 저비용으로 가능해졌다. 결과적으로 4차 산업혁명의 초연결과 초지능 기술들이 과거에는 불가능했던 개인화된 욕망 충족이란 거대한 신 산업을 만들어내게 된 것이다. 글로벌 유니콘 320개 대부분은 인간의 미충족 욕망을 4차 산업 혁명의 기술로 충족시키는 기업들이다. 지난 20년간 미국에서 등장한 새로운 직업의 70%는 이러한 미충족 욕망을 충족시키는 산업들이다.

초생산, 초연결, 초지능의 4차 산업혁명의 키워드는 융합이다.

현실과 가상이 융합하는 O2O 세상에서, 하드웨어와 소프트웨어 기술이 융합하고, 제품과 서비스가 융합하고PSS, 생산과 소비가 프로슈머로 융합하고, 개인과 집단이 집단 지능으로 융합하고, 일과 놀이가 새로운 형태의 워라밸인 호모파덴스로 융합하고, 대기업과 중소벤처 기업들이 개방 플랫폼에서 융합한다.

그런데 왜 4차 산업혁명에서 융합이 촉진되는가.

초연결망에 의한 대외 연결 비용 감소는 개별 기업을 분해하고 개

방 협력을 촉진시킨다. 기업의 연구, 개발, 생산, 영업, 관리 등의 과거 기업의 필수 요소들이 분해되어, 핵심역량 이외의 분야는 외부와 협력하는 개방 생태계로 전환되고 있다. 혁신 생태계는 오픈소스, 클라우드, 메이커 스페이스를 기반으로 하는 공유 혁신 생태계에서 린스타트업lean startup이란 가벼운 창업이 일반화되고 있다. 과거 기업의 가장 큰 비용을 차지했던 개별 마케팅은 시장 플랫폼 기업을 활용한 최소비용의 글로벌 마케팅으로 대체되고 있다.

개별 기업 경쟁을 넘어 글로벌 기업 생태계 경쟁으로 시대 정신이 진화하고 있다. 대표적인 심볼이 평균 6년 만에 기업 가치 1조를 달성하는 유니콘의 대거 등장이다. 인터넷의 발달에 따라 축적된 데이터는

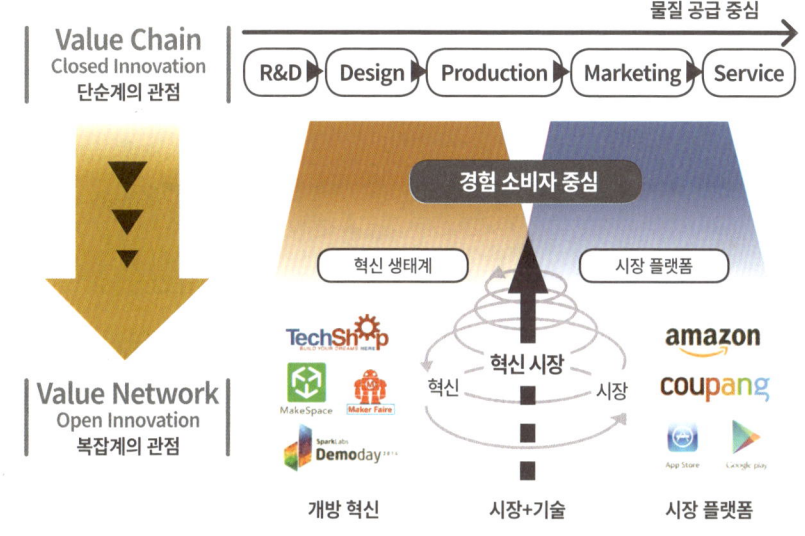

클라우드에서 초연결 빅데이터가 되어 연결 비용을 극소화했다. 빅데이터로 학습하는 인공지능이 맞춤과 예측의 큐레이션 서비스를 제공하면서 선택 비용이 극소화되고 있다. 너무 많은 검색 결과로 인한 선택의 혼란을 큐레이션 서비스는 극복하게 해준다. 시장경제의 양 대 기능은 연결과 선택이다. 인터넷과 인공지능이 연결과 선택의 비용을 축소시키면서 시장경제는 새로운 차원으로 발전하게 된 것이다. 유니콘 등장이 일상화된 이유다.

생산자와 소비자가 인터넷으로 연결되고 인공지능으로 선택되면서 글로벌 초연결 시장이 등장하여 혁신은 가속화되고 다양화되고 거대화된다. 그리고 드디어 생산자와 소비자가 융합하게 된다. 프로슈

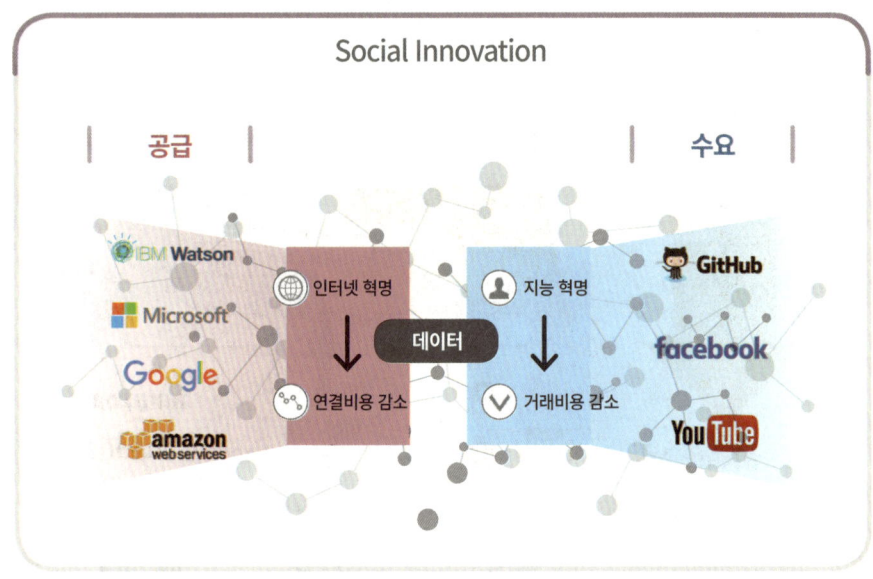

프로슈머prosumer 시대가 열리면서 소비자가 생산에 참여한다. 페이스북을 비롯한 소셜 미디어는 이미 소비자가 만들고 있다. 연결과 선택과 프로슈머의 융합 서비스가 가입subscription 서비스다. 가입 서비스는 동일한 물건을 동일한 시간 간격으로 보내는 신문배달과 같은 진부한 서비스가 아니다. 개인의 취향에 맞는 제품과 서비스를 최적의 시간에 배송하는 공유 서비스다. 거대한 유니콘 대부분은 연결, 선택, 가입 3가지 요소로 구성되어 있다. 바로 플랫폼과 인공지능을 활용한 커뮤니티 구축이 4차 산업혁명의 주된 비즈니스 모델이다.

3. 4차 산업혁명이 추구할 사회상

기술-사회 공진화는 성장과 분배의 지속가능성을 전제로 한다. 즉 미래 한국 사회는 성장과 분배가 선순환되는 '포용적 성장'을 추구해야 할 것이다. 성장을 위해서는 혁신의 리더십인 기업가정신을 활성화시켜야 하고, 분배를 위해서는 모두 함께 간다는 공동체 정신이 함양되어야 할 것이다. 빨리 가려면 혼자가고 멀리 가려면 같이 가라는 아프리카 속담과 같이 지속가능한 성장을 위해서는 국가의 역사 자부심을 바탕으로 공유된 가치를 다 같이 형성해 가야 할 것이다. 그런데 성장과 분배는 지난 200년간 시장경제와 계획경제의 오랜 논쟁의 주제였다. 성장을 추구하면 양극화가 확대되고, 분배를 추구하면 성장이 저해된다.

성장과 분배 패러독스를 극복하는 대안으로 지속가능한 성장과

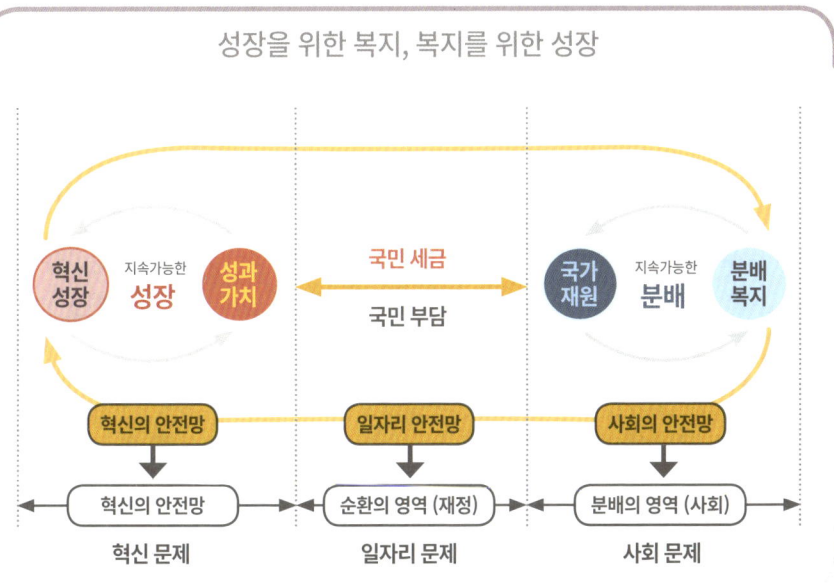

분배를 위한 안전망 구축이 북 유럽을 비롯한 선도 국가의 대안이다. 북 유럽 국가들은 노동유연성과 규제철폐 등 경제 자유도 최고 국가들이다. 그러나 분배를 위한 국민 부담률은 한국의 1.5배 수준인 45% 이상이다. 국민들은 성장을 위하여 기업가정신을 존중하고, 기업은 분배를 위한 기여를 하는 공동체 의식이 자리잡고 있는 것이다. 지속 가능한 성장을 위하여 선순환 분배 구조인 안전망을 갖추는 포용적 성장이 한국 사회가 추구할 미래 모습이 될 것이다. 여기서 중요한 것은 포용적 성장의 방점은 우선 장에 있다는 것이 대런 에쓰모글루의 주장이다.

4. 4차 산업혁명의 시대정신과 철학

이로부터 4차 산업혁명의 시대정신은 성장과 분배 선순환, 현실과 가상의 선순환, 대기업과 중소벤처기업의 선순환, 생산과 소비의 선순환 등 대립된 가치의 순환으로 도출된다. 단순한 물리적 융합은 무질서를 초래한다. 질서 확립을 위한 분리는 양극의 대립을 초래한다. 산업화와 민주화의 대립과 페미니즘의 대립이 대표적 사례일 것이다. 대립된 가치의 순환을 통하여 형성되는 태극과 같은 형태가 선순환의 시대정신의 모습이다. 모든 생명의 탄생은 태아의 모습, 올챙이 모습, 콩나물의 모습 등 태극의 모습을 띤다. 이제 선순환의 시대정신을 뒷받침할 4차 산업혁명의 철학이 4차 산업혁명의 공유가치를 제공하는 혁명의 견인차가 되어야 할 것이다. 성장과 분배를 아우르는 순환의 철학이다. 성장과 분배라는 결과가 아니라 성장과 분배의 과정이 더 중요하다는 것이다. 기업과 노조의 관계도 이익의 선순환 분배가 보장되면 무리한 노조의 요구도 기업의 과도한 착취도 줄어 드는 방향으로 진화할 것이다. 선순환 철학은 헤겔의 정반합正反合을 뛰어넘는 태극의 철학이다. 주요 국가들은 자국에 걸맞은 4차 산업혁명 브랜드를 가지고 있다. 이러한 철학을 바탕으로 한국의 4차 산업혁명을 홍익인간 4.0Humanation4.0으로 명명할 것을 제안한다. 이러한 선순환 철학 연구를 위한 동서양의 철학을 아우르는 국가 차원 연구 활동을 지원이 필요하다.

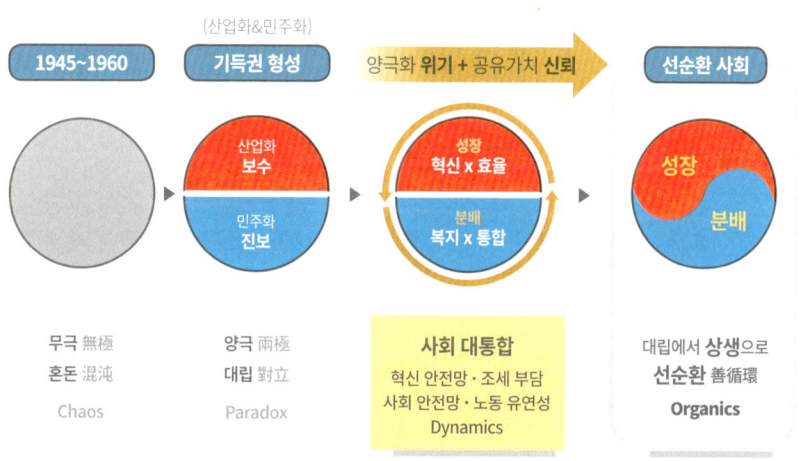

5. 정부의 대응방향

4차 산업혁명의 현실과 가상의 융합은 기술 융합과 욕망 융합이란 두가지 융합을 요구한다. 기술은 현실을 가상화하는 디지털 트랜스폼 기술과 가상을 현실화하는 아날로그 트랜스폼 기술과 이를 연결하는 인공지능 기술이란 3대 축으로 구성된다. 욕망 융합은 현실 세계의 소유와 가상 세계의 공유의 가치관의 융합이며, 규제로 대표되는 국가의 제도와 사회 문화로 구성된다. 기술-사회 공진화 관점에서 기술과 욕망의 공진화로 4차 산업혁명을 보아야 한다. 이로부터 도출되는 시사점은 기술보다 욕망의 융합이 4차 산업혁명에서 차지하는 비중이 더 크다는 것이다. 민간이 주도하는 기술과 정부가 주도하는 규제의 곱이 4차 산업혁명이 창출할 미래 유효시장의 크기다.

초연결, 초융합, 초지능의 4차 산업혁명은 반드시 복잡계적 변화를 초래하게 되고, 생명을 만드는 복잡계적 사고를 필요로 하게 된다. 따라서 과거 한강의 기적 시대와 같은 정부 주도 추격형 전략은 시대

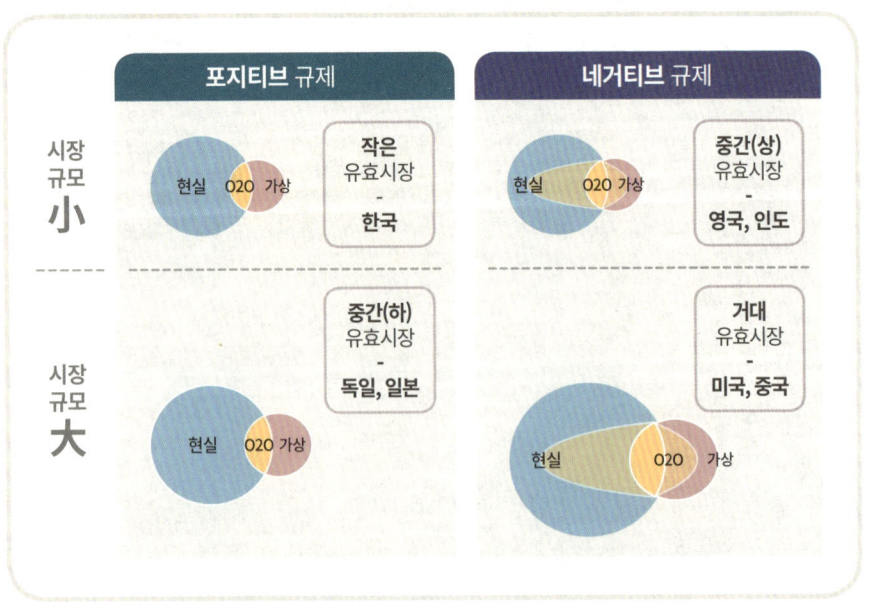

적 소명을 다했다. 정부가 미래 유망 산업 목표를 정하고 국가 재원을 특정 집단의 집중시키는 형태의 전략은 지난 20년간 성공 사례가 거의 없다. 국가의 역할은 다양한 미리 예측을 제시하고, 유연한 제도로 민간에 활력을 제고하고, 초기 시장 형성을 뒷받침하는 테스트베드에 제공이다. 공정성을 중심으로 하는 정부는 혁신의 영역에는 전혀 적합하지 않기 때문이다. 혁신은 기업가정신이 이끌어간다. 기업가정신은 도전의 정신이고, 도전은 실패를 내포한다. 실패를 지원하는 혁신의 안전망이 필수가 된다. 민간은 혁신을 통하여 성장을 이끌고 정부는 안전망 제공을 통하여 혁신을 뒷받침하는 것이 4차 산업혁명 대응 방안일 것이다.

4차 산업혁명의 현실과 가상의 O2O 융합은 데이터로 촉발된다.

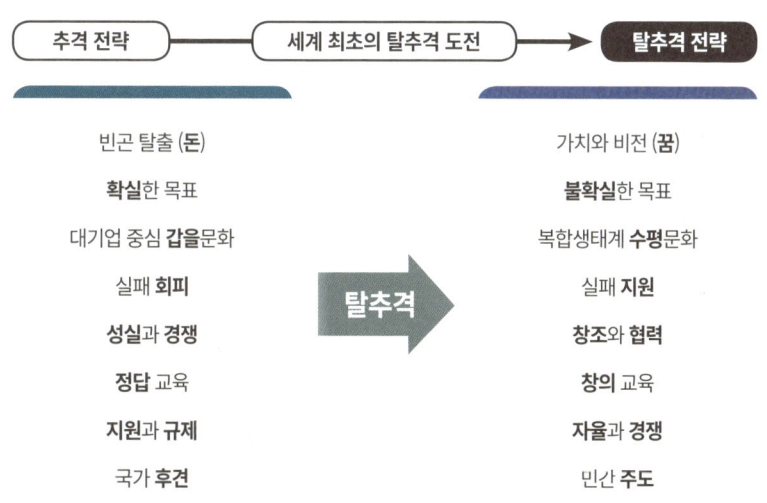

공공정보의 원칙적 개방, 기업 정보의 원칙적 개방, 개인정보의 안전한 활용이라는 3대 개방의 원칙을 제시한다. 초연결의 국가경쟁력은 오프라인의 현실세계에서는 구현될 수 없고, 클라우드의 가상국가를 통하여 구현 가능해진다. 즉 국가의 모든 분야가 가상화되어 현실과 1:1 대응되는 디지털 트윈화가 구현되어야 한다. 모든 기업들이 디지털 트윈화되면 클라우드에서 기업간 개방 혁신이 폭발적으로 증가될 것이다. 실리콘밸리 창업 비용이 10년 사이의 1000분의 1로 감소한 이유는

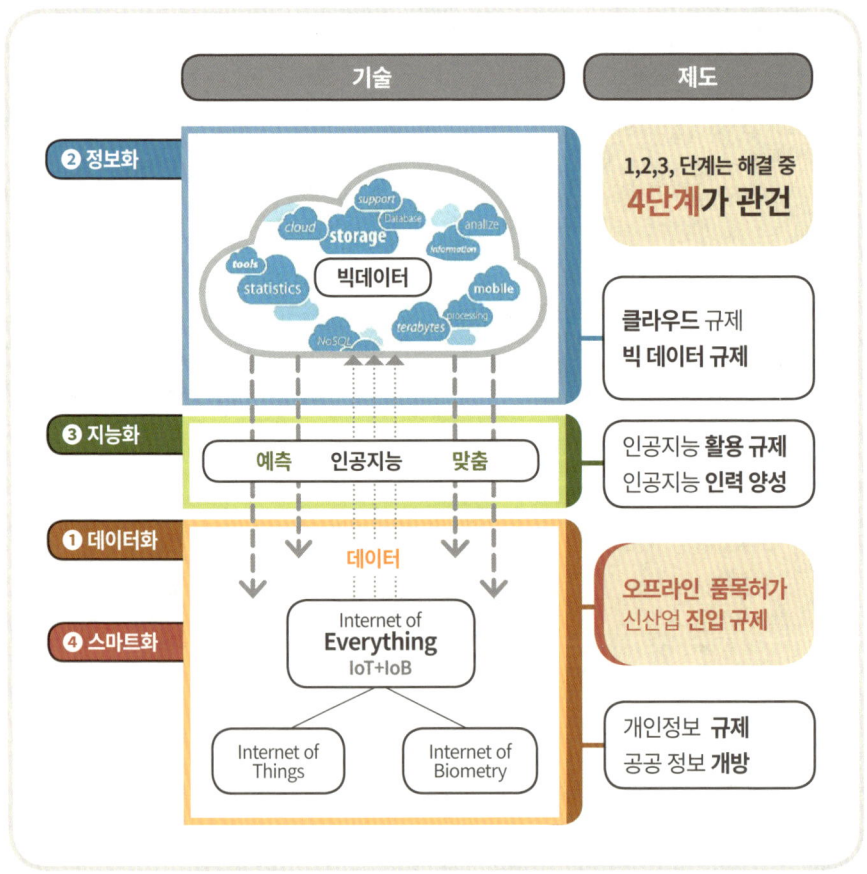

클라우드와 오픈소스와 메이커 스페이스를 통한 초연결 공유 구조에 있었다. 이를 위해서 국가의 모든 분야를 디지털 트윈화하는 일련의 노력 민관합동의 국가 차원에서 이루어져야 한다. 이를 위한 전제 조건이 개인정보와 클라우드 규제개혁이다.

4차 산업혁명은 현실과 가상의 융합을 통하여 미충족 욕망을 충족시켜 더 큰 행복을 제공해 가는 혁명이다. 이러한 4차 산업혁명의 바로 메타는 현실과 가상 융합 영역의 크기다. 3차 산업혁명 당시 5% 규모였던 온라인 경제가 4차 산업혁명의 1차 임계점인 2025년에는 50%의 O2O 융합 경제 규모가 될 것이라고 보고 있다. 일자리 50%가 변하고 산업의 절반이 변화하는 대혁명이다. O2O 융합 영역은 민간의 시장 확대를 위한 기술개발 노력과 정부의 O2O 융합 규제 개혁에 달려 있다. 네거티브 규제 국가들이 4차 산업혁명에서 유리한 이유는 O2O 융합 규제가 적기 때문이다. 2017년 아산재단 연구에 의하면 글로벌 스타트업 70% 한국에서 불법일 가능성이 높다는 것이다. 즉 규제개혁만으로도 스타트업과 유니콘을 지금보다 3배 증가시킬 수 있다는 의미다. 분명한 것은 기술혁신이 가져오는 효과보다 규제개혁의 효과가 훨씬 더 크다는 것이다.

| 맺음말 | 제2대 이사장을 역임하며 |

우국충정의 통찰과 지혜

한정화
제2대 KCERN 이사장
한양대학교 교수

　　대한민국은 60년대 중반 본격적 산업화를 시작한 이래 수차례의 위기를 극복하면서 세계 11위권 수준의 경제발전을 이룩하였으며, 민주화에도 성공한 세계사에서 보기 드문 성공모델이다. 그러나 이룩한 성과에 자축하기에는 우리가 처한 현실은 과거에 경험해 보지 못한 심각한 위기 상황에 직면해 있다. 경제위기, 안보위기, 외교위기가 동시에 밀려오면서 퍼펙트 스톰의 조짐을 보이고 있다. 어려운 상황을 타개할 국가 리더십은 실종되었고 국민 갈등을 고조시키는 시대 역행적 행태가 난무하고 있어서 마음 둘 곳 없는 사람들, 특히 불확실성과 위험 속에서도 생존을 위하여 폭풍우를 뚫고 항해해야 하는 기업인들의 탄식이 가득하다.

　　답답한 현실로 고민하던 차에 이민화 회장이 언론에 기고한 칼럼

집을 읽으면서 다시 한번 그의 혜안과 통찰에 무릎을 치지 않을 수 없었다. 그가 평소에 주장하던 말들을 마치 육성으로 듣듯이 읽으면서, 여기에 실린 지혜들을 국가 경영에 반영할 수 있다면, 절반만이라도 실천에 옮길 수 있다면 우리가 당면한 어려움을 극복하고 다시 한 번 도약할 수 있지 않을까 하는 마음이 들었다.

이민화 회장은 대한민국의 위기를 국가 시스템의 위기로 보고 있으며, 그 원인이 혁신하지 못하고 과거의 틀, 기득권에 안주해 있다는 사실을 적시하고 있다. "국가실패의 핵심요인은 이익집단의 기득권화로 인한 혁신역량 감소다. 재벌, 이익단체, 노동조합이 기득권의 대표들이다. 이들은 규제와 표를 바탕으로 4차 산업혁명에 따른 변화를 저지하고 있다"고 말한다. 그래서 과도한 개인정보 보호, 공유경제 발전을 저해하는 기득권의 갈등을 보면서 우리나라가 4차 산업혁명의 경쟁에서 뒤처지고 있는 상황에 대한 안타까움을 토로하고 있다.

"글로벌4.0 시대에 원격의료와 카풀을 원천봉쇄하는 것은 19세기 말 글로벌1.0의 흐름에 반한 조선의 쇄국주의와 유사한 결말을 초래할 것이다. 거대한 4차 산업혁명의 물결에 올라탈 것인가 거스를 것인가가 대한민국의 미래를 결정한다. 데이터 쇄국주의가 글로벌4.0의 최대 장벽이다." 그래서 다소 우울한 결론에 도달한다. "한국의 4차 산업혁명이 종언을 고한 느낌이다. 19세기 말 근대화된 세계에 빗장을 걸어 잠근 우리 역사가 되풀이되는 것 같다."

답답하고 안타까운 현실을 비판하면서도 여러 곳에서 희망과 해결방안을 제시하고 있다. 그는 혁신과 기업가정신이 답이라고 말한다. 혁신에 성공하기 위해서는 불확실성과 위험에 도전해서 새로운 가치를 창출하는 기업가정신이 있어야 하기 때문이다. 그는 현실안주적 사고와 행태가 만연한 이 사회를 향하여 "대한민국의 기업가정신은 어디로 갔는가"라고 묻는다.

관료주의가 만연해 있고 복지부동의 공직사회의 행태를 비판하면서도 이를 개인의 문제가 아닌 시스템의 문제로 본다. 특히 공무원을 옥죄는 감사원의 정책감사는 실패에 대한 징계가 두려워서 혁신적 시도를 기피하게 하는 주원인으로 지적하고 있다. 그의 목소리를 직접 들어보자. "실패에 대한 지원은 기업의 혁신에 국한되지 않는다. 정부의 혁신도 실패에 대한 무차별 징벌로 사라지고 있다. 공무원들은 감사원의 정책감사가 두려워 혁신을 회피한다. 실패가 없는 혁신이란 혁신하는 척하는 것이다." 사회 전체적으로 실패에 대한 과도한 징벌이 아닌 정직한 실패에 대해 지원하는 문화로 바뀌어야 한다는 것이다. 이회장은 "혁신의 리더십인 기업가정신은 실패를 먹고 자란다. 실패를 용납하지 않는 효율의 패러다임이 혁신을 죽이는 이유다. 관료의 철학이 안정의 불패라면 기업가의 철학은 도전의 필승이다."라고 말한다.

기업가정신을 바탕으로 한 혁신은 대학과 연구소에도 필요하다고 말한다. " 한국의 모든 대학의 연구소 기업들을 합쳐도 미국의 스탠퍼드대나 MIT는 물론 중국의 베이징대와 칭화대에 미치지 못한다. 문제는 실패하면 안 되는 R&D 평가제도에 있다. 실패로 판정된 연구 책임자는 다음 연구를 맡을 수 없는 구조에서 연구자들은 실패하지 않을 연구를 하게 된다. 결국 혁신성이 결여된 연구는 산업화로 이전되기 힘들다. 한국의 R&D 성공률은 90% 이상으로 세계 최고 수준인데 산업화 비율은 미국의 절반에도 미치지 못하는 이유다."

그는 "청년들을 기업가정신으로 도전하게 하는 국가는 발전한다. 반면 청년들을 보호하고 지원하는 국가는 쇠퇴한다. 개별적 사전 지원이 아니라 도전 기회를 제공하고 정직한 실패를 지원하는 것이 국가 혁신의 열쇠인 것이다."라고 말한다. 지금 한국의 현실은 이회장이 지적한 것과는 반대로 가고 있다. 청년들을 헬조선과 흑수저의 프레임에 가두고 자립과 자존의 정신을 약화시키는 행태가 만연해 있다. 현재의 고기를 낚는 법을 넘어서 혁신적인 어업 방법을 찾을 수 있는 기회를 제공해 하는데, 고기 몇 마리 나눠주면서 생색을 내는 정책을 확대하면 과연 대한민국의 미래는 어떻게 될 것인가?

이민화 회장은 벤처업계의 대부, 멘토를 넘어서 사회사상가로서 통찰을 보여주고 있다. 그는 한국 사회의 고질적인 문제인 자본과 노동의 갈등에 대해서도 명쾌한 해결 방향을 제시한다. "부의 원천이 노동이라는 제로섬 사회에서 이기심은 추락한다. 제로섬 사회에서의 부는 약탈의 증거이므로 부가 존중될 수 없다. 노동자는 단합해 왜곡된 부를 다시 쟁취해와야 한다. 기업과 노동자는 상호배타적인 관계가 된다... 부의 원천이 혁신이라는 플러스섬 사회에서 이기심은 승화한다. 플러스섬 사회에서의 부는 혁신의 증거이므로 존중돼야 한다. 기업과 노동자가 혁신으로 창출한 부를 선순환 분배하면 지속 가능해진다. 기업과 노동자는 상호협력적 관계가 된다." 이것이 바로 자본과 노동이 상생하면서 기업가정신이 살아 움직이는 혁신국가를 만들고자 하는 이회장의 제언이다.

이회장은 현 정부가 중점적으로 추진하고 있는 주52시간제에 대해서도 "연구개발을 통한 혁신 성과를 높여야 하는 조직에는 치명적인 독으로 작용할 것"이라고 말한다. 생산중심의 문화가 아닌 혁신주도의 경제로 나아가는 걸림돌이 될 뿐만 아니라 실리콘 밸리나 중국의 혁신 클러스터와 경쟁에서 국가경쟁력의 추락은 이미 다가온 현실이 되고 있음을 우려하고 있다. 그는 자신이 혁신 경쟁력을 통해 생존과 성공을 경험해 보았기 때문에 현장의 실상을 잘 알고 있다. 혁신은 몰입과 시간 경쟁이라는 점을 경험해 보지도 못하고 이해하지도 못하는 사람들에 의해 만들어진 획일적이고 일방적인 정책의 폐해가 기업만이 아닌 국가경쟁력 약화로 나타날 것이기 때문이다.

이회장은 최근 발생한 한국과 일본의 갈등에 대해서도 심각한 우려와 함께 해결방안을 제시하고 있다. 그는 "감정을 이용한 정파 이익 추구 집단이 문제 악화의 주범"으로 보면서 국민들이 냉정한 이성적 접근을 해야 한다고 말한다. 그는 "한국과 일본은 과거의 어두운 역사를 극복하고 산업 협력을 통해 상호발전해 왔다. 한국전쟁으로 일본이 이익을 얻었다고 하나 일본의 도움 없이 한국의 철강·자동차·조선업이 일어나기 어려웠다... 한국의 숱한 대·중소기업 사장은 일본에서 사업을 배우고 기술을 도입해 산업을 성장시켰다. 극일이란 경제적으로 일본을 앞서는 것이다."라고 말한다. 감정적 '일본 때리기'가 마치 애국인양 호도하고 있는 현재의 상황에서 이회장의 주장은 시대를 통찰하는 지성으로서의 진면목을 보여주고 있다.

부품 소재의 국산화를 통해 일본 의존도를 벗어나야 한다는 정치권이나 정책 담당자들의 주장에 대해서도 이회장은 "자력갱생의 국산화가 대안이 될 수 없다는 것이다. 한국 산업은 일본에서 소재를 수입해 중국에 부품·반제품을 공급하는 구조다. 이러한 가치사슬은 소재의 가격이 1이라면 부품은 5가 되고 완제품은 10이 되는 방식으로 구성돼 있다. 회초리를 흔들면 끝부분이 더 크게 흔들리는 회초리 효과로 인해 가치사슬의 후단이 더 큰 타격을 입는다."라는 사실을 지적하고 있다. 그는 "더 큰 피해를 보는 것이 명백한데 전쟁의 당위성이 있는가"라고 묻는다. 국민의 반일감정을 선동해서 정파적 이익을 추구하고자 하는 정치권이 뼈아프게 들어야 할 고언이다.

이민화 회장의 지혜와 통찰을 직접 인용하다 보니 맺음말이 길어졌다. 그러나 대한민국을 사랑하고 더 좋은 나라를 만들고자 소망했던 그의 절절하면서도 가슴을 울리는 메시지를 공유하고자 하다 보니 그렇게 되었다. 다시 한번 그의 말을 인용하면서 결론을 맺고자 한다. "성공의 경험은 살려내고 부작용은 극복하자. 과거 성공학습과 문제해결을 위해 미래비전이 공유돼야 한다. 미래비진 공유가 산업화와 민주화 세력의 기득권을 누르고 상생의 길을 열 것이다."